# EL ÁRBOL GENEALÓGICO DEL FÚTBOL ARGENTINO

INFLUENCIAS, IDEAS Y CONCEPTOS TÁCTICOS DE LOS DIRECTORES TÉCNICOS

**DAMIAN DIDONATO**

El fútbol argentino, rama por rama

El árbol genealógico del fútbol argentino / Damian Didonato- 1a edición
LIBROFUTBOL.com, 2022.

216 páginas; 15,2 x 22,9 cm.

ISBN 978-987-8370-91-0

1. Fútbol.
CDD 796.334

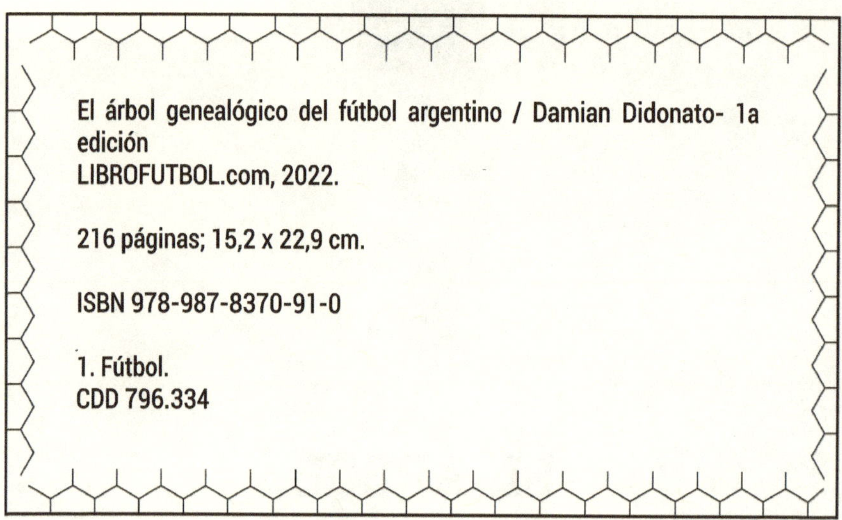

| **EL ÁRBOL GENEALÓGICO DEL FÚTBOL ARGENTINO**<br>de Damian Didonato | |
|---|---|
| Cubierta: Luciano Medvetkin | Foto del autor: © Damian Didonato |
| © 2022 – Damian Didonato<br>© 2022 – LIBROFUTBOL.com | Todos los derechos reservados |
| No se permite la reproducción parcial o total, el almacenamiento, el alquiler, la transmisión o la transformación de este libro, en cualquier forma o por cualquier medio, sea electrónico o mecánico, mediante fotocopias, digitalización u otros métodos, sin el permiso previo y escrito por el editor. Su infracción está penada por la ley. | |
| ISBN 978-987-8370-91-0 | 1ª edición: septiembre 2022 |

ediciones@librofutbol.com

+54 9 11 2215 1982

librofutbol

Olga Cossettini 1112 - oficina 8F - Ciudad de Buenos Aires - Argentina

El fútbol argentino, rama por rama

# Dedicado

*A Mamá, por todo y más*
*A Papá, por el fútbol y el trabajo*
*A Diego, el mejor de los Didonato*

# ÍNDICE


**Breve charla técnica** . . . . . . . . . . . . . . . . . . . . . . . . . . . . 7

**CAPÍTULO SEIS**

(2007-Actualidad) La profesión más valorada del mundo . . . . . . . 13

6.a - Alejandro Sabella. . . . . . . . . . . . . . . . . . . . . 14

6.b - Ricardo Gareca . . . . . . . . . . . . . . . . . . . . . 19

6.c - Edgardo Bauza. . . . . . . . . . . . . . . . . . . . . . 23

6.d - Gerardo Martino . . . . . . . . . . . . . . . . . . . . . 26

6.e - Jorge Sampaoli . . . . . . . . . . . . . . . . . . . . . 30

6.f - Guillermo Barros Schelotto. . . . . . . . . . . . . . . . 32

6.g - Mauricio Pochettino . . . . . . . . . . . . . . . . . . . 35

6.h - Diego Simeone . . . . . . . . . . . . . . . . . . . . . . 39

6.I - Lionel Scaloni . . . . . . . . . . . . . . . . . . . . . 44

6.j - Marcelo Gallardo . . . . . . . . . . . . . . . . . . . . 48

**CAPÍTULO UNO**

(1867-1931) Los orígenes del estilo criollo y sus variantes . . . . . . 55

1.0 Prehistoria . . . . . . . . . . . . . . . . . . . . . . . . 55

1.a - Jorge Brown . . . . . . . . . . . . . . . . . . . . . . . 58

1.b-Francisco Olázar . . . . . . . . . . . . . . . . . . . . . 61

1.c - Harry Hayes, Gabino Sosa. . . . . . . . . . . . . . . . . 65

1.d - Alfredo Elli y Mario Fortunato . . . . . . . . . . . . . . 68

1.e - István Tóth (Ferencvaros). . . . . . . . . . . . . . . . 71

1.f - Manuel Ferreira y Alejandro Scopelli. . . . . . . . . . . 75

**CAPÍTULO CINCO**

5.a - Alfio Basile . . . . . . . . . . . . . . . . . . . . . . 80

5.b - Carlos Bianchi . . . . . . . . . . . . . . . . . . . . . 84

5.c - Marcelo Bielsa . . . . . . . . . . . . . . . . . . . . . . . . . . . . . . . . . . . . . 89
5.d - Daniel Passarella . . . . . . . . . . . . . . . . . . . . . . . . . . . . . . . . . . . 96
5.e - Ramón Díaz . . . . . . . . . . . . . . . . . . . . . . . . . . . . . . . . . . . . . . . 100
5.f - José Pekerman . . . . . . . . . . . . . . . . . . . . . . . . . . . . . . . . . . . . . 104
5.g - Reinaldo Merlo . . . . . . . . . . . . . . . . . . . . . . . . . . . . . . . . . . . . 108
5.h - Miguel Ángel Russo . . . . . . . . . . . . . . . . . . . . . . . . . . . . . . . . 111

**CAPÍTULO DOS**

2.a - Emérico Hirschl, Jorge Orth, Franz Platko . . . . . . . . . . . . . 116
2.b - Carlos Peucelle . . . . . . . . . . . . . . . . . . . . . . . . . . . . . . . . . . . 119
2.c - Ernesto Lazzatti . . . . . . . . . . . . . . . . . . . . . . . . . . . . . . . . . . 122
2.d - Adolfo Celli . . . . . . . . . . . . . . . . . . . . . . . . . . . . . . . . . . . . . . 125
2.e - Renato Cesarini - José María Minella . . . . . . . . . . . . . . . . 127
2.f - José Luis Boffi . . . . . . . . . . . . . . . . . . . . . . . . . . . . . . . . . . . 131
2.g - Guillermo Stábile . . . . . . . . . . . . . . . . . . . . . . . . . . . . . . . . 132

**CAPÍTULO TRES**

3.a - Victorio Spinetto . . . . . . . . . . . . . . . . . . . . . . . . . . . . . . . . 138
3.b - Manuel Giudice . . . . . . . . . . . . . . . . . . . . . . . . . . . . . . . . . 142
3.c - Juan José Pizzuti . . . . . . . . . . . . . . . . . . . . . . . . . . . . . . . . 146
3.d - Juan Carlos Lorenzo . . . . . . . . . . . . . . . . . . . . . . . . . . . . . 149
3.e - Miguel Juárez / Angel Zof / Juan Carlos Montes . . . . . . . . 154
3.f - Tim . . . . . . . . . . . . . . . . . . . . . . . . . . . . . . . . . . . . . . . . . . . . 157
3.g - Osvaldo Zubeldía . . . . . . . . . . . . . . . . . . . . . . . . . . . . . . . 159
3.h - Adolfo Pedernera . . . . . . . . . . . . . . . . . . . . . . . . . . . . . . . 166
3.i - Ángel Labruna / Pipo Rossi . . . . . . . . . . . . . . . . . . . . . . . 170
3.j - Alfredo Di Stéfano . . . . . . . . . . . . . . . . . . . . . . . . . . . . . . 174

**CAPÍTULO CUATRO**

4.a - César Menotti . . . . . . . . . . . . . . . . . . . . . . . . . . . . . . . . . . 178
4.b - Carlos Timoteo Grigoul . . . . . . . . . . . . . . . . . . . . . . . . . . 185
4.c - José Omar Pastoriza . . . . . . . . . . . . . . . . . . . . . . . . . . . . . 190
4.d - Carlos Salvador Bilardo . . . . . . . . . . . . . . . . . . . . . . . . . . 195
4.e - José Yudica . . . . . . . . . . . . . . . . . . . . . . . . . . . . . . . . . . . . 201
4.f - Héctor Veira . . . . . . . . . . . . . . . . . . . . . . . . . . . . . . . . . . . 206
El fútbol argentino, rama por rama . . . . . . . . . . . . . . . . . . . . . . 210

**Sobre el autor** . . . . . . . . . . . . . . . . . . . . . . . . . . . . . . . . . . . . . . 215

# BREVE CHARLA TÉCNICA

Esta desmesurada investigación de Damián Didonato nació como proyecto en una de las siempre laberínticas reuniones de sumario de la revista *Un Caño*, rodeada de otras ideas, quizás mejores, que no corrieron la misma suerte ni tuvieron el apoyo de la editorial Libro fútbol.

Hay que admitir, sin embargo, que este trabajo, aunque exhaustivo, también presenta flagrantes omisiones como la ausencia de las Subcomisiones de Fútbol que dirigían equipos allá por las décadas del 60 y 70 o la de Orestes Katorosz, sin ir más lejos.

Este libro tiene la particularidad de entregarnos un recorrido por la *historia del fútbol argentino* a través de los nombres de los diferentes entrenadores y de las influencias que recibieron o aportaron para conformar lo que hoy podemos considerar el fútbol moderno. O sea, de algún lugar venimos y hacia algún lugar vamos, aunque este último punto es un poco más discutible.

Damián fecha el comienzo de la historia en 1867, y nos entrega un apasionante relato año por año. Ustedes se sorprenderán al ver que el libro comienza por el capítulo 6, y que luego siguen sucesivamente el 1, el 5, el 3, el 2 y el 4.

Esta decisión la tomamos por tres razones: primero porque consideramos que un árbol genealógico, para llamar de alguna manera la arquitectura montada por Didonato, debe ser abordado irremediablemente desde sus ramas y no desde su tronco. Por eso elegimos ir a los más alto de la copa, es decir desde el capítulo 6 que abarca desde 2007 a la actualidad.

El motivo por el que mantuvimos el número cronológico de los capítulos es porque a lo mejor, por ahí, en una de esas, quizás, algún lector prefiere leer el libro de manera cronológica. Y entonces tranquilamente podrá abordar la lectura desde el capítulo 1 y hasta el 6.

Y el tercer y último motivo fue porque nos gusta hacernos los raros.

Un párrafo aparte para el anexo que encontrarán en las páginas finales del libro: allí están todos los nombres de los entrenadores ordenados alfabéticamente y con sus respectivas influencias. Fue un trabajo arduo organizarlo. De hormiga. Artesanal. Esperamos que lo valoren. Tanto como nosotros valoramos este gran trabajo realizado por nuestro compañero Damián Didonato.

Que los disfruten con salud.

*Un Caño*

## *"Vas a durar menos que un pancho"*

(Grito desde la popular del León Kolbowski a Luis Pérez Medone, en su primer partido como entrenador de Atlanta en los tempranos años 90)

# TRES PROPUESTAS DE ABORDAJE PARA LA OBRA

---

## A: ORDEN QUE PRIORIZA LAS RAMAS DEL ÁRBOL GENEALÓGICO POR SOBRE EL TRONCO.

**CAPÍTULO 6**
(2007-Actualidad) La profesión más valorada del mundo

**CAPÍTULO 1**
(1867-1931) Los orígenes del estilo criollo y sus variantes

**CAPÍTULO 5**
(1991-2006) El totalitarismo de los directores técnicos

**CAPÍTULO 3**
(1959/1973) La estrategia del diagrama

**CAPÍTULO 2**
(1931-1958) La era profesional, los dorados 40 y la aparición de los estilos

**CAPÍTULO 4**
(1974-1990) Dos títulos del mundo y una enemistad eterna

## B: ESTRICTO ORDEN CRONOLÓGICO

**CAPÍTULO 1**
(1867-1931) Los orígenes del estilo criollo y sus variantes

**CAPÍTULO 2**
(1931-1958) La era profesional, los dorados 40 y la aparición de los estilos

**CAPÍTULO 3**
(1959/1973) La estrategia del diagrama

**CAPÍTULO 4**
(1974-1990) Dos títulos del mundo y una enemistad eterna

**CAPÍTULO 5**
(1991-2006) La dictadura de los directores técnicos

**CAPÍTULO 6**
(2007-Actualidad) La profesión más valorada del mundo

## C: ÁRBOL GENEALÓGICO

Sistema de relaciones establecido por el autor. Las influencias de cada entrenador por orden alfabético

# CAPÍTULO SEIS

## (2007-ACTUALIDAD) LA PROFESIÓN MÁS VALORADA DEL MUNDO

Como sucede en todas las actividades, profesiones y oficios del mundo, la evolución definitiva del puesto de director técnico está relacionada con el enorme caudal de información al que hoy es posible acceder con poco esfuerzo. Herramientas tecnológicas tan básicas como un teléfono o una computadora le permiten al entrenador de cualquier equipo profesional, e incluso amateur, estudiar en profundidad todo tipo de cuestiones tácticas, técnicas o estratégicas propias y del rival. Han dejado de ser simples directores de grupo y se han convertido en líderes totalitarios, expertos no solo en el juego, sino también con conocimientos que pueden ser más o menos rudimentarios en sociología, psicología y otras ciencias. Además, supieron encontrar el modo de utilizar esa información para transformarla en poder. En esta etapa del siglo XXI, los entrenadores ganan más dinero que los futbolistas y tienen más autoridad que los dirigentes. Ese aura de supremacía transformó aquel "Decí Tonto" que para Dante Panzeri significan las siglas "DT" en un "Decido Todo".

Ya dejó de ser requisito inviolable haber sido un futbolista exitoso, y en la actualidad es fundamental estar -o incluso aparentar estar-, capacitado de la forma más completa posible. Exentrenadores de hockey como Ariel Holan o expreparadores físicos como José Mourinho llegaron a ser campeones de copas internacionales en la misma proporción que exfutbolistas con más de cien partidos en sus respectivas selecciones. El supuesto saber, por más vacuo que sea, se convirtió en el principal argumento de un DT, además de los resultados positivos, por supuesto. Por eso, los cuerpos técnicos tienen analistas de vídeos, especialistas en neurociencia, psicólogos sociales, estadígrafos, entrenadores de arqueros, de defensa,

de ataque y agentes de prensa. Se podría decir que pretenden ser equipos multidisciplinarios.

"El fútbol está lleno de filósofos, de gente con fantásticas teorías. Yo nunca he sido bueno escondiéndome detrás de palabras", dijo Mourinho, uno de los dos técnicos emblemáticos de la última década. El otro es Josep Guardiola, o sea el destinatario de sus palabras. Porque es necesario afirmar que una condición indispensable para un DT de élite está dada por la capacidad dialéctica. En un mundo gobernado por los grandes medios de comunicación, la facultad para argumentar ante los micrófonos puede elevar o condenar un proceso de trabajo. Por eso los técnicos se convirtieron en intelectuales, o para ser más precisos en pseudointelectuales, porque muchas veces utilizan palabras muy bonitas pero no dicen nada. Algunos son más directos y claros en sus conceptos, mientras que otros son expertos en la retórica inútil.

En lo estrictamente futbolístico, se hizo más complicado encasillar estilos y métodos. Porque hoy los técnicos tienen la oportunidad de incorporar nociones de diversos modos y desde diferentes lugares. Si tuvieron un pasado como futbolista, es muy probable que hayan viajado y conocido otras culturas y otras maneras de pensar el juego. Si no fueron jugadores profesionales, se han preocupado por investigar esas formas. Tienen ideas claras, pero son menos esquemáticos y más flexibles. Les escapan a las verdades absolutas y a las etiquetas porque ven en la plasticidad una virtud clave.

El fútbol postmoderno les pertenece y saben que eso no tiene vuelta atrás.

# 6.A - ALEJANDRO SABELLA

## LA MIXTURA JUSTA

En diciembre de 2009, el Barcelona dirigido por Josep Guardiola era reconocido de forma unánime como una de las máximas expresiones de arte futbolero de la historia. Mucho más que un equipo ganador, representaba un concepto en sí mismo; un elogio, una manera de competir y de sentir el juego, porque pocos equipos en la historia conjugaron la riqueza individual, con múltiples recursos colectivos de la manera en la que lo hizo aquel campeón europeo y mundial.

A ese rival estuvo a punto de vencer Estudiantes de La Plata en la final de la Copa Mundial de Clubes disputada en Emiratos Árabes Unidos. Durante 88 minutos el equipo argentino controló con sabiduría táctica, inteligencia futbolística e intensidad física a un Barcelona que solo logró el triunfo en el tiempo suplementario.

Apenas ganó la Copa Libertadores 2009, Alejandro Sabella comprendió que el único modo de competir en serio frente al cuadro catalán era estudiar, trabajar y practicar de forma empecinada y obsesiva con ese encuentro de Abu Dhabi como única meta. Estudiantes se entrenó durante cuatro meses con ese acontecimiento como exclusivo propósito. Ensayó cada movimiento posible y se preparó para cualquier escenario.

Sabella tenía menos de un año de experiencia al frente de un equipo de primera división como DT principal cuando planeó con paciencia artesanal y precisión quirúrgica el duelo ante uno de los mejores conjuntos de todos los tiempos. Así lo recordó algunos años después: "La primera idea básica fue jugar con una línea de cinco con tres centrales -Germán Ré, Leandro Desábato y Christian Cellay- y con laterales -Clemente Rodríguez y Juan Manuel Díaz- que jugaran por delante de los *wines* de ellos. En el medio estuvieron Rodrigo Braña, Juan Sebastián Verón y Leandro Benítez, con Enzo Pérez en una función de comodín libre para tapar al lateral derecho de ellos, cortar en el medio y pasar al ataque, algo que hicimos un par de veces en los primeros veinte minutos. Adelante, Boselli jugó mano a mano con Piqué para evitar que rompiera líneas en la salida. La idea básica fue contrarrestar el juego de ellos en el medio, entre Iniesta (Andrés), Xavi (Hernández) y Busquets (Sergio). Tener superioridad numérica o por lo menos igualdad. Normalmente los rivales jugaban 4-4-2 y en esa zona quedaban tres contra dos para manejar la pelota a su antojo. La forma de compensarlo que tenían era cerrar al mediocampista por afuera, pero eso le daba libertades a los laterales y sobre todo a Lionel Messi. Los cinco en el fondo nos permitieron que el lateral nuestro se ocupara del lateral rival sin que Messi y el otro *wing* quedaran uno contra uno".

La explicación es tan clara que parece insólito que nadie lo hubiera pensado así antes. Sin embargo, el fútbol es mucho más que teoría y movimientos en un pizarrón. Sabella lo sabe y por eso para él la principal razón de la heroica labor de su equipo fue el convencimiento de sus jugadores: "Ellos llevaron la idea a cabo de forma espectacular. Nos fuimos cayendo en el segundo tiempo solo porque jugamos contra un equipo extraordinario, tal vez el mejor de los últimos años. Porque no estar acostumbrado a jugar frente a semejantes jugadores te obliga a tener una concentración superior, una disciplina táctica tremenda y un esfuerzo físico impresionante. Eso solo para recuperar la pelota. Después hay que jugar". Tras la victoria de su equipo, Guardiola destacó al digno adversario: "Hay que felicitar a Estudiantes, un equipo duro, pero noble".

Sabella fue, antes que nada, un estudioso. Un profundo conocedor de las características ajenas y propias. Un aplicado investigador del juego por vocación y convencimiento. En el libro *Pachorra, historias para conocer a Sabella*, de Pablo Hacker y Javier Saúl, se explica que en el cuerpo técnico de Daniel Passarella, del que formó parte durante ocho años en River Plate y la Selección Argentina, él era el encargado de elaborar los informes sobre los futbolistas propios y los rivales y de plantear los diversos escenarios tácticos. Luis Seveso, el médico del seleccionado, marcó claras diferencias con el propio Passarella y Américo Gallego, el otro asistente: "El Tolo tenía una idea futbolística muy similar a la de Daniel. Sabella no. Era el más pensante, con otra visión del juego, más conservadora, menos agresiva. Siempre brindaba los puntos fuertes del rival para ser cautos. Les ponía un freno a los otros dos. Era el más analítico".

Detallista y obsesivo pero no hermético. "El técnico se tiene que dar cuenta con qué esquema o sistema se sienten más cómodos los jugadores. Es necesario darles comodidad para que exploten al máximo su potencial", explicó en una entrevista con *El Gráfico* en 2010. Sus equipos jugaron con tres, cuatro y cinco defensores, con enganche, con *wines*, con dos delanteros y con uno. La versatilidad fue un recurso que nació de su conocimiento y de un principio muy claro, de una búsqueda: "Me gusta que mi equipo tenga posesión de pelota porque cuanto más la tenemos nosotros, menos la tiene el rival. Me gusta que tengamos capacidad para dañar al rival y que podamos recuperar la pelota no siempre en la zona de los cuatro defensores, sino un poco más adelante. Aspiro a que mis equipos tengan manejo de balón, variantes de ataque y consistencia defensiva. Eso es lo que a mí me gusta del fútbol".

En 1988 Sabella tenía 34 años y atravesaba sus últimos meses como futbolista profesional en Ferro Carril Oeste, que ya no tenía a Carlos Griguol como entrenador y era dirigido por Miguel Ángel López. Siempre interesado en la dirección técnica y muy cerca de pasar al otro lado de la línea de cal, dio algunos conceptos en una entrevista con la revista *El Gráfico*, que con el correr del tiempo se convirtieron en esclarecedores: "Yo no creo en los conceptos rígidos, y mucho menos en el fútbol, donde es todo muy relativo. Bilardo es un buen técnico, Griguol también, pero reconozco que el primer gran cambio en el fútbol argentino lo produjo Menotti. Cuando yo era chico se decía que para jugar con los europeos había que esconder la pelota, porque ellos nos mataban en dinámica. La Selección de 1978 probó lo contrario. Fue la primera vez que vi a un equipo argentino jugar de igual a igual con los europeos. Demostró que la movilidad siempre evita la fricción".

Aunque su identificación con Estudiantes es indiscutible, Sabella se formó como futbolista en River Plate, bajo los preceptos de los coordinadores de divisiones inferiores Carlos Peucelle y Adolfo Pedernera, y con Ángel Labruna y Néstor Rossi como entrenadores en primera división. Era un número 10 clásico, del estilo de Norberto Alonso. Zurdo, habilidoso, técnico y con la inteligencia necesaria para pensar y jugar antes que correr. Jugó cuatro años en el club de Núñez, hasta que en 1978 fue transferido al fútbol inglés, donde pasó por Sheffield United y Leeds United. En 1981 Bilardo lo repatrió para darle brillo a un Estudiantes que se preparaba para ser campeón. Junto a Marcelo Trobbiani y José Ponce formó un trío lujoso que luego le dio un prestigio mayor a aquel cuadro platense. "Sabella no corre, juega. Los rivales no salen a marcarlo, salen a cazarlo, y si lo agarran hay que suspenderlos tres fechas. Además, sabe defender. Y tiene mucha habilidad cuando se va por derecha, como la mayoría de los zurdos", explicó el DT en declaraciones consignadas en *Pachorra, historias para conocer a Sabella*. Por su parte, su compañero José Luis Brown destacó que ya con menos de treinta años, Sabella se preocupaba por conocer el juego y las virtudes de los rivales: "Era un futbolista preparado, muy inteligente y que respiraba fútbol. Un director técnico dentro de la cancha".

Educación primaria en River, secundaria en Inglaterra y terciaria en Estudiantes. Sabella tuvo la lucidez y la apertura para incorporar ideas en apariencia opuestas que lo convirtieron en un entrenador más completo. "Varios DTs me marcaron. De Labruna destaco la confianza que le daba al jugador y el ojo para elegir. De Valdir Espinoza (lo dirigió en Gremio de Brasil), me quedó una frase: 'El fútbol es una lucha por los espacios, el que mejor y más rápido los ocupa, gana'. Rubens Minelli (también de Gremio) se enojaba cuando teníamos la pelota y no pateábamos al arco. Harry Haslan (Sheffield) nos mató un día que ganábamos 4-0 el primer tiempo y en el segundo no hicimos nada, nos dijo que era una falta de respeto al público. De Bilardo, todo lo que significa la dedicación, el trabajo, el esfuerzo, la parte táctica. De Eduardo Luján Manera, al margen de lo que sabía, su aspecto humano. Un gran tipo", dijo en una entrevista de 2010 . A Menotti lo estudió y le destacó el concepto "para entrar primero hay que saber salir y para salir hay que saber entrar" y su búsqueda constante de la posesión para sostener el dominio psicológico del juego.

Ganó la Copa Libertadores solo cuatro meses después de su debut absoluto como técnico y fue designado seleccionador nacional a los dos años de aquella victoria sobre Cruzeiro. En total, su carrera duró poco más de cinco años y tuvo dos finales del mundo: la mencionada de clubes y la de selecciones, contra Alemania en el Maracaná en 2014. Francisco Olázar en 1930, Menotti en 1978,

Bilardo en *1986* y 1990 y Sabella son los únicos entrenadores argentinos que dirigieron el partido más importante de todos.

Durante los años previos al Mundial de Brasil, el gran objetivo de Sabella fue crear una estructura y un funcionamiento que le permitieran a Lionel Messi potenciar sus capacidades. Con Fernando Gago como mediocampista central, Ángel Di María por un extremo y Gonzalo Higuaín y Sergio Agüero en ataque, el fenómeno rosarino se sintió bien rodeado y vivió algunos de los mejores años de su vida con la camiseta nacional.

"Hay que ser inteligente y abierto, dar libertad y escuchar mucho. Tenés que consensuar si es necesario, ser un jugador más sin serlo", dijo tiempo antes de hacerse cargo de Argentina sin saber que esa capacidad para percibir las necesidades de sus futbolistas sería clave en el mayor desafío de su carrera. Sabella escuchó a Messi apenas llegó, y lo escuchó también en pleno Mundial, cuando decidió salir a jugar con una línea de cinco defensores en el debut frente a Bosnia y Herzegovina y, tras el primer tiempo, reemplazó a Hugo Campagnaro y Maximiliano Rodríguez por Gago e Higuaín.

En el camino hacia la final, Argentina tuvo problemas para generar juego e imponer condiciones, aunque siempre mostró una vena competitiva que el cuerpo técnico juzgó imprescindible. "Hay que cruzar el Rubicón", dijo el DT al referirse al límite de cuartos de final que no se superaba desde 1990. Con ese objetivo en mente armó un equipo firme que en ofensiva se apoyó en los arrebatos individuales de Messi, Di María e Higuaín y tuvo su mejor actuación colectiva justo contra Alemania. Una paradoja que marcó a una generación de argentinos. "Nos faltó definición, pero los muchachos dejaron todo. El partido no fue perfecto en el planteo. Para ser perfecto tenés que tener efectividad", declaró en la conferencia de prensa posterior al partido.

En los pocos años de Sabella como director técnico, la discusión filosófica que marcó al fútbol argentino en los años de gloria ya se había transformado en un sinsentido dialéctico. La absurda pregunta ¿qué es mejor, ganar o jugar bien? abarató el debate hasta lo insoportable. Entonces, el hombre que fue clave para Bilardo, que leyó a Menotti y admiraba a Bielsa, intentó llevar algo de claridad: "Tal vez tendría que decir que el resultado es lo más importante, pero agregaría que no es lo único. Diría que hay maneras y maneras de ganar y maneras y maneras de perder. Tenés que perder mirándote al espejo y sabiendo que diste el máximo, que fuiste digno con vos, con tus compañeros y con tus rivales. El resultado es lo más importante pero no es lo único. Yo prefiero ganar antes que jugar bien, pero tengo muchas más posibilidades de ganar si jugamos bien. En cuanto a que ganar es lo único, lamentablemente y lo digo entre triple comillas, todo va apuntado a que sea lo único. ¡Y no tendría que ser así!".

Su análisis fue más allá del fútbol: "El ganar a cualquier precio lleva a la sociedad a una situación de sálvese quien pueda. Yo creo que los medios se especializan en pervertir a los seres humanos según sean dueños de victorias o sufran derrotas". Alejandro Sabella no volvió a dirigir después de la derrota ante Alemania y murió en 2020 a los 66 años, con el reconocimiento casi unánime de que su gestión en el cuadro nacional fue una de las mejores de todos los tiempos.

# 6.B - RICARDO GARECA

## COMUNICACIÓN Y PASES (NO TAN) CORTOS

Paolo Guerrero es el mejor futbolista peruano de este siglo y uno de los más destacados de todos los tiempos. Sin embargo, en un momento de su carrera pensó que su triste destino era seguir el camino de otros ídolos de su país y retirarse sin jugar una Copa del Mundo. Ya tenía treinta años cuando Ricardo Gareca se hizo cargo de la Selección nacional y cambió de forma rotunda ese rumbo que parecía inexorable. "Es extraordinario trabajar con Gareca. Como entrenador es un tipo que conversa mucho. Entiende mucho al jugador. Da mucha confianza. Te motiva mucho antes de los partidos. Eso a uno le gusta. Creo que ha podido cambiar un poco el pensamiento, el *chip* peruano. Hoy en día veo a mi selección corriendo, luchando hasta el último minuto", declaró el goleador histórico del combinado peruano y describió con gran lucidez la principal cualidad del técnico argentino: la comunicación con sus dirigidos.

"A mí me gusta el diálogo con el jugador. Creo que es importante. Y tiene que haber un buen manejo de grupo. Le doy tanta importancia a esto como a la táctica y la técnica", afirmó Gareca en diálogo con el diario *Clarín* en 2012. Hablar, hablar y hablar. En grupo y en privado. Con titulares y suplentes. Para calmar ánimos y para motivar. Ese fue su secreto.

"El técnico debe saber de fútbol y también de manejo de grupos. Están ligados ambos conceptos: si sos un gran conductor pero tenés poco trabajo de campo, en definitiva te desmerece; si sabés mucho de fútbol pero chocás y no arreglás los problemas del plantel, no vas a ningún lado. Si tengo que elegir entre una cosa y otra, me parece más importante el rol como conductor, porque si el DT está bien con el plantel, las falencias que pueda tener, el grupo mismo se encarga de enderezarlas, forman como una comunión entre técnico y plantel y tiran y se respaldan. Si no hay una buena conducción, empiezan las divisiones y se complica todo", dijo en una entrevista con *El Gráfico* en 2009. Sus equipos más exitosos se cimentaron en una fuerte confianza entre plantel y cuerpo técnico, y en una total flexibilidad táctica y estratégica.

En la era moderna, los entrenadores más valorados son aquellos que muestran capacidad de adaptación, los que logran superar prejuicios y no se enamoran de sus propias ideas. El fútbol de los años 2020 trata de prescindir de los obstinados y los orgullosos. "No existe un técnico al que no le guste jugar. El mensaje de todos siempre es darle la pelota a un compañero para ganar. Después, hay algunos que toman más precauciones, otros que pretenden salir jugando o empezar a jugar en un sector determinado del terreno", declaró en una entrevista de diciembre de 2012, después de su tercer título con Vélez Sarsfield. "No solo tenés que saber atacar, sino también defender. Tiene que haber un equilibrio. Para mí es tan bueno el que permanentemente ataca así como el que se defiende y lo hace bien. Así que, ¿quién tiene la verdad en el fútbol? Vi equipos importantes que te esperan y salen muy bien de contraataque. Otros que te aprietan en campo contrario y les da resultados. A mí me gusta el equipo que hace las cosas bien y punto".

Lograr plasmar en los partidos aquello para lo que se trabajó es el concepto más extendido sobre lo que significa "jugar bien". Gareca así lo entiende y por eso le escapa a las etiquetas: "No me gusta el rótulo de ofensivo o defensivo, no creo en esas cosas. Cada uno hace lo que puede con lo que tiene en el lugar que está. Eso forma parte de la inteligencia del entrenador. Me gustan los equipos agresivos, los que proponen y respeto mucho a los que se defienden".

En esa última frase está la clave de su filosofía. Intensidad, consistencia y contundencia. Para Gareca, "lo lindo pasa por la efectividad". Según su óptica, si un equipo juega bien de verdad, solo puede perder uno o dos partidos, porque en el largo plazo quien logra resultados es quien mejor jugó. Nunca mostró un gran interés sobre las cuestiones estéticas, aunque no por desvalorizarlas, sino porque para él no son competencia del entrenador: "Una gambeta, un gol, un buen cambio de frente o un pelotazo de 50 metros para dejar mano a mano a un delantero… todo eso es arte. Pero el técnico no tiene nada que ver, se lo sobredimensiona. Lo nuestro es colocar las fichas y dejar que los jugadores se expresen en el campo de juego. Lo más importante son ellos, los únicos protagonistas".

Centrodelantero picante, veloz y certero, debutó en la primera de Boca Juniors por decisión de Juan Carlos Lorenzo en 1978. Seis años más tarde pasó a River Plate junto a Oscar Ruggeri en la doble transferencia más polémica y recordada de la historia del fútbol argentino. Allí conoció al entrenador que más lo marcó en su carrera, Héctor Veira. "Yo tuve a los mejores y de todos saqué algo, pero si me apurás el mejor para mí fue el Bambino, pese a tenerlo poco -seis meses en 1985-. Era práctico, directo, veía bien la situación, trabajaba lo indispensable. Me gustó cómo resolvía, cómo le llegaba al jugador. Tenía un poco de cada cosa".

No es una coincidencia que sus dirigidos destaquen la sencillez y el mensaje claro como una de las virtudes de Gareca. Las mismas que él supo elogiar de Veira. Jugó en distintas etapas del seleccionado al mando de Menotti y Bilardo y, por supuesto, tiene su valoración de ambos: "Bilardo era más obsesivo en algunas cuestiones, en cuanto a lo que se refiere a la táctica y el análisis del rival; abarcaba un todo. En cambio Menotti priorizaba todo lo que tenía que ver con el funcionamiento del equipo. Al Flaco era un placer escucharlo. Para Bilardo nada era suerte, no dejaba nada librado al azar". Varios de sus días más exitosos como atacante fueron en América de Cali, donde ganó dos títulos de primera división y jugó un par de finales de Copa Libertadores. En el cuadro colombiano jugó junto a Julio César Falcioni, el primer exarquero que se coronó campeón del fútbol argentino como director técnico. Surgido de la cantera velezana, Falcioni caminó por veredas diferentes a las de su amigo delantero. Para él, admirador de la obsesión de Marcelo Bielsa, los equipos se arman de atrás para adelante, con una marcada vocación por el orden y el equilibrio. Con esa premisa, se coronó campeón invicto con Boca en 2011, dos años después de conducir a un título inédito a Banfield.

Para Gareca, el éxito no llegó rápido. Debutó como técnico en San Martín de Tucumán pocos meses después de su retiro, en 1995. Luego pasó a Talleres de Córdoba, donde consiguió el ascenso a Primera en una final histórica contra Belgrano. En 1997 dio el salto y reemplazó a Menotti en Independiente, aunque tras una mala campaña regresó a Talleres para ganar la Copa Conmebol en 1999. Luego Colón de Santa Fe, Quilmes, Argentinos Juniors, América y Santa Fe de Colombia, y Universitario de Perú; todo antes de llegar a Vélez, el club de sus amores, que marcó su despegue definitivo en 2009. Fue campeón en su primer torneo, tras derrotar al Huracán de Ángel Cappa en el legendario partido de la última fecha del Clausura. Aquel equipo no tenía el brillo de su adversario, pero sí un orden y una fortaleza mental suficientes para derrotarlo.

"Vélez sale a ganar. Encara bien los partidos. Juega bien al fútbol. Tiene jugadores de experiencia que recuperaron la confianza (Sebastián Domínguez, Emiliano Papa, Víctor Zapata, Fabián Cubero) y jóvenes que saben esperar su momento (Nicolás Otamendi, Héctor Canteros, Gastón Díaz, Jonatan Cristaldo, Maximiliano Morález)", explicó días antes de dar la vuelta olímpica Gareca, quien en diálogo con *Clarín* se autodefinió como "un técnico que actúa según lo que ve, que respalda a este plantel. Que acierta, se equivoca y aprende de sus errores".

Tras aquel título de 2009, llegaron otros dos en 2011 y 2012. De la mano de Gareca, Vélez recreó su hegemonía de la década del noventa. Si el plantel que superó a Huracán es recordado por su robustez y contundencia, el de 2011 le sumó brillo. Augusto Fernández y Ricardo Álvarez marcaron el salto de calidad y Santiago Silva le otorgó más potencia al ataque. En tanto, el de 2012 tuvo un conductor más clásico en Federico Insúa, y una delantera de lujo con Lucas Pratto y Facundo Ferreyra. Los tres campeones jugaron con una línea de cuatro en defensa y dos delanteros fijos. En el mediocampo sí tuvieron flexibilidad para salir con volantes de mayor manejo o de equilibrio. Gareca respaldó con acciones su concepción abierta del juego, porque en aquellos años Vélez fue un club que compitió siempre y lo hizo gracias a su convencimiento en que la mejor forma de jugar es la directa y al ataque.

En 2015 llegó a la Selección de Perú y provocó una revolución que terminó con la clasificación a la Copa del Mundo más festejada de todos los tiempos. Por eso Gareca es una celebridad nacional. Su imagen con los dos dedos índices sobre la sien representa para el pueblo peruano una esperanza. Futbolística, sí, pero también cultural. Se convirtió en remera, en tatuaje, en ícono de un triunfo postergado. El argentino supo responder a esa necesidad colectiva gracias a su capacidad de trabajo, su conocimiento y su serenidad.

Cambió la mentalidad del jugador peruano, cuyas cualidades técnicas jamás estuvieron en duda, pero sí su compromiso y su fuerza de trabajo. Como siempre, Gareca habló. Mucho. Impuso reglas claras. Les dio confianza a los que la necesitaban y disciplina a los insurrectos. Formó un grupo sólido, con las mismas características de sus mejores Vélez. Aprovechó al máximo la técnica peruana, y se ocupó de fortalecerla con un sistema sólido y firme. Así se clasificó a Rusia 2018 y compitió en el Mundial contra el campeón del mundo Francia y así también un año más tarde, llegó a la final de la Copa América en Brasil.

# 6.C - EDGARDO BAUZA

## AL EQUILIBRIO SE LLEGA DESDE ABAJO

"Me importa un huevo que me digan que soy defensivo". En una época en la que los directores técnicos cuidan su discurso tanto o más que la pelota parada o las transiciones, el embanderamiento de Edgardo Bauza fue casi contracultural. Mientras sus colegas, preocupados por evitar ser encasillados y de ese modo disminuidos, eluden cualquier tipo de sentencia absolutista, el rosarino no anduvo con medias verdades y se confesó militante del fútbol de overol y destrucción. Guerrero de un estilo. Quizás el último de su clase. La sentencia es de mayo de 2015, cuando en una entrevista con el diario *Olé* también expresó: "Sé perfectamente cuáles son las virtudes y los defectos que tiene mi equipo. Que alguien me encasille por su gusto futbolístico no me interesa mientras sigamos llegando, superando a nuestros rivales y generando situaciones de gol. Los equipos que no saben defender no pueden ganar nada. Y no digo meterse adentro del arco o colgarse del travesaño, sino defender bien, a veces con mucha gente y otras con menos".

Exageraciones y expresiones para la tribuna al margen, la verdadera pasión de Bauza es el equilibrio. Alcanzarlo ha sido siempre la aspiración máxima de sus equipos. En su libro *El método Bauza*, Ariel Ruya destacó un pensamiento que describe esa búsqueda eterna: "El secreto del éxito es el equilibrio. Ni atacar ni defender solamente. El equilibrio. Yo soy un enamorado del equilibrio. Jugar bien es lograr eso, saber atacar y defender". Sí, el objetivo es manejar las dos facetas del juego con eficacia, pero por algún lado hay que empezar. Y Bauza empieza por atrás. "Yo lo primero que hago cuando armo un equipo es ver cómo se defiende. Y después sí, vemos cómo atacamos. Lo esencial es saber cómo nos vamos a defender. Después le doy importancia al control y a la tenencia de la pelota. Porque a partir de ahí yo puedo construir un ataque. Lo que hago en esa construcción de ataque es no permitir que el equipo quede mal parado". Siempre el cuidado celoso del arco propio como prioridad para, desde esa garantía, encontrar el ansiado equilibrio.

Defensor recio e implacable en sus días de futbolista, como director técnico se reveló como un hombre afable, cercano a los jugadores, de perfil bajo y humilde. Fue su manera de ganarse la confianza de sus dirigidos, la clave para que su filosofía se transforme en la de todo el grupo. "Lo más importante para un DT de fútbol es transmitir una idea que llegue al jugador. Y lograr resultados. Debe saber de táctica, de psicología, de estrategia... Todos sabemos de eso, algunos más que otros, el tema es que el DT tenga las herramientas para convencer al plantel. La planificación siempre apunta a tratar de ganar. La idea puede tener dos caminos. Si conseguís el resultado rápido, el jugador entiende que es el mejor camino porque tiene el argumento irrefutable de la victoria y todo es más fácil. Si no, hay que recurrir a la palabra, que debe ser muy buena y llegar a las entrañas". En el libro de Ruya, Bauza contó que tras su llegada a San Lorenzo se juntó con Leandro Romagnoli y le explicó que necesitaba que retrocediera algunos metros para ayudarles a Néstor Ortigoza y a Juan Ignacio Mercier a achicar espacios. En su idea de juego es obligatorio tener un conjunto compacto, capaz de recuperar y aprovechar todas las oportunidades.

En 1977, Carlos Griguol le dio la oportunidad de presentarse en la primera división de Rosario Central y dos años más tarde Ángel Tulio Zof le otorgó la titularidad, en un equipo reconocido como *La Sinfónica* por su juego atildado y elegante. Jugó gran parte de su carrera en el club rosarino y se destacó como un zaguero aguerrido, pero también con una formidable capacidad goleadora. La paradoja entre su estilo atrevido dentro de la cancha y la cautela de sus equipos es fácil de ver. Jugó en la Selección en los ciclos de Menotti y Bilardo, quien lo incluyó en el plantel que disputó el Mundial de Italia 1990. Aunque su cercanía ideológica con el DT campeón de México *1986* se presume evidente, nunca se sintió cómodo con el mote de "bilardista".

"Bilardo es un técnico que preparaba todo para defender muy bien, sus equipos sabían muy bien qué hacer. Pero eran muy rígidos en sus movimientos. En cambio Menotti, para atacar, tenía muchas variantes y movimientos preestablecidos, pero le faltaba la otra parte", expresó en el libro *El método Bauza*. Su maestro fue Griguol: "De él aprendí dos cosas fundamentales: que mis equipos tengan orden y trabajo. Horas de entrenamiento, laburo. Defensivamente, también me enseñó la importancia de las repeticiones. Fijar situaciones que en los partidos los defensores puedan resolver. Me pedía que no pasara la mitad de la cancha, pero una vez fui con la lanza y marqué mi primer gol. Después me decía que no le diera bola, que pasara, pero había que trabajar la solidez, no se podía tener libertad total. Sí factor sorpresa. Eso lo debe tener incorporado el jugador".

En el Apertura 1999, con poco menos de un año de experiencia como DT, formó uno de los equipos que mejor representó su idea. Aquel Rosario Central que logró el subcampeonato era, ante todo, un cuadro equilibrado. Podía jugar con tres o cinco en el fondo, y nunca quedaba mal parado. Tenía un armador claro y preciso como

Ezequiel González, un mediocampo sacrificado, y a Juan Pizzi en la ofensiva. Su segunda gran obra fue en Ecuador, donde consiguió lo imposible: sacar campeón de América a un equipo de ese país. Liga de Quito se coronó en la Copa Libertadores 2008, no solo porque aprovechó la localía en la altura, sino también porque entendió a la perfección la idea de Bauza, bien diferente a la de su antecesor Jorge Fossati. Una línea de tres rocosa, laterales con ida y vuelta, mediocampistas sacrificados, Damián Manso como enganche y un Claudio Bieler de racha en el centro del ataque. Otra vez, equilibrio.

En San Lorenzo, Bauza es un prócer. Artífice de la conquista más esperada por el pueblo de Boedo, su mano fue fundamental para ganar la Copa Libertadores 2014. En pocos meses, convirtió al desbalanceado equipo que dirigía su conocido Pizzi en un conjunto sólido y ordenado. El ex delantero, representante nítido de la escuela rosarina que se crío bajo la atenta mirada de Ángel Zof y se desarrolló en Barcelona, fomentó un juego ofensivo con ciertos desacoples en defensa, claroscuro que lo acompañó, con matices, también la Selección chilena y en su ciclo en Racing.

Apenas arribó a San Lorenzo, Bauza buscó solucionar esos problemas pese a los cuales Pizzi se coronó campeón del torneo Inicial 2013. Afianzó a la dupla Mauro Cetto-Santiago Gentiletti en la zaga central, les dio confianza a los laterales Julio Buffarini y Emmanuel Más, elevó a la sociedad Mercier-Ortigoza, encumbró al joven Ángel Correa y aprovechó el gran nivel de Ignacio Piatti. A medida que pasaron los partidos, el plantel comprendió que el título ya no era una utopía, que tenía con qué pelear. Superó la fase de grupos gracias a una carambola de resultados en los minutos finales y luego eliminó a Gremio y Cruzeiro de Brasil y a Bolívar de Bolivia. En la final, le ganó con lo justo a Nacional de Paraguay pese a haber jugado muy mal por la tensión de las circunstancias, según las palabras del entrenador.

Tras aquella victoria, su nombre se anotó en la siempre dinámica lista de posibles seleccionadores nacionales. Allí permaneció hasta 2016, cuando tras la sorpresiva y precipitada renuncia de Gerardo Martino fue contratado en medio de una colosal crisis institucional en la AFA. Llegó tan convencido de sus posibilidades, que espetó una temeridad en sus primeros días en el cargo: "No sé qué voy a hacer después de ser campeón en Rusia 2018". Solo duró ocho partidos, en los que no estuvo ni cerca de imponer su proyecto. Miró el Mundial desde su casa, y meses antes declaró acerca de su exequipo: "Si logra defender mejor, se potenciará mucho más". En un punto, el resultado le dio la razón: con Jorge Sampaoli no defendió mejor y mucho menos se potenció.

Bauza se retiró de la dirección técnica en 2021, tres años después de darle a Rosario Central el primer título oficial desde 1987: la Copa Argentina.

# 6.D - GERARDO MARTINO

## EN ALGÚN LUGAR ENTRE LA ESCUELA ROSARINA CLÁSICA Y LA CIENCIA DE BIELSA

Desde que Vic Buckingham y Rinus Michels plantaron la semilla de una idea en las décadas del sesenta y setenta, Barcelona se convirtió en una referencia mundial. No tanto por los títulos y los resultados, sino por las formas. Por el contenido. Su filosofía, sus *valors*, son un rasgo de identidad más poderoso que cualquier trofeo.

En la era moderna, Johan Cruyff y Josep Guardiola no hicieron más que honrar ese legado y elevarlo. A mediados de 2013 Tito Vilanova, antiguo ayudante de Guardiola, se vio obligado a dejar la conducción del conjunto catalán por un serio problema de salud. Entonces, se dice que Lionel Messi, con disimulo, dejó caer el nombre de Gerardo Martino como posible reemplazante. No hizo falta más. El argentino fue designado entrenador con el aval de todos los referentes, incluso de los ilustres Xavi Hernández y Andrés Iniesta, quienes destacaron la absoluta coincidencia entre la idea personal del DT y la histórica identidad catalana. Esa sincronía con el club más prestigioso del planeta sirve para ejemplificar la potencia conceptual del método de Martino.

"Mis equipos tienen una postura de protagonismo, de no esperar, de agresividad para recuperar la pelota y hacerlo bien arriba. Que no haya lugar para la especulación. Si hay que defender, se defiende porque el rival te lleva, pero no producto de pensar un partido por la especulación", explicó Martino en una entrevista de 2007 con *El Gráfico*.

En 2013, el analista y director técnico rosarino Matías Manna destacó las coincidencias tácticas y de estilo entre el Barcelona de Guardiola y el Newell's Old Boys de Martino, algunas de las cuales despertaron el interés del club catalán por él. "El equipo argentino elige, como punto de partida, salir jugando. Esa es la piedra angular que marca el camino futuro: los centrales se abren para intentar recibir un pase desde el arquero Nahuel Guzmán. Antes de la final de la Copa del Rey 2009, Guardiola no dudó en practicar una y otra vez la salida con el arquero José Manuel Pinto y sus defensores. Como Athletic Club lo iba a presionar arriba, ejercitó durante media hora esa faceta del juego. 'Si sales bien, puedes llegar a jugar bien; si no lo haces, no hay opción', describió el catalán".

La inclusión de un arquero con condiciones técnicas para jugar con la pelota como un defensor más es uno de los conceptos más novedosos de los últimos tiempos. Martino es el DT argentino que más importancia le dio a esta cuestión. Manna también emparentó la cantidad y la calidad de la posesión de Newell's con la del Barcelona 2009/2011. "(El cuadro rosarino) tiene un poco menos de porcentaje de posesión (Barça solía superar el 70 por ciento), pero bien hace en ordenarse a través de la pelota y de los pases. Una diferencia grande entre los jugadores de este equipo y los restantes es que nunca parecen sentirse presionados para encontrar a un compañero o una buena solución. Alguna vez Guardiola sostuvo que 'la pelota nos ordena, sin tanto rigor táctico'. La paciencia y la construcción ofensiva mediante pases es marca registrada del modelo Newell's. Que siempre juega igual sin importarle en demasía sus rivales".

Aquel Newell's campeón del torneo Final 2013 y semifinalista de la Copa Libertadores, fue el equipo que más se acercó a su ideal. Con el toque como premisa incuestionable y una convicción total para arriesgar en cualquier contexto, en un año pasó de pelear el descenso a la consagración.

"Nosotros en el día a días siempre pedíamos que no sea 'cueste lo que cueste'. 'Vamos con nuestras formas', les decíamos a los jugadores. Y adoptaron el discurso de tal manera que llegó un punto en el que no tirábamos pelotazos ni cuando nos estábamos quedando afuera con Atlético Mineiro. Quizás era una exageración, pero era lo que sentíamos todos en ese momento. Nos interesaba lo que pensábamos nosotros y nuestra gente, los demás no nos importaba. Estábamos totalmente convencidos y era algo que llevábamos adelante entre todos, nos retroalimentábamos", afirmó Martino en una entrevista de 2014 con la revista *Un Caño*.

El equipo titular salía con un sistema 4-4-3, con Guzmán en el arco, dos laterales ofensivos como Marcos Cáceres y Milton Casco y Gabriel Heinze y Santiago Vergini en la zaga. Lucas Bernardi era el hombre clave del mediocampo, por su capacidad para asociarse con todos y generar las transiciones de las que siempre han hablado hasta el cansancio Louis Van Gaal y Guardiola. Pablo Pérez y Rinaldo Cruzado jugaban cerca de Bbernardi, con Maximiliano Rodríguez como extremo, pero con la flexibilidad para también sumarse a la línea media. En ataque, Ignacio Scocco era la referencia, aunque también tenía las condiciones para incorporarse al circuito de juego.

El lugar común y la mirada superficial indican que el referente de Martino es Marcelo Bielsa. Su amor por Newell's y sus similitudes de apariencia física y de postura al borde de la línea de cal sostienen dicha teoría, además de la obvia relación jugador-técnico que los unió. Sin embargo, sus verdaderos maestros son Juan Carlos Montes, Jorge Solari y José Yudica. Así se afirma en el libro *El Tata*, de Vanesa Valenti y Lucas Vitantonio: "Martino tiene tatuado el legado de tres entrenadores de la vieja guardia. Primero, para moverse dentro del campo de juego. Luego, al borde de la línea de cal. Y por sobre todo en la vida cotidiana, para desplazarse con coraje y determinación. Montes, Solari y Yudica fueron sus maestros. Martino fue armando sus propios códigos dentro del vínculo con esos referentes. Aprendió el valor de hablar sin vueltas, supo que primero hay que estar convencido para luego contagiar una idea y que el jugador no está en plenitud si no se siente contenido como persona. Desde la táctica, los tres le transmitieron la devoción por el fútbol bien jugado, con tenencia de pelota, de ataque, siempre mirando el arco de enfrente y respetando las formas. Si hay algo que, con matices lógicos, une a los tres es la concepción del fútbol. La búsqueda del resultado a partir de la identidad. Con la pelota como un tesoro que vale la pena conquistar, cuidar y usar con inteligencia".

Aunque fue Luis Cubilla quien le dio la oportunidad de dar el salto a la primera división de Newell's en 1980, Montes le permitió afianzarse y le otorgó herramientas claves para mejorar su ubicación y para hacer rendir al máximo sus condiciones técnicas. Martino era un mediocampista central de gran manejo y poco sacrificio, que a ojos de Solari "se notaba que iba a ser un gran jefe, que tenía que seguir en el fútbol". Según se describe en el libro *El Tata*, fue Yudica quien lo ubicó más adelante, como un enganche moderno: "Lo mandé para adelante pero él me decía que no, porque el físico no le daba. Para mí era extraordinario en campo rival. Siempre asistía al nueve, a los punteros y sacó goleadores a todos los delanteros. Estaba adelantado a la forma de jugar. A veces los jugadores piensan que hay que gambetear y no es así. De pronto es mejor dar pases certeros".

En una entrevista de 2012 con *La Nación*, Martino destacó a Solari y a Yudica como sus dos principales mentores: "El *Indio* era un adelantado a su época, un número uno. Era extraordinario. Y a José lo defino como la síntesis de armar un equipo para salir campeón. Tenía el ojo del entrenador que ve estrictamente lo que necesita para jugar bien y ganar. Fue poco reconocido porque se valora más el circo".

A Bielsa lo estima de un modo diferente, más parecido a la admiración a un ser superior: "Marcelo es el mejor. Explica muy bien, tiene una gran capacidad para transformar en trabajo las cosas que él ve que suceden en los partidos, no aburre, siempre entusiasma, sus trabajos son novedosos y tiene una cabeza notable. Marcelo, además, te marca por una línea de conducta, que tiene que ver con la seriedad, la ética y la honestidad, valores que normalmente uno debería encontrar en cualquier persona pero que cada vez se hace más difícil de ver en este ambiente".

Si de Montes y Yudica extrajo el amor por la pelota y el juego vistoso, de Bielsa heredó la obsesión por el trabajo y la docencia. Una obsesión que se manifestó de forma diferente en ambos casos. Los equipos de Bielsa son más verticales y mecanizados, mientras que los de Martino, más pacientes y flexibles. Además, su trato con el futbolista también es casi opuesto, mucho más cercano y casi amistoso. Martino no es un bielsista, pero sí una especie de nexo postemporal entre su filosofía y la escuela rosarina tradicional.

Ni en su temporada en Barcelona, ni en sus dos años en la Selección Argentina, logró imponer su estilo. En el primer caso, por no haber podido convencer al plantel ni conseguir adaptarse a un mundo extraño y hostil. En el segundo, sobre todo, por las dificultades extra deportivas. Solo por momentos esos dos gigantes mundiales jugaron a lo que él pretendía. Así lo recordó en 2016: "En Barcelona y en la Selección, desde lo estadístico, casi jugamos una final con el Atlético Madrid en la definición de la Liga, llegamos a la final de la Copa del Rey, a cuartos de final de la Champions y ganamos una Supercopa de España. En el seleccionado, dos finales de Copa América. Desde mi punto de vista, cuatro finales, un campeonato y unos cuartos de final no estaría nada mal, pero evidentemente eso, desde la mirada argentina, es catastrófico. Desde el trabajo, lo que hice en el Barcelona, objetivamente, me dejó muy disconforme pero en la Selección Argentina me parecía un trabajo que se estaba haciendo bien". Las finales de América perdidas contra Chile por penales en 2015 y 2016 le asignaron un balance negativo a su corta gestión como seleccionador. Sobre todo la primera, en la que el equipo nunca logró plantarse para disputarle la iniciativa al combinado local y careció de ideas para lastimar.

"Fueron los dos lugares en los que me sentí más alejado de mí mismo", dijo Martino sobre aquellas fallidas experiencias. En contraposición, reconoció como "su mayor orgullo" a la Selección de Paraguay que alcanzó los cuartos de final de la Copa del Mundo 2010 y que fue subcampeona de América en 2011. Con jugadores mucho menos dotados y con respeto por una identidad futbolística nacional muy diferente a la suya, armó un equipo basado en la solidez defensiva, que primero buscaba asegurar el cero en el arco

propio para luego intentar aproximarse al del rival. Fue una muestra cabal de su elasticidad, de su convencimiento en un concepto que puede sonar a lugar común: "A veces una idea de juego no va de la mano del plantel que uno tiene disponible". En Paraguay, Martino se adaptó y logró una comunidad con los futbolistas que apuntaló al mejor representativo de la historia del país. En 2022 buscaba replicar ese modelo en México.

# 6.E - JORGE SAMPAOLI

## AIRES DE BIELSISMO Y UN SUEÑO TRUNCO

En mayo de 2007, Jorge Sampaoli fue despedido de Sporting Cristal de Perú después de ganar solo cuatro de los 17 partidos dirigidos. Aquella era su primera experiencia en un club grande y no había estado a la altura del desafío. Lo primero que hizo después de la abrupta salida fue escribirle una carta a Marcelo Bielsa, un hombre que no sabía de su existencia, para pedirle "perdón por no haber defendido el estilo".

Tan grande era su admiración por el entonces seleccionador de Chile que sintió la necesidad de expresarle su congoja, cuya principal razón no era el fracaso deportivo, sino la frustración moral. "Bielsa es un gran transmisor de lo que siente, y eso el jugador lo valora y lo rescata rápido. Es un mito. Yo escuchaba a Marcelo en mi época de los 90. Lo escuchaba dos horas al día, para mí era lo máximo. Sigue siendo uno de los mejores entrenadores del mundo, por su moral, por el respeto a su idea, por su respeto al ataque", expresó en declaraciones al programa *Fiebre Maldini* en 2016.

El joven Sampaoli fue un voraz consumidor de los discursos de Bielsa. Los estudió, los comprendió y los interpretó. Autodenominado *bielsadependiente*, se ocupó de grabar y atesorar cada charla y conferencia de prensa de su referente, con quien lo une una relación platónica, ya que jamás compartió equipo ni trabajo alguno. El vínculo es solo virtual y unidireccional, pero tan fuerte como cualquier otro. Sampaoli se formó como entrenador con las ideas de Bielsa. Fue, desde la palabra, su más potente mentor. En la vida real quizás se hayan cruzado en algún campo de entrenamiento de Newell's en la década del ochenta, cuando Sampaoli tenía un futuro promisorio como mediocampista izquierdo. Pero, como el de Bielsa, su sueño profesional quedó trunco en la adolescencia, por una fractura jamás curada. Durante más de una década estuvo alejado del fútbol, hasta que a mediados de los noventa comenzó de forma tímida su carrera como entrenador, en pequeños cuadros de Santa Fe. Allí desarrolló y fortificó su filosofía: "Yo me quedo con el fútbol de antes: talento por encima de la arquitectura del fútbol. Muchos creadores dentro del campo". Escuela rosarina pura.

Peregrinó por diversos clubes de Perú, Chile y Ecuador, hasta que en 2011, llegó a Universidad de Chile, el sitio en el que consiguió demostrar todo su potencial para armar un equipo ganador e imponer su idea. Se recuerda a aquel campeón de la Copa Sudamericana como uno de los mejores conjuntos de la década en el continente, no solo por resultados, sino también por su fútbol ofensivo, vistoso y efectivo. Allí, Sampaoli logró lo que muchos no logran en toda su carrera: que cada uno de los integrantes del plantel se comprometieran con su plan colectivo. Que las individualidades trabajasen en búsqueda de un objetivo común. La U tenía un juego dinámico impecable, con presión alta para recuperar la pelota rápido y atacar por intermedio de triangulaciones. Todo aceitado a la perfección. Era capaz de jugar con un 3-3-1-3 o con un 4-4-2. Los números no tienen demasiada importancia cuando todos los elementos conocen cuál es el concepto. Tal cual el fundamento básico de Bielsa, la clave de aquel equipo era la movilidad. La pelota y los jugadores estaban en constante movimiento, tanto para atacar como para intentar recuperar. No tenía luminosas figuras, pero todos sabían a la perfección cuál era su tarea.

Su gran trabajo lo elevó hacia la Selección chilena, donde recuperó el espíritu de Bielsa y lideró su evolución. Chile dejó de ser un rival complicado con pocas posibilidades de ganar algo y se convirtió en un candidato natural por juego y, sobre todo, identidad. Ese ha sido el principal atributo de la mayoría de sus equipos: se sabe a lo que juegan. El plantel chileno que estuvo a centímetros de eliminar a Brasil de la Copa del Mundo 2014 y que le ganó una final de Copa América a Argentina consiguió estos éxitos gracias a un convencimiento total en una idea. Allí Sampaoli cumplió su propósito con suficiencia, algo que ni siquiera estuvo cerca de hacer en el seleccionado argentino. En su año en el cargo se vio sobrepasado por la responsabilidad, desconectado de su propia idea y sin respuestas ante los problemas internos y externos. En el Mundial de Rusia su equipo jamás logró imponer condiciones y quedó eliminado sin atenuantes frente a Francia en octavos de final.

Luego, separado de su asistente histórico Sebastián Beccacece (un profesor de educación física que le presentó Claudio Vivas en 2002, y que a comienzos de la década de 2020 era destacado como uno de los mejores y más interesantes proyectos del fútbol argentino), buscó recuperar su estilo con relativo éxito en Santos y Atlé-

tico Mineiro de Brasil, antes de retomar su experiencia europea en Olympique Marsella, territorio donde su maestro Bielsa supo dejar una huella.

Ese estilo que resumió así: "Presión constante, recuperación inmediata, no tener temores por más que juguemos contra equipos con mayores presupuestos, no pensar en defendernos y no resignar la posibilidad de atacar. Que la rebeldía sea un rasgo".

# 6.F - GUILLERMO BARROS SCHELOTTO

## UNA EXTRAÑA MEZCLA DE INFLUENCIAS

Guillermo Barros Schelotto no fue el típico futbolista que se mueve en la cancha y en la vida como un futuro entrenador. Era un delantero veloz, escurridizo y rápido que sacaba ventajas por su enorme capacidad para desbordar y asociarse con el centrodelantero de turno. Nunca asumió grandes responsabilidades tácticas ni se destacó por el manejo de los tiempos. Sí era inteligente y sobre todo pícaro, con la pelota y con la dialéctica. César Menotti lo definió como "el último rebelde", una descripción que aceptó con gusto e interpretó así: "Creo que él se refería a la rebeldía por tratar de hacer siempre algo distinto para superar un obstáculo. Espero tener esa rebeldía hasta el día que me muera. Cuando sea técnico me propondré ganar un campeonato con el equipo que sea, no me gustaría hacer como un montón de técnicos que llevan 25 años, no ganaron ni un título y solo les interesa acomodarse. La rebeldía es no quedarse en la cómoda".

En su primera experiencia como técnico fue campeón de la Copa Sudamericana con Lanús y honró aquella promesa hecha en una entrevista con *El Gráfico* en 2010. Su ideal parte de aquel concepto madre: "La idea es simple: atacar, jugar rápido y por abajo, presionar, ser superiores al rival; un poco lo que busca cualquier entrenador que quiera salir a ganar. A veces se da y otras, no; pero la realidad se ve en los entrenamientos de la semana, donde se trabaja pensando en ganar el próximo partido", afirmó Guillermo en 2014.

Para él, un equipo protagonista, que se hace cargo del partido, tiene más posibilidades de prevalecer en encuentros parejos: "Lo que yo busco es ser ofensivo, ambicioso, presionar. Son pocos los equipos que salen a jugar de igual a igual. Siempre hay más especulación que pretender ir a ganar. Por cómo veo el fútbol yo, creo que el que sale a ganar corre con ventaja", explicó en un diálogo de 2016 con *La Nación*.

Barros Schelotto (Guillermo es la voz cantante de una afianzada dupla junto a su hermano) tuvo los mejores momentos de su carrera como futbolista con Carlos Bianchi como entrenador. Él es uno de sus principales mentores, pero no el único. Las características del DT campeón de las Copas Libertadores 2000, 2001 y 2004 que más ha destacado el histórico número 7 son su manejo de grupo y su simpleza para comunicarse con el jugador. Cuestiones más relacionadas con la gestión del vestuario que con el aspecto futbolístico y táctico. Porque los equipos de los mellizos no son similares a los de Bianchi, ni en la postura, ni en el sistema. El Lanús campeón de 2013 jugó buena parte de la Copa con un 4-3-3, aunque en momentos puntuales mutó a un 4-5-1.

Los números son solo para marcar un punto de partida, porque según la óptica de Barros Schelotto, "el secreto son los jugadores. Analizamos la calidad de nuestros futbolistas y decidimos en función de eso. Podemos jugar con o sin enganche, con cuatro en el medio o con tres en el fondo. Lo hemos hecho porque creemos que el convencimiento, la idea y los jugadores son más importante que la táctica, que sí tiene mucho valor en el plano defensivo. En el ofensivo se depende de la impronta y la capacidad de los delanteros. Debés poner jugadores adelante y no por eso decir 'soy súper ofensivo'. Hay que armar un planteo para privilegiar la victoria ante la especulación. Y hay más chances de ganar cuando jugás bien y hay compañerismo. Yo pongo tres delanteros. Pero con obligaciones de ayudar en la recuperación de la pelota".

Bianchi es uno de los tres técnicos que más lo han influenciado. Los otros dos son Carlos Griguol y Ricardo La Volpe. El primero fue el conductor del Gimnasia y Esgrima La Plata subcampeón de 1995 y 1996, en el que los hermanos Schelotto eran figuras: "El maestro Timoteo me enseñó a pensar en la cancha, a no jugar atropelladamente. Ese fue el consejo justo; me sirvió para toda mi carrera. Además, tenía un talento impresionante para incrementar el potencial de cada jugador, incluso en los entrenamientos".

La Volpe es el nombre sorprendente de esta historia. El arquero campeón de la Copa del Mundo 1978 solo dirigió a Boca poco más de tres meses en 2006 y quedó en la historia por haber perdido un tricampeonato con seis puntos de ventaja a dos fechas del final. Discípulo claro de César Menotti, desarrolló casi toda su carrera en el fútbol mexicano, donde es considerado uno de los entrenadores más prestigiosos de las últimas décadas. Allí fue maestro de técnicos muy importantes de la década de 2010 en Argentina, como Diego Cocca, Jorge Almirón y Antonio Mohamed, campeones con Racing, Lanús e Independiente respectivamente, que, cada uno con su repertorio, lograron aproximar la idea menottista al nuevo milenio. La Volpe es al mismo tiempo un exótico apasionado de la rigidez táctica, y un fundamentalista del juego de pases y de la creatividad colectiva. Esa complejidad sedujo a una gran cantidad de sus dirigidos, entre ellos Barros Schelotto: "Me encantaría tener la gran capacidad que posee La Volpe para leer el juego del equipo rival y del propio. Su manera de entender el fútbol".

La dupla de los mellizos llegó a Boca en 2016 para reemplazar a Rodolfo Arruabarrena, su excompañero en el multicampeón de comienzos de la década del 2000. Mucho más cercano a Bianchi desde lo conceptual, para Arruabarrena el DT "tiene que trabajar en lo táctico y lo estratégico, y cuando las cosas no salen, volver a insistir y repetirlo para lograr plasmar su idea, pero siempre con un diálogo en el que el jugador se sienta cómodo y entienda lo que uno pretende". En su año y medio en Boca buscó valorar más el equilibrio y la intensidad que el juego asociado, algo que no le alcanzó para triunfar en el plano internacional, pero sí para ganar un título de primera división y una Copa Argentina en 2015. Su cuenta pendiente, que traspasó como una pesada herencia a Guillermo, fue River Plate. Entre ambos perdieron cuatro series mano a mano consecutivas frente al conjunto de Marcelo Gallardo.

La quinta derrota del lustro fue sufrida en 2019 por Gustavo Alfaro, un DT sin pasado como futbolista de primera categoría que supo ser campeón nacional y de la Sudamericana con Arsenal y que siempre expresó una idea cercana al gusto boquense. Formó su estilo no por trabajar mano a mano con ellos, pero sí en charlas organizadas por él mismo con Carlos Griguol y Carlos Bilardo. Equilibrio, rigor táctico y orden.

Barros Schelotto fue entrenador de Boca entre marzo de 2016 y el histórico 9 de diciembre de 2018, día de la final de la Copa Libertadores en Madrid. En ese tiempo no consiguió repetir las virtudes mostradas en Lanús y falló en su desafío de otorgarle al equipo una identidad definida. Fue bicampeón de la Superliga y jugó una semifinal y una final de América, aunque siempre más apoyado en los buenos recursos individuales que en una idea colectiva clara y efectiva. "El Boca de Bianchi es irrepetible. Por cómo jugamos, los futbolistas que teníamos y lo que logramos. Es difícil reunir esa calidad. Supimos anteponer el equipo a lo individual", declaró en una entrevista con el diario *Marca* en abril de 2018. Aquello que fue el principal motivo del éxito eterno de uno de sus maestros, años más tarde fue la principal razón de su frustración.

# 6.G - MAURICIO POCHETTINO

## INGLATERRA, A LOS PIES DEL TALENTO ROSARINO

"El que no me conoce seguramente dirá que soy bielsista, porque Bielsa me ha dirigido muchos años y tengo rasgos de él. Pero no soy un entrenador parecido a él al ciento por ciento. Seguro que algo tengo, pero no creo ser un DT con la formación de su línea". Para Mauricio Pochettino fue más fácil autodefinirse por oposición que por coincidencia. Tan luminosa ha sido la estrella de Marcelo Bielsa en los últimos años, que alumbra a cualquier entrenador que haya pasado por sus manos. Por eso, desde su debut en Espanyol -club en el que fue dirigido por el exseleccionador argentino- en 2009, Pochettino intentó quitarse el cartel de bielsista, con escaso éxito al principio. Es que, al mismo tiempo en el que procuró hacer su camino sin otro nombre propio adosado al suyo, expresó buena parte de la filosofía de quien, exageraciones al margen, considera "su mayor influencia".

"Mi filosofía arranca en tener el balón y ser protagonista, entender que el fútbol merece ser bien jugado por el aficionado que viene al campo, que la estética importa en el fútbol más allá de que vivimos en un mundo resultadista", afirmó en una entrevista de 2015 con *El Gráfico* y mostró un claro punto de contacto con Bielsa.

"Jorge Sampaoli es mejor que yo. Una de las virtudes de los entrenadores es la flexibilidad. No enamorarse de su propia idea. Pero a la vez uno tiene que enamorarse para convencer. Hay una mezcla de humildad para no ser soberbio y no cambiar de idea; y una necesidad de convicción para defender las ideas que eligió. Yo no cedo en mis ideas, y no lo digo como una virtud, es un defecto. Sampaoli sí cede en sus ideas porque tiene un poder de adaptación que yo no tengo. Eso lo hace mejor que yo, indudablemente. Él ha resuelto cosas concediendo a la posición original de partida, y yo he sacrificado cosas por no conceder a mi forma de interpretar mi oficio", dijo Bielsa en un seminario de entrenadores dictado en Brasil en 2017. El nombre propio del comienzo podría cambiarse por Pochettino y el concepto también sería verídico. Porque es la elasticidad de pensamientos lo que separa a ambos. Los equipos de Pochettino pueden jugar con tres, cuatro o cinco defensores, con doble cinco, con enganche, con *wines* y sin ellos. Casi siempre salen a presionar en campo rival, a asfixiar al rival, pero también pueden esperar si el juego así lo requiere. Su concepción es solo un punto de partida, no una creencia obstinada.

En el libro *Un mundo nuevo*, de Guillem Balagué, el propio Pochettino explicó sus diferencias con Bielsa, que van desde lo futbolístico hasta lo humano: "No es casualidad que muchos de los que jugaron bajo las órdenes de Bielsa en el Newell's del 90 al 93 sigamos ligados al fútbol como entrenadores: Scoponi (Norberto), Gamboa (Fernando), Berizzo (Eduardo), Martino (Gerardo), Zamora (Julio), Franco (Leonardo), Berti (Alfredo)... Bielsa nos hizo entender el juego y nos contagió su pasión. Pero, como entrenador, nuestros planteamientos divergen. El Marcelo que conocí, el que disfruté y sufrí en la misma medida, basaba todo en la posesión del rival y en cómo quitarle la pelota. Ese solía ser el eje de su método. Su filosofía ha evolucionado desde entonces, pero no estoy con él todos los días, así que no tengo opinión al respecto. Mi enfoque tiene algo en común con el suyo, pero también con muchos otros: yo tengo el balón, y tú tienes que intentar quitármelo. No me obsesiona el rival del modo que le preocupa a Bielsa, que ha llegado a pedir a su asistente que se disfrazara para colarse en el entrenamiento a puerta cerrada del oponente. Los dos pedimos a los nuestros que sean intensos, que tengan ritmo alto, pero yo quiero que mis equipos provoquen un desorden controlado para que el rival se angustie. Por otro lado, yo no les pediré nunca a los jugadores que nos den la vida. Con Newell's, en las etapas clave de la Copa Libertadores, por ejemplo, podíamos pasar tres meses concentrados. Solo salíamos el jueves por la mañana. Nos entrenábamos lunes y martes, jugábamos la Copa Libertadores el miércoles, dejábamos la concentración el jueves después de entrenar y volvíamos esa noche. Nada de vida familiar. Bielsa estaba con nosotros a veces, y a veces no. Pasábamos todo el día ahí, con una sola línea telefónica, que se cortaba a las diez de la noche".

Pochettino nunca dirigió en Argentina y solo pasó seis de sus 18 años como futbolista profesional en *el país*. Se formó en Europa y allí se quedó. Fue DT de Espanyol por tres años, luego estuvo una temporada y media en Southampton y cinco en Tottenham. Aún no tiene títulos oficiales, aunque el reconocimiento a su trabajo excede cualquier trofeo. En el cuadro catalán logró la permanencia en la Liga y se ganó el elogio de Josep Guardiola tras un *derby*: "Hay equipos que te esperan y equipos que te van a buscar. Espanyol te va a buscar. Me siento muy cerca de su estilo de juego".

Luego, hizo una gran campaña con un equipo de la zona baja de la Premier League como Southampton, donde mostró buena parte de su idea de juego, adaptada al exigente medio inglés: presión altísima, equipo corto y posesión, apartado estadístico en el que terminó como el líder del campeonato. En Tottenham peleó el título en varias ocasiones y jugó la final de la *UEFA Champions League* 2018/19 contra Liverpool, pero su gran logro fue el modelo de gestión implementado. Con la inclusión de jóvenes figuras como recurso y sistema, armó un equipo que muy rápido se convirtió una de las principales razones del resurgimiento de la selección inglesa como potencia mundial.

Bielsa lo conoció personalmente una madrugada de mediados de los ochenta, cuando viajó junto a Jorge Griffa al pueblo santafesino de Murphy para intentar fichar a un joven defensor que prometía. Los dos emisarios de Newell's golpearon las puertas de la casa a las dos de la mañana y pidieron ver al adolescente, que estaba durmiendo. "Tiene piernas de futbolista", dijo Bielsa todavía en la habitación del zaguero, y aprobó el fichaje. Ya en Rosario, Griffa fue un padre para Pochettino: "De él me llevé muchas cosas. Primero y ante todo, de él aprendí que en la vida hay que ser valiente. Griffa era una persona sin miedo que, desde el principio, me pareció inmortal, con esa energía y una voz gruesa que imponían. No era un poeta con las palabras, sino muy directo, y lo que te decía te penetraba hasta bien al fondo de tus entrañas. Y actuaba igual que hablaba. Aunque entonces yo ya jugaba en primera división, no tenía agente. 'Mauricio, no lo necesitás -me dijo-. Confiá en mí, el club no te va a engañar. Da lo mismo que los demás tengan representante, vos no vas a cobrar menos que ellos'. Y el día que fui a firmar mi primer contrato, siendo yo ya campeón con Newell's, Griffa me dijo: 'Este es tu primer gran sueldo, ¿no? De ahora a cuando termine tu carrera futbolística tenés que vivir bien, pero pensá también esto: el día que dejes el fútbol tenés que vivir aún mejor'. O sea, que use la cabeza, quiso decirme. Había que sembrar para recoger. No me hablaba solo del bolsillo, sino de la vida: así como cuides a la gente, ellos te cuidarán. Otra cosa que me contó lo repito hoy a los jugadores. 'Mauricio, el fútbol te va a llevar donde el fútbol quiera, no donde vos quieras ir; dejate llevar, hacé lo mejor que puedas y confiá'. Muchas veces los jóvenes se cargan con problemas y les repito: 'Jugá al fútbol, sé feliz, el fútbol te llevará donde quiera'".

Quizás influenciado por la filosofía de su otro mentor, Pochettino se ocupó especialmente de valorar a los jugadores de las inferiores. En sus primeros tiempos en Londres el plantel era similar al de Newell's, por edad y balance entre futbolistas jóvenes y experimentados. Para llevar adelante su plan es obligatorio tener juventud y frescura: "El juego del Newell's campeón también tenía muchos paralelismos con el del Tottenham: era intenso, a la máxima velocidad, con presión alta, muchos movimientos mecanizados, buscábamos dominar físicamente, jugábamos a sofocar al contrario incomodándolo cuando no teníamos el balón. Y necesitaba que todos creyéramos en el entrenador para que funcionara. El once estaba lleno de jugadores que debían tener sus responsabilidades, no éramos solo soldados: formábamos parte del proceso de decisión. Desde mi posición de central izquierdo, crecí con el plan

audaz y valiente de Bielsa, que se atrevió a desafiar el pensamiento común de la época".

La victoria 1-0 sobre Manchester City en los cuartos de final de la Champions 2018/2019 fue, sin dudas, el resultado más significativo de su ciclo en Tottenham. Por la instancia y por el rival, el mejor equipo europeo del momento, dirigido por Guardiola. Pochettino comenzó con su sistema táctico favorito: 4-2-3-1, con Harry Kane como único punta, Moussa Sissoko y Harry Winks en el centro y Christian Eriksen, Dele Alli y Son Heung-min más adelantados. Fue una muestra muy clara de su filosofía: transiciones -tal el lenguaje moderno- rápidas, posesión de calidad, ataque por las bandas y movilidad constante, sobre todo en ataque para evitar darle referencias al rival. Aquel día, Tottenham remató más veces que el poderoso City, que solo disparó en dos ocasiones al arco de Hugo Lloris. Frente al rival más prestigioso, y en la competencia más preciada, su equipo pudo llevar a la cumbre uno de los puntos básicos de su concepción del juego: "El fútbol se juega con balón y sin balón. Menuda obviedad. En concreto, nosotros seríamos poca cosa sin la lucha, sin la presión, si fuéramos pasivos".

Tras su salida abrupta de Londres, empujada por los malos resultados en el inicio de la temporada 2019/20, pero también provocada por el desgaste de la relación con la cúpula dirigencial, llegó a Paris Saint-Germain, donde el destino le dio la posibilidad de hacerse cargo de uno de los planteles más lujosos de todos los tiempos. Y de un desafío de dimensiones galácticas para un entrenador. En 2021 estaba en pleno proceso de construcción de su idea, pero esta vez con ladrillos de mármol de Carrara: a su coterráneo Lionel Messi lo acompañaban Neymar Jr, Kylian Mbappé, Marco Verratti, Ángel Di María y Sergio Ramos, entre otras figuras mundiales. Es un desafío diferente a cualquier otro de su carrera y quizás más demandante.

Enemigo de las entrevistas individuales y de las redes sociales, le otorga un valor relativo a las cuestiones tácticas, ya que según su mirada "a veces los futbolistas carecen de conceptos técnicos básicos. Hoy en día la metodología y la preparación son extraordinarias, los jugadores están bien entrenados en la táctica, pero esos 'conceptos básicos' -esas cosas que te ayudan a ser mejor en el campo- escasean. Se van perdiendo. Se dejaron de transmitir de generación en generación, entre los viejos y los jóvenes. Incluso los propios entrenadores se han olvidado de pasar ese conocimiento. Los medios de comunicación también contribuyen a esa amnesia colectiva".

Para Pochettino, el fútbol no va tanto de tácticas, sino de espíritu, de pasión y de deseo. Esos valores son los que trata de expandir y consolidar en sus equipos. Las soluciones tácticas solo sirven si los jugadores fallan. Además, le da una trascendencia muy grande a la energía que un líder debe reconocer y fomentar, tal como lo explicó en el libro Un nuevo mundo: "Nada sucede por casualidad, hay una razón para todo. Desde pequeño tengo la capacidad de percibir algo que es poderoso e invisible, pero que existe. Una fuerza vital, un campo de energía que hace girar el mundo, un aura que acompaña a las personas, que proporciona información sobre ellos. No es superstición o magia negra. Creo que hay ciencia detrás de todo esto. Y me ayuda a descifrar la vida cotidiana, a comprender cosas".

# 6.H - DIEGO SIMEONE

## A DEFENDER QUE SE ACABA EL MUNDO

En julio de 1988, en su primer entrenamiento en el seleccionado argentino, el juvenil mediocampista Diego Simeone se dobló el tobillo. El dolor no le permitía moverse con normalidad, pero Carlos Bilardo tenía planeado darle la titularidad en la gira por Australia y nada iba a cambiar sus planes. "Bilardo vino a verme a la habitación con el masajista Molina (Roberto). Yo le pedí que me masajeara despacio, pero Bilardo le dijo: 'Metele dedos, metele'. Después me preguntó si me dolía. Yo negué y al final jugué. Perdimos 4-1", recordó el protagonista de la anécdota en una entrevista con *El Gráfico* en 2004. Ese día, Simeone se convirtió en *jugador de Selección*. Y, más aún, en *jugador de Bilardo*. Tenía 18 años de edad recién cumplidos, había debutado en la primera división de Vélez Sarsfield ocho meses antes, y ya había sentido en carne y espíritu la intensidad que marcaría su carrera futbolística.

"Bilardo es un padre futbolístico. Estoy agradecido con todo lo que me enseñó. Yo tuve muchísima suerte de joven porque la información y la enseñanza que me dejó en todos los aspectos me marcó. Desde lo futbolístico, por la importancia de saber jugar en distintas funciones de acuerdo a lo que necesite el equipo, algo que en los ochenta era una rareza y hoy es fundamental. Y también desde la pasión por este juego, la competitividad que se debe mostrar y lo que se debe transmitir con el cuerpo. Para sentir que estás vivo", explicó en diálogo con el canal *Fox Sports* en 2019. Por otro lado, en 2004 expresó que, lejos de sentirse abrumado por sus métodos, siempre comprendió su estilo, porque "lo entendía como un tipo pasional. Y para mí, todo lo que se hace con pasión es espectacular; lo que se hace por diversión, solo para disfrutar, no me va".

Los equipos de Simeone, y sobre todo su Atlético Madrid, pueden considerarse como la evolución de la idea de Bilardo en el siglo XXI. No tanto por el sistema táctico, ya que el cuadro español utiliza una línea de cuatro defensores y rara vez ha jugado con líbero y *stoppers*, sino por su actitud, su compromiso con la búsqueda del resultado, su disciplina táctica y estratégica y su solidez defensiva. En este último punto está la clave de su éxito. Atlético defiende con intensidad, con paciencia, con fuerza, con absoluta esperteza . Defienden todos los futbolistas y en todos los sectores del campo. Su premisa es lograr superioridad numérica cuando el rival tiene la posesión y salir lo más rápido y directo posible para aprovechar las capacidades de sus delanteros. Para esto, es necesario un compromiso total de cada integrante del equipo, algo que Simeone ha logrado temporada tras temporada desde 2012.

"Si un equipo quiere triunfar, tiene que estar comprometido con la causa. Cuando el grupo camina de la mano, el éxito llega con mayor facilidad. No hay que dar motivos para que se abra alguna fisura porque entonces el equipo se resquebraja. Lo que busco en un grupo es un compromiso en el que todos participemos. Si el trabajo colectivo está encaminado al bien del conjunto, las situaciones problemáticas se solucionan con mayor facilidad. Todos juntos podemos hacer grandes cosas", expresó en el libro *Partido a partido*.

"Nuestra filosofía es correr, presionar y aprovechar", resumió con gran claridad Antoine Griezmann, uno de los hombres clave del ciclo. Correr más que sus adversarios es el primer fundamento de la filosofía de Simeone. Esa intensidad y rapidez es indispensable para que la presión, a veces alta y otras baja, sea efectiva; para que las transiciones sean veloces y también para hacer posible la supremacía propia en torno a la pelota, incluso cuando la posesión es patrimonio del rival. "No me molesta que el equipo juegue mal, lo que me desagrada es ver apatía, observar a un jugador relajado. Sin entrega. Que duda. Que tiene miedo. No lo soporto. La intensidad y las ganas son fundamentales en el fútbol actual. No tengo problemas en apoyar a mi equipo si pierde por jugar mal, pero si es por no entregarse al máximo, no lo tolero. Prefiero el atrevimiento y la valentía. La desidia y la pasividad no tienen un hueco en mi proyecto", afirmó.

Más allá de la clara y probada influencia de Bilardo, el pensamiento de Simeone empezó a formarse en las inferiores de Vélez. Allí se crio bajo la mirada de Victorio Spinetto, en aquel momento responsable de las divisiones inferiores. Se conocieron cuando el diamante en bruto de la cantera velezana tenía 15 años de edad y llamó la atención del veterano DT por su parecido físico y futbolístico con su homónimo Carmelo, un férreo lateral derecho que entre los cincuenta y los sesenta se destacó en Vélez y Boca.

"Un día vino Don Victorio Spinetto a ver el entrenamiento de la octava. Fue la primera vez que lo vi. Al rato paró la práctica, se me acercó y me dijo 'Pibe, en dos años usted tiene que jugar en Primera'. En ese momento me pareció que iba a ser muy chico...", recordó en una entrevista con *El Gráfico* en 1988. Pero dos años después, tal como lo había predicho el prócer de Villa Luro, Simeone hizo su debut profesional bajo la dirección técnica de Daniel Willington, ídolo histórico del club, pero con un paso silencioso por el cargo. En sus primeros años jugó en todos los puestos del mediocampo, algo que fue fundamental luego en su adaptación al fútbol europeo. En ese sentido, una vez más, fue vital el aporte de Bilardo, quien también lo dirigió en Sevilla, su trampolín en el ámbito internacional: "Allí empecé a ser Simeone en Europa, a ganarme un nombre, y varios equipos se fijaron en mí: Real, Atlético, Roma".

Como todos los entrenadores de su generación, hay más de un nombre importante en su proceso de aprendizaje, algo que deja muy claro en el libro *Partido a partido*: "Cuando era jugador siempre observaba con detenimiento y con mucha atención los métodos de mis entrenadores. Me fijaba en cómo manejaban al grupo y cómo nos trataban individualmente. Los técnicos que he tenido en la Selección Argentina me han marcado profundamente. De cada uno de ellos he sacado conclusiones y me han servido como un aprendizaje envidiable".

Además de lo dicho de Bilardo, de Alfio Basile recalcó su rol como motivador de grupo, su claridad y su presencia: "Tenía todo, una voz muy fuerte, la forma de caminar, la seguridad que mostraba en las charlas. Todo eso lo aprendí de él". A Daniel Passarella lo definió como su ídolo: "El gran capitán que uno recuerda desde chiquito. Admiraba su andar, su prestancia, su jerarquía, su porte en la cancha. Después como entrenador era un tipo que solo con la mirada te transmitía cosas. No hacía falta que hablara. Eso está al alcance de muy pocos". Marcelo Bielsa fue el último DT de su carrera internacional: "Me despertó el sentimiento por los entrenamientos. Para él la sesión diaria no era un mero trámite para pasar la jornada. Era algo más, marcaba lo que podía ocurrir en los partidos. Intentaba aprovechar cada parte del trabajo diario para mejorar al futbolista. Cuando uno ha estado en un equipo con Bielsa sale hecho otro jugador".

Al mando de Atlético Madrid ganó dos Europa League, dos Supercopas UEFA, dos Ligas, una Copa del Rey y una Supercopa de España, además de dos subcampeonatos en la *UEFA Champions League*. En la competencia más prestigiosa de Europa se cuentan sus partidos más emblemáticos: en los cuartos de final de las ediciones 2013/14 y 2015/16 ante Barcelona y en las semis de la temporada 15/16 frente al Bayern Munich de Josep Guardiola. En todos los casos, el conjunto madrileño apoyó la victoria en su estructura defensiva, su sacrificio colectivo y su juego aéreo, una de sus principales armas de ataque. "Fue un partido muy táctico, sabíamos cada detalle, incluso cómo colocarnos cuando tenía el balón cada rival. Sin el *Cholo* esto sería imposible", declaró el lateral Filipe Luis tras el duelo de 2016 contra el equipo catalán de Lionel Messi, Luis Suárez y Neymar.

El partido contra Bayern fue promocionado como un choque de estilos, con la tónica de los legendarios duelos del fútbol argentino de los setenta y ochenta. "El fútbol se gana de muchas maneras, pero lo primero de todo es que yo quiero el balón. Hasta el último día de mi carrera. Simeone y yo somos hijos de lo que hemos visto y de lo que nos han enseñado. Luego lo hacemos nuestro. Leí el otro día una entrevista con el entrenador del Villarreal en la que decía que es más fácil atacar a dos o tres en la contra que a diez. Tiene toda la razón, pero a mí me gusta atacar a diez. Lo he intentado aquí siendo contracultural", se diferenció Guardiola antes de ser derrotado en aquella serie de 2016.

Simeone no respondió en aquella oportunidad, pero sí se ha mostrado interesado en el debate, que muta desde lo estilístico a lo moral: "Hay gente que nos está esperando. Es parte de la crítica, la tienen la religión, la política, el fútbol, todo es opinable. Hay gente que está esperando a que nos vaya mal. Y nosotros vamos a trabajar para que toda esa gente siga esperando que nos vaya mal mucho, muchísimo tiempo. Yo no escuché a gente hablar mal de un equipo de súper posesión, de fútbol de asociación, de gente que sale para jugar de distinta manera, de un estilo de toque. De esos equipos nadie hace una crítica despiadada. No lo he escuchado nunca. Ahora, siempre he escuchado a los que les gusta el estilo de la posesión opinar desprestigiando a otros estilos diferentes y a entrenadores que defienden otra idea. Mi pregunta es: ¿por qué?".

Según el pensamiento de Simeone, en el fútbol hay tres puestos clave: el arquero, los centrales y los mediocampistas. Sobre los guardavallas justificó en el libro *Partido a partido*: "Yo quiero un portero que trabaje para no recibir goles y no para gustarse a sí mismo. No me gustan los que vuelan adornándose para detener los balones y que buscan el lucimiento personal cuando no es necesario. Lo normal, a la larga, es que este tipo de arqueros cometa errores. Anteponen su actuación a la del equipo. Se olvidan del grupo. Ese no es el camino". Acerca de los centrales, dio su opinión sobre una cuestión que subyuga a técnicos y analistas en los últimos años: la necesidad o no de salir jugando desde el fondo. "El espejo en el que hay que mirarse es Franco Baresi. Hoy todos quieren salir con la pelota jugada desde atrás y no todos pueden hacerlo. Hay equipos que no tienen una salida limpia de balón y ponen en evidencia más sus defectos que sus virtudes. A Baresi también le he visto tirarla fuera cuando un delantero le dificultaba la jugada. En la jerarquía también está el saber y el entender el juego. Hay momentos en los que no es conveniente arriesgar. Lo que puedes ganar con una jugada comprometida es inferior a las consecuencias que puede acarrear un error en esa zona de la cancha". Según su óptica, los mejores mediocampistas no son los más vistosos: "Mi ejemplo es el jugador del Barcelona Sergio Busquets. Es un gran medio. Un genio. Juega el partido que necesita el equipo, pero, al mismo tiempo, el equipo le hace un gran jugador, con esa capacidad que tiene para no gustarse".

Más allá de la claridad de estos conceptos, la esencia de su idea está en su consideración sobre el puesto que no destacó, el del delantero. "No lo veo como una función tan trascendente porque está en un sitio en el que lo que hace supone un menor riesgo para el equipo". En ese concepto se puede distinguir su prioridad de reducir al máximo cualquier posible peligro. De cuidar el cero en el arco propio como primer mandamiento.

Simeone tiene dos obsesiones: el fútbol y ganar. Como fiel discípulo de Bilardo, ambas no siempre van en el mismo orden. "Defiendo a los futbolistas que juegan al fútbol, no a los que juegan a la pelota. Es distinto. A la pelota juegan los amigos cuando se juntan para pasar el rato. El aficionado juega a la pelota, no al fútbol. El hincha lo que quiere ver es algo lindo. Observar en la cancha una gambeta, algo que le llene el ojo, que le entusiasme la vista. Sin embargo, el aficionado más inteligente es aquel que no se obsesiona con que su equipo juegue bien, sino que quiere ganar", definió. Para él, el inteligente quiere ganar por sobre cualquier otro anhelo. Ganar como único fin. O como un medio para ganar todavía más: "El fútbol es un estado de ánimo. Si estás bien anímicamente porque has ganado, empiezas mejor el siguiente partido. Por eso siempre digo que ganar conduce a ganar. Le damos mucha importancia al partido que jugamos, no solo por el encuentro en sí, sino también porque tiene mucha influencia en el partido siguiente. Las victorias, aunque sean en partidos intrascendentes, inyectan moral y confianza al grupo para los siguientes encuentros que puedan ser más importantes. Como jugador, tienes que interpretar que no hay otro partido más que el que estás jugando, que el encuentro se acaba ahí. Esos son los futbolistas que mejor juegan".

Pragmático, para Simeone no hay receta para ganar: "Hay muchos caminos para conseguir la victoria. Y todos son lícitos. Se puede vencer jugando mal, teniendo la pelota ocho minutos o siendo defensivo. El triunfo puede venir por muchos lados. Lo que hay que hacer es acertar en cada momento con lo adecuado".

# 6.I - LIONEL SCALONI

## APRENDER Y, DE PASO, HACER HISTORIA

Quizás, el éxito repentino, imprevisto y conmovedor de Lionel Scaloni en la Copa América 2021 sea el hecho maldito del país de los directores técnicos. La muestra de que no es obligatorio contar con un currículum gordo ni con prestigiosas credenciales académicas, para conseguir aquello que había sido imposible para reputados entrenadores de las más diversas vertientes a lo largo de treinta años. Y de que en una era en la que la dirección técnica se transfiguró en una carrera doctoral, un discreto exjugador chapado a la antigua en sus modos y en sus formas puede llegar a lo más alto. "El fútbol está sobreanalizado", afirmó alguna vez su asistente Pablo Aimar, y sentó una declaración de principios a contramano de la norma.

El cuerpo técnico liderado por Scaloni condujo a la Selección Argentina a su primer título oficial en 28 años. Una sequía que comenzó con Diego Maradona en el campo de juego, y terminó con el trofeo del torneo internacional más antiguo del mundo en las manos de Lionel Messi. Una decena de técnicos, casi todos de gran madurez y con ilustres pergaminos, pasaron con más pena que gloria y fallaron en su búsqueda de romper el maleficio. Quien lo logró fue un debutante absoluto, que en dos años evolucionó desde la más completa inexperiencia hasta convertirse en un incuestionable conductor.

Scaloni aprendió el oficio en el banco más preciado del país y lo hizo a partir de su inteligencia para comprender que, en estos tiempos, el trabajo del DT de una selección tiene dos grandes ejes: la buena elección de los jugadores y la búsqueda de una idea simple y clara que permita aprovechar al máximo las contadas oportunidades de trabajo. "Yo creo que un entrenador primero tiene que tener las cosas en claro y desde ahí transmitirla a sus jugadores", afirmó en una entrevista con *Infobae*. La llaneza conceptual fue su punto de partida y su búsqueda constante.

Su llegada al combinado mayor fue tumultuosa. Jorge Sampaoli salió eyectado del banco de suplentes después de una mala campaña en la Copa del Mundo de Rusia 2018 y en medio de inocultables conflictos internos con el plantel. La tarea de su reemplazante se presentaba tan dura como su búsqueda por parte de la dirigencia. El nuevo DT debía hacerse cargo de un equipo en horas bajas y al mismo tiempo afrontar un profundo recambio generacional. Scaloni, quien había formado parte del cuerpo técnico en Rusia y era valorado por los referentes del plantel gracias a su delicado equilibrio en momentos turbulentos, estaba a cargo de la sub 20 cuando el presidente de AFA, Claudio Tapia, le ofreció la dirección técnica de la absoluta de forma interina.

"¿Entrenar la selección de Argentina? La magnitud es otra cosa, pero al fin y al cabo es entrenar", dijo en sus primeros días en el puesto. Parecía cómodo en un lugar con demasiadas complejidades. "Mucha gente cercana me dice 'tenés que estar preparado para el momento'. ¿Y cuándo es el momento? Nunca lo sabés. No sabés si estar preparado es haber visto 150 entrenamientos de los mejores técnicos del mundo o haber dirigido 100 partidos. O tal vez no haber hablado con nadie". La sensación de que podía ganarse el lugar desde el lugar mismo lo acompañó desde el principio de la historia. Subirse al tren cuando pasa, le dicen.

Formado como futbolista en las divisiones inferiores de Newell's Old Boys en la era de Jorge Griffa, se puede decir que sus ideas son cercanas a la escuela rosarina, aunque su largo tiempo en el fútbol europeo le sirvió para incorporar nociones relacionadas con la verticalidad del juego y la versatilidad. "A todo el mundo le gusta tener la pelota. Lo fundamental es saber tenerla en los momentos y en el lugar donde hay que tenerla. Y saber hacer daño con ella. Pienso que lo importante es que el jugador sepa entender que cuando recupera la pelota, la recupera para atacar y no por la posesión en sí".

Tras un par de temporadas en Newell's y Estudiantes de La Plata, emigró a España, donde se hizo símbolo de Deportivo La Coruña y ganó una Liga, una Copa del Rey y dos Supercopas. También jugó en la Premier League y en la Serie A italiana. Fue un futbolista polifuncional, con buenas actuaciones como marcador de punta por derecha y en el mediocampo.

Su mentor y hombre fundamental de su formación fue José Pekerman. "Para mí, José es Dios", declaró en una conferencia de prensa. Bajo su mando, se coronó campeón mundial juvenil en 1997, con compañeros de la talla de Aimar, Juan Román Riquelme y Esteban Cambiasso, entre otros. Aquel grupo quedó en la memoria por su calidad, juego limpio y entrega. En este último aspecto el aporte de Scaloni, siempre dispuesto a la batalla para que los talentosos brillaran, fue vital.

Aimar, pieza importante del cuerpo técnico campeón de América y dueño de una visión futbolística muy cristalina, destacó a Pekerman como uno de los entrenadores que más le enseñó, al nivel de Marcelo Bielsa y el portugués Jorge Jesús: "Con él me di cuenta de que era un mejor futbolista, de que había aprendido. Los jugadores venían a los entrenamientos y con el tiempo, se habían convertido en referentes en su posición. Muchos se iban mejores de lo que habían llegado. Y no solo se crecía dentro del campo, también su influencia iba más allá del vestuario".

Tras su retiro, Scaloni se radicó en Mallorca. Allí, en un entorno paradisíaco, transitó su depresión post-retiro y tuvo su primer acercamiento a la dirección técnica. O mejor dicho, a la formación, ya que fue ayudante de campo de la categoría sub 14 de Son Caliu, un pequeño club de la zona. Necesitaba ese empleo para conseguir la licencia y el título oficial de la Federación Española, pero lo que comenzó como una necesidad burocrática y una forma de evadir la tristeza y el vacío después del adiós del fútbol profesional, se convirtió en una escuela también para él. "Les hacíamos hacer cosas tácticas y ellos no estaban acostumbrados. Yo tenía el curso B de entrenador y eso ya me dejaba entrenarlos. Fue una experiencia increíble", afirmó en una entrevista con Alejandro Fantino en *ESPN*.

En la búsqueda ofensiva constante es donde más y mejor se puede ver la coincidencia con Pekerman. "Él nos inculcó que el fútbol era un juego, desde el sentido común y desde la paz, que es fundamental por todo lo que se empieza a mover alrededor de chicos que juegan bien", explicó Aimar en un artículo publicado en *The Coaches Voice*. Según la óptica del exjugador de River, el sentido lúdico del fútbol es indispensable también en la más alta competencia. Para él, la gambeta y el toque no son solo acciones complementarias, sino parte constitutiva del ser nacional. Scaloni coincide con esa mirada y también lo expresa cada vez que repite, como un mantra, su valoración total por los "jugadores de buen pie". Entiende que esa es la característica primordial desde la que se debe gestar la construcción de juego.

"Cuando se recupera la pelota, hay que atacar. Me gusta ser vertical. Me gusta que mi equipo ataque. Si puede llegar en tres segundos al área contraria mejor, porque cuanto antes llegue el rival estará peor parado. Aunque tenés que tener los jugadores para hacer eso", afirmó en una entrevista con *Infobae*. Scaloni quiere buen pie con el simple y concreto objetivo de salir rápido en busca del arco rival. Tan rápido como se pueda. Y si es con ferocidad, mejor, tal quedó demostrado en los mejores momentos de Argentina después de ganar la Copa América. En eso sí hay un contraste con Pekerman, quien en ocasiones mostraba contradicciones con su concepto ofensivo primario.

De todos modos, en el fútbol de hoy no hay lugar para verdades absolutas y Scaloni lo sabe: "Me gusta un tipo de fútbol, pero todo siempre depende de los jugadores. Yo creo que el técnico se tiene que adaptar". Obsesivo del juego pero sin alardes, ha evitado hablar de sistemas tácticos que mezclan matemática y fútbol: "No tengo una preferencia. Podemos terminar un partido con línea de tres centrales después de empezar con dos y dos laterales. Yo creo que las posiciones no son tan importantes, sino ocupar ciertas zonas de la cancha. Después las fichitas se van moviendo. Yo siempre escucho 4-3-3. 4-5-1. 4-1-4-1 y si alguien me sabe identificar cuál es la diferencia entre uno y otro le daría un premio. Los sistemas son todos los mismos. La diferencia son los intérpretes".

En su once ideal, Argentina juega con dos centrales fuertes, de buena capacidad para el anticipo y el corte rápido y de gran manejo e inteligencia para la salida vertical. La aparición rutilante de Cristian Romero no solo le dio otra fisonomía al equipo, sino que potenció a la defensa en general. Aunque no busca atacar con los laterales como otros seleccionados de la época, sí quiere marcadores de punta rápidos y filosos que le permitan aprovechar alguna irrupción sorpresiva.

El centro del campo es el corazón y el cerebro de la idea, con el buen pie idealizado y la dinámica indispensable para construir como estandartes. Leandro Paredes y Giovanni Lo Celso acompañan a Rodrigo De Paul, su hombre insignia. El mediocampista surgido de Racing es el símbolo de su ciclo. Llegó de su mano y se convirtió en el líder espiritual argentino, en el socio de todos, y en el abanderado de la ferocidad en la presión y en el ataque. En la delantera, Messi, con libertad absoluta, el talento de Ángel Di María y la inteligencia y potencia de Lautaro Martínez.

Scaloni no solo se distinguió de buena parte de sus colegas por su meteórica carrera, sino también por ciertas actitudes personales. Nunca se preocupó por tener un discurso académico ni por el marketing mediático. En cierto modo, fue un técnico "a la antigua". Un "jugadorista" que privilegió la formación de un grupo sólido y que no buscó formar un equipo de autor, sino un conjunto seguro de sí mismo y comprometido con la causa. "Nosotros apostamos al equipo, a la unión y al trabajo. Hoy se gana con el equipo. De hecho Francia, en el último Mundial, ganó porque era un equipo, no porque Mbappé jugaba en tal lugar o porque Griezmann la rompía en el Atlético. Más allá de los grandes jugadores, al final lo que te da los frutos es el equipo, el grupo, el trabajo", explicó en diálogo con el sitio oficial de la AFA en 2021.

Pekerman y Hugo Tocalli lograron cuatro títulos mundiales en 12 años en las selecciones juveniles. Condujeron varias generaciones de jugadores argentinos que crecieron con una identidad futbolística visible pero también con una afinidad espiritual. Cada uno de esos grupos campeones fue también una comunidad en sí misma. Por eso, Scaloni y Aimar valoran tanto el aspecto humano. "La unión del grupo", le dicen. Quizás de tanto que se ha mencionado, el concepto pierda peso, pero es la materia prima del campeón de América. Y es la gran virtud del cuerpo técnico.

La selección de Scaloni generó una identificación social casi unánime y la figura del técnico nacido en Pujato, desconocida o cuestionada muy poco tiempo antes, pasó a ser elevada a lo máximo por buena parte del público. Las razones de dicha afinidad son diversas, pero la principal es muy simple: la victoria. Con perfil bajo y sin exageraciones discursivas, consiguió el éxito que otros no pudieron. Lo hizo con ingredientes antiguos preparados con una receta de su época. En esa mixtura quizás esté la fórmula para repetir el triunfo en medio oriente.

# 6.J - MARCELO GALLARDO

## EL ESPÍRITU DE PEDERNERA Y ALGO MÁS

Marcelo Gallardo ya era reconocido como uno de los diamantes en bruto más preciados de las divisiones inferiores de River Plate cuando Adolfo Pedernera se detuvo una tarde para contemplar su juego con admiración. "Por cómo levanta la cabeza y cómo maneja los perfiles, ese pibe va a jugar en la Selección", exclamó la primera vez que lo vio, cuando solo tenía 13 años de edad.

Tiempo después, el en ese entonces coordinador del fútbol juvenil del club de Núñez le dijo a la revista *El Gráfico*: "Tiene una virtud que no muchos poseen: a medida que se acerca al área, se aclara, no se nubla. Le pega bien, tiene panorama y es dueño de un *fueguito* interior que solo se les prende a los privilegiados. Está revestido de audacia". La lúcida definición se podría trasladar, palabra por palabra, a las bondades de Gallardo como director técnico. Es un líder que clarifica su visión cuando llegan las etapas definitorias, dueño de una gran intuición y una enorme capacidad para leer el juego. Un conductor carismático que supo avivar todavía más aquel *fueguito* del que hablaba Pedernera.

"Tuve la chance de poder llenarme de cosas buenas de diferentes entrenadores, siempre me queda algún concepto de ellos. Encontrarme con Adolfo Pedernera por el Monumental preguntándome si estaba practicando con la zurda o cabeceando con el parietal derecho". El DT más ganador de la historia de River cuenta a varios símbolos del club entre sus referencias, pero haber conocido a uno de los más fieles exponentes del estilo histórico de la institución modeló su manera de sentir el juego desde la niñez, que es cuando se forjan las personalidades.

En el libro *Gallardo Monumental*, Diego Borinsky describió esta relación con palabras de Gabriel Rodríguez, entrenador del fútbol infantil riverplatense: "Yo me crie con Don Adolfo, él me hizo técnico de inferiores (...) En ese entonces la estructura de inferiores no era como la actual. Solo éramos tres entrenadores: Martín Pando manejaba la Cuarta, Quinta y Sexta; Federico Vairo la Séptima, Octava y Novena y yo las tres infantiles. Pedernera ni tenía oficina, siempre estaba en el bar de los billares, en el primer piso del club. Y recuerdo que un día me mandó a llamar y yo fui al bar. Me preguntó por Gallardo, de qué jugaba y me pidió que le hiciera un informe. Le conté que había venido como ocho pero que lo había puesto de nueve retrasado porque tenía excelentes condiciones técnicas, y si lo hacía retroceder con la marca, lo desgastaba inútilmente. Pedernera tenía una línea perfilada para cada puesto y nos ponía ejemplos: el 5 debía ser estilo Néstor *Pipo* Rossi, con habilidad, el 8 un estratega y el 9 un delantero con capacidad de maniobra, justamente como era Don Adolfo cuando jugaba. Y a Marcelo lo hacíamos jugar de ese modo".

En sus primeros años en River, Gallardo jugó como Carlos Peucelle había decidido que lo hiciera Pedernera en la Máquina. La generosa idea de fútbol de ataque y siempre protagonista que han mostrado sus equipos tiene su origen indiscutible en la línea delantera más emblemática de la historia de su club. Luego, la modernidad y sus ambiciones de innovación, le agregaron complejidad a aquel concepto elemental e imprescindible.

A finales de los ochenta y principios de los noventa, los ojos de Pedernera en las tres categorías más grandes eran los de Martín Pando, el hombre a quien Gallardo considera su maestro. "Siempre lo recordaré. Era un tipo que a pesar de trabajar con tres o cuatro pelotas y 60 o 70 chicos siempre tenía un rato más para quedarse después de los entrenamientos y hacerte practicar la pegada, la zurda si eras derecho, el tema de los controles, la técnica. No lo tuve mucho tiempo, pero fue un buen rato, suficiente como para

hoy, que soy grande, entender lo que es un formador, lo que es ser un maestro", afirmó Gallardo en una entrevista de 2018.

Pando llegó a River procedente de Argentinos Juniors en 1962 por pedido del entonces entrenador del club *Pipo* Rossi, el socio histórico de Pedernera. Era un mediocampista más reconocido por su verborragia que por sus virtudes futbolísticas, aunque dejó un buen recuerdo pese a no haber conseguido títulos en su paso por Núñez. Trabajó en la formación de jugadores durante más de veinte años y su mirada ha sido fundamental no solo para Gallardo, sino también para sus fieles laderos Matías Biscay y Hernán Buján, quien describió en la revista *1986* su clara influencia: "Nosotros hacemos hincapié en lo técnico más que en lo táctico. Estamos convencidos de que si no tenés control y pase es en vano hablar de posesión. Intentamos volcar lo que nos inculcaron Pando, Vairo y Pedernera". En una charla con el diario *Olé*, Pando destacó las virtudes de su mejor alumno: "Él no engaña a nadie. Si River juega bien, lo dice; si no, también. Además, les da confianza a los jugadores. Les habla, los mantiene, los pone, sabe cuándo sacarlos. Su equipo mantiene la línea histórica del club. Tiene una idea de juego buena y clara. Hace circular bien la pelota. La cuida. Y no va a defenderse nunca, siempre sale a atacar".

En su larga -muy larga para los estándares del fútbol argentino del siglo XXI- estadía como director técnico de River, sus equipos han respetado algunos lineamientos generales de estilo que pueden describirse como irrenunciables, más allá de la flexibilidad mostrada en situaciones particulares. "Mi mayor influencia es la forma de haber sentido el juego. Pase, control, apoyo, opciones y ayudarlos a pensar, que vean las cosas antes, que resuelvan de la mejor manera posible con anticipación, en un fútbol tan rápido y con tanta fricción, lo más difícil es pensar rápido, por eso buscamos simular situaciones reales de juego".

Como primera postura, Gallardo quiere tener la posesión para atacar con pases rápidos y precisos. Busca imponer condiciones con superioridad numérica en todo el ancho del campo de juego al desplegar a los laterales y pretende movilidad en cada sector. La presión alta y la intensidad son las dos características defensivas más evidentes y siempre trata de jugar con centrales capaces de salir con pelota dominada y conducir. En su aspiración está llevar el peso del partido y no especular. Sin embargo, no considera a su propia idea un dogma. Ha sabido cambiar de acuerdo a las características del rival y a las circunstancias del juego. "Nosotros tenemos una idea definida en cuanto al juego que queremos, aunque eso no significa que no podamos adaptarnos a lo que nos propone el rival". Gallardo es pragmático.

Para él, el sistema táctico debe subordinarse a todo lo demás, es lo último que le preocupa. "Al hablar de sistemas no suelo hacerlo basándome en la rigidez, no lo veo desde esa manera. Cuando escucho que mi equipo juega 4-4-2 me parece muy frío y no me identifica porque me baso en la flexibilidad de las cosas. Aprendí que los sistemas no son nada rígidos y los jugadores tienen la libertad para cambiar de esquema durante el partido. Si perdemos la naturaleza del juego perdemos como entrenadores", explicó en una Cumbre de entrenadores organizada por la Conmebol en 2019. La variedad de sistemas utilizados en su carrera avalan esas palabras. La fisionomía de sus equipos es visible mucho más en lo actitudinal que en lo posicional.

Gallardo ha liderado una verdadera revolución en River. Cuando arribó, el club tenía solo cinco títulos internacionales (sin contar las seis copas rioplatenses ganadas entre 1914 y 1947) y siete años más tarde sumaba doce. Además, derrotó a Boca Juniors en cinco enfrentamientos de eliminación directa -dos finales- consecutivos, un hecho sin precedentes.

Sus logros lo convirtieron en el símbolo de la resurrección definitiva del club tras el descenso de 2011. Aunque los méritos futbolísticos de sus planteles campeones no son pocos y han merecido elogios en todo el mundo, el éxito de su gestión se basa en su modelo de liderazgo. Un modelo que ha dejado una marca en la historia riverplatense. Porque Gallardo es, ante todo, un líder total. Nadie discute su palabra, nadie desconfía de sus pensamientos. Su filosofía es una política institucional. Ahí está el secreto de la continuidad, de la renovación constante de los objetivos. Haber logrado la Copa Sudamericana en su primer semestre y la Copa Libertadores antes de cumplir un año en el cargo hizo posible esa construcción. El entrenador exige un compromiso total y cada futbolista, cada empleado y cada dirigente, lo respeta como palabra sagrada. Esa exigencia es la base de su idea.

"Hay tres palabras que definen a Gallardo: calidad, voluntad y exigencia. Busca calidad en cada una de las cosas que hace. Tiene mucha voluntad para ser cada día mejor y es exigente con los jugadores", expresó su asistente Biscay tras la conquista de la Libertadores 2018 en Madrid. Javier Pinola, uno de sus capitanes, habló en el mismo sentido: "Diariamente es muy exigente y es muy justo con los jugadores que elige para cada encuentro: no se guía por nombres o edad, se guía por el momento".

Lograr que la exigencia constante y total no lesione la relación con los futbolistas ha sido un objetivo para Gallardo: "Lo que más valoro de mi carrera como DT son las relaciones humanas. Los fuertes lazos que se generan a través de una convivencia. Hay que entender que el entrenador exige a sus jugadores. En eso de las exigencias hay una línea muy delgada. Tenés que encontrar respuestas desde el otro lado. Que te interpreten. Que se respete la imagen del entrenador como profesional y, también, humanamente. Por eso cuando vos preguntás qué me queda: quedan los lindos vínculos trazados con jugadores con los que he tenido la posibilidad de trabajar".

Para el River -o los River- de Gallardo, la intensidad es un atributo esencial, por eso el cuerpo técnico se destaca por exprimir al máximo las capacidades de sus dirigidos. Para presionar en toda la cancha, recuperar rápido y volar en ataque se necesitan jugadores convencidos, mentalizados y bien preparados en lo físico. El encargado de convencer es el DT, que cuenta ese talento entre sus principales virtudes, y para mentalizar aparece una herramienta clave e innovadora en el método de Gallardo: la neurociencia.

La doctora Sandra Rossi, especialista en esta materia, trabaja con el cuerpo técnico desde el comienzo del ciclo. "La idea no es que sea un trabajo aislado o de laboratorio y que los jugadores no lo entiendan. La idea es que sepan que en los entrenamientos van a entrenar el cerebro y el físico. Es un trabajo interrelacionado. Normalmente trabajamos en estaciones con grupos divididos según los puestos porque tienen diferentes requerimientos y nos enfocamos mucho en la toma de decisiones y la velocidad de las respuestas", explicó Rossi en una entrevista de 2014. Su función es el entrenamiento del cerebro para acortar tiempos de reacción, aumentar la visión periférica, mantener los niveles de atención altos y lograr comunicaciones efectivas, entre otras mejoras.

Al ver un partido del equipo, es fácil comprender que el experimento funcionó a la perfección. Además de la incorporación de una disciplina desconocida en el fútbol nacional, la presencia de una mujer también es valiosa para combatir prejuicios en un ambiente aún muy machista. "Siendo una mujer en un grupo de 50 hombres, mi papel es lidiar con el lado femenino. Pasamos muchas horas juntos, algunos incluso podrían ser mis hijos. El lazo que creamos nos permite saber si pasan por un momento de tristeza, por ejemplo", declaró en una charla de 2015 con *La Nación*.

Entre 2014 y 2021 se vio obligado a rearmar el plantel en diversas ocasiones. Lo hizo con vocación de artesano y siempre con las mismas banderas. El inevitable éxodo de sus mejores hombres lo desafió casi una vez por temporada a buscar refuerzos para roles específicos y a potenciar juveniles. Se apoyó en hombres experimentados que se adueñaron del proyecto, como Leonardo Ponzio, Jonatan Maidana, Pinola y Enzo Pérez. A su alrededor han orbitado jóvenes promesas y futbolistas que de la mano de Gallardo tuvieron los mejores años de su carrera. El ejemplo más concreto de esto puede ser el campeón de la Liga 2021, su obra más de autor, en la que se vio obligado a improvisar puestos y funciones sobre la competencia misma, por lesiones, salidas y en medio de las complicaciones de la pandemia.

Pedernera y Pando no fueron los únicos entrenadores que influyeron en su filosofía. Según el libro *Gallardo Monumental*, Alejandro Sabella y Marcelo Bielsa fueron dos hombres fundamentales en su formación. El primero fue el ayudante de campo de Daniel Passarella durante sus primeros años como profesional y quien lo subió de octava división a reserva. "Fue generoso conmigo. Desde que me hizo debutar en reserva con 15 años noté una gran predisposición al diálogo. Si bien tampoco era muy efusivo, teníamos una empatía: siempre se acercaba y me tiraba algo para hacerme pensar. Fue uno de los dos mejores técnicos que tuve", expresó en declaraciones destacadas en el libro de Borinsky. En 2019, Sabella lo elogió sin sonrojarse: "ábranle la cabeza a Gallardo y van a encontrar el *Larousse* ilustrado del fútbol".

El otro es Bielsa, quien lo convocó para la Copa del Mundo de Japón y Corea del Sur 2002: "Yo siempre había pensado que los buenos equipos partían de buenos jugadores que se juntaban y listo, que las cosas salían naturalmente, pero escuchando a Bielsa me fui dando cuenta, ya de grande, que había algo más. Con él descubrí la influencia que podía tener un entrenador en un equipo".

La naturalidad del estilo histórico de la Máquina más los conceptos técnicos y estratégicos de Sabella y la obsesión y el trabajo sistemático de Bielsa. Todo eso mezclado con su capacidad innata para comprender y valorar las nuevas herramientas y con el conocimiento que le otorgaron sus años en el fútbol europeo. Así se formó el pensamiento de Marcelo Gallardo, el entrenador más exitoso de este siglo en Argentina.

# CAPÍTULO UNO

## (1867-1931) LOS ORÍGENES DEL ESTILO CRIOLLO Y SUS VARIANTES

## 1.0 PREHISTORIA

### LOS INGLESES LOCOS

El primer partido de fútbol documentado en la Argentina se disputó el 20 de junio de 1867 en el campo del Buenos Aires Cricket Club, en el barrio porteño de Palermo. Los protagonistas eran un puñado de entusiastas aventureros cuyo único acercamiento con el nuevo deporte había sido la lectura del reglamento, por lo que es imposible figurarse cómo fue el desarrollo del juego, describir el estilo del mismo, o incluso, afirmar que lo que allí se jugó fue algo similar a un encuentro de fútbol. Es muy probable que lo visto en el exacto lugar donde hoy se levanta el Planetario Galileo Galilei no haya sido más que dos grupos de hombres golpeando una pelota sin importar para qué, ni cómo, ni con qué parte del cuerpo.

El *football* comenzó a practicarse en Inglaterra en la primera mitad del siglo XIX y tuvo su nacimiento oficial en diciembre de 1863, cuando se incorporó al reglamento de la Universidad de Cambridge la prohibición de tocar la pelota con las manos, cambio que marcó la fundación de la *Football Association* (la actual FA). Hasta ese momento, se practicaba un híbrido entre el fútbol y el rugby. Los cambios en las reglas también posibilitaron el nacimiento de la

gambeta -acción constitutiva del estilo criollo- y la creación de la posición de arquero.

En las primeras décadas, el juego se basaba en la velocidad. Quien mejor jugaba era quien más rápido corría. En una especie de arrebato darwiniano, se puede afirmar que si en el siglo XXI los mejores equipos son los que logran desarrollar una idea colectiva sólida y eficaz más allá de los nombres, hace más de 150 años la única forma de ganar era con acciones individuales.

Desde los inicios mismos, el juego escocés se diferenció del inglés, semilla de una diferencia de estilos que llega hasta la actualidad del fútbol argentino. El primer partido internacional de la historia se disputó el 30 de noviembre de 1872 en Glasgow. Escocia e Inglaterra empataron cero a cero, a pesar de que los ingleses eran mucho más fuertes físicamente que los escoceses y tenían más y mejores jugadores.

Según cuenta Jonathan Wilson en su libro *La pirámide invertida*, es posible que el seleccionado de Escocia, formado íntegramente por representantes del club Queen's Park, haya decidido jugar a los pases para así contrarrestar el juego físico y directo de sus rivales. Incluso, se puede extraer de las crónicas de época que los esquemas tácticos fueron diferentes, con un 2-2-6 para los locales y el tradicional 1-2-7 para la visita. La igualdad 0-0 pareció darle la razón al estilo escocés y a Jimmy Hogan, un inglés de ascendencia irlandesa que adoptó como propio el juego de pases con mayor elaboración y que fue acusado de traición en su patria, por lo que se dedicó a difundir su idea por Holanda, Austria, Checoslovaquia y Hungría.

El reglamento llegó a Argentina en 1866, procedente de Londres. Las oficinas del Buenos Ayres Cricket Club, fundado un par de años antes, lo recibieron con indiferencia. Como otras instituciones en los tiempos del mitrismo, el BACC era un club social y deportivo fundado por y para las élites porteñas, en su enorme mayoría inmigrantes británicos de posición acomodada, banqueros, empresarios y hacendados. El primer socio que se mostró interesado en el nuevo juego británico fue Thomas Hogg, reconocido como el fundador del fútbol en la República Argentina según el libro *Historia del fútbol amateur en la Argentina* de Jorge Iwanczuk. El 9 de mayo de 1867, él, junto a su hermano James y a William Heald, crearon el Buenos Aires *Football* Club en la calle Temple, hoy Viamonte, casualmente la misma de la histórica sede de la AFA. El acto inaugural fue la organización de un partido, y la fecha elegida fue el 25 de mayo, día del 57° aniversario de la Revolución, en un baldío de la zona de la ribera, bien distante del Club House, club de cricket. Sin embargo, el mal tiempo obligó a posponerlo para el 20 de junio, feriado de Corpus Christi, cuando sí se pudieron utilizar las instalaciones de Palermo.

Según el libro *El origen británico del deporte argentino*, de Víctor Raffo, casi todos los inscriptos eran socios del Cricket Club, que se conocían de los ámbitos bursátiles de la ciudad, en especial empleados de casas exportadoras e importadoras, corredores de bolsa y personal de bancos. Algunos de ellos se abstuvieron de participar por vergüenza al ridículo ante la sorprendente cantidad de público que se acercó y finalmente se enfrentaron 16 jugadores de origen británico divididos en dos equipos de ocho. Todos estaban vestidos de impecable blanco, y solo podían ser diferenciados por el color de sus gorras.

La crónica del periódico *The Standard* informó que el juego comenzó sobre las 12.30 y finalizó dos horas después, con victoria 4-0 para el equipo de los Hogg sobre el de Heald. En la síntesis se destaca la capacidad para "jugar en equipo" más allá de la inexperiencia. No hay referencias al estilo de juego mostrado, ni tampoco críticas a la violencia empleada. Sí se elogió el talento de los hermanos Hogg por un bando, y de Herbert Thomas Barge por otro. Tal fue el éxito de aquella primera velada que desde las páginas del *The Standard* se llamó a un nuevo encuentro, a disputarse el 29 de junio. Esta vez fueron diez los futbolistas por equipo y el cuadro blanco de los Hogg volvió a llevarse la victoria, por 3-1. Al año siguiente se volvieron a enfrentar algunas veces más, con triunfos para ambos. Luego, el fútbol desapareció de las páginas de la prensa porteña hasta entrada la década de 1880.

En 1870 el Buenos Aires *Football* Club fue disuelto por la epidemia de fiebre amarilla que mató a más de 14.000 personas. Tres años más tarde fue refundado y se dedicó a un deporte híbrido que combinaba las reglas del fútbol y el rugby, ya que buena parte de los socios prefería una actividad más fácil que permitiera tocar la pelota con las manos. En 1874 decidió adoptar el reglamento del rugby que había sido creado en Inglaterra años antes. Aquella asamblea firmó el acta de defunción del primer club de fútbol de Sudamérica. Una década más tarde, el deporte más popular del mundo regresaría a Buenos Aires para quedarse.

Entre el primer partido de fútbol documentado en Argentina y el último encuentro de la era amateur pasaron casi 64 años. Fueron tiempos en los que el juego pasó de ser un divertimento de las élites y de los inmigrantes británicos, a convertirse en un fenómeno cultural propio de las clases populares. El rol de los entrenadores creció de forma exponencial con la llegada del profesionalismo, aunque desde siempre existió la figura del líder. En un reportaje publicado por la revista *El Gráfico* el 17 de septiembre de 1943, se afirma que "siempre hubo directores técnicos". Manuel Ferreira y Roberto Cherro, glorias de Estudiantes de La Plata y Boca Juniors que serán protagonistas de este libro más adelante, afirman que los grandes equipos de las primeras cuatro décadas del fútbol argentino jugaban a la manera que lo imponían sus mejores futbolistas. Los ejemplos son ellos mismos en la década del veinte, Jorge Brown en el 900 y Francisco Olázar en el año diez.

En un juego colectivo es muy difícil que no exista una individualidad con la ascendencia suficiente sobre el resto como para imponer condiciones. Aunque todos los equipos jugaban con el mismo sistema, un 2-3-5 fijo y sin ningún tipo de pretensión innovadora en lo táctico, sí había diferencias de estilo en la manera de plantear los partidos, de agrupar jugadores y de conducir los grupos. Se jugaba a la forma que el mejor futbolista de cada conjunto lo necesitaba.

En aquellos años se formó la identidad argentina, con sus múltiples aristas. No hay una sola "nuestra", hay varias y desde siempre. En el amateurismo tuvieron su origen las diferencias casi filosóficas que parecen ser más propias de la modernidad, pero que en realidad existieron desde siempre.

Las virtudes de los campeones de la era no rentada son diversas: algunos crecieron desde el pase corto, otros desde la gambeta, otros desde la entrega y el sacrificio. El elemento en común es, quizás, el concepto que define el ser nacional futbolero: la picardía. Esa inteligencia innata que desarrollan los niños de los barrios populares es la que le dio una identidad clara al juego en nuestro país, bien lejos de conceptos vacíos como "resultadismo", "lirismo" y otras convenciones contemporáneas triviales. La picardía criolla utilizada tanto para superar defensas como para desactivar ataques.

# 1.A - JORGE BROWN

## CARÁCTER BRITÁNICO, CORAZÓN ARGENTINO

El docente escocés Alejandro Watson Hutton formó sus ideas futbolísticas en la misma tierra y con las mismas concepciones de Jimmy Hogan, entre las que se destacan una mayor valoración de la técnica que del físico y la búsqueda del ataque mediante el juego asociado. Llegó a la Argentina en 1882 para trabajar en el exclusivo *Saint Andrew's Scots School* (colegio escocés San Andrés), donde se vio impedido por la dirigencia de llevar a la práctica sus revolucionarias ideas. Entonces, en 1884 fundó su propio establecimiento educativo, el *English High School.* Lo hizo con una obsesión: que la pelota sea uno de los elementos clave en la formación de sus alumnos. Esa idea fija fue el motor que impulsó la creación del primer gran equipo de la historia del fútbol argentino.

Después del primer título oficial compartido por Old Caledonians y Saint Andrew's en 1893, Lomas Athletic ganó seis torneos hasta 1899. La era hegemónica de Alumni comenzó con el siglo, en 1900. El campeonato de ese año fue para English High School, que jugó por última vez con esa denominación y con Watson Hutton como dirigente y líder espiritual. "Son todos jóvenes, sanos y vigorosos, se han educado juntos y por consiguiente existe entre ellos la amistad cordial y la comunidad invariable contraída en los bancos de la escuela". La reseña del diario *El País* acerca del campeón de 1900 sirve para describir los atributos de aquel conjunto.

A pesar de que el concepto de "estilo" todavía no existía ni en los medios ni tampoco en las discusiones futboleras, sí hay unanimidad a la hora de afirmar que Alumni, tal su nombre desde 1901, era un equipo que jugaba a la manera británica. Su capitán y figura Jorge Brown así lo explicó en la revista *El Gráfico*. Es una entrevista en la que se puede ver un concepto que acompañará al fútbol argentino durante toda la historia: "Todo tiempo pasado fue mejor".

"El *football* que yo cultivé era una verdadera demostración de destreza y energía -dijo Jorge Brown en la histórica revista deportiva-. Un juego algo más brusco, pero viril, hermoso, pujante. El *football* moderno adolece de exceso de combinaciones hechas cerca del arco. Es un juego más fino, quizá más artístico, hasta más inteligente en apariencia, pero que ha perdido su animación primitiva. Con el juego actual se hacen menos cantidad de *goals*, superando en esto el antiguo juego, el tradicional. Es preciso observar que el *football* no es un *sport* de salón, ni nada parecido. Es un juego violento y fuerte en el que se ponen a prueba la resistencia física y la musculatura de los jugadores. Y este estilo ha desaparecido, desgraciadamente... Nuestros jugadores poseían un potente *shot*, lanzaban la pelota treinta a cuarenta yardas de distancia y ésta entraba en el arco como una estocada. Este es el 'juego largo' que ya no se cultiva, en el que se formaron tantos jugadores invencibles. Con el juego nuestro se producían muchos choques pero siempre dentro de la mayor legalidad y respeto por el adversario. Hoy creen que juegan un mejor *football* los que esquivan el cuerpo para cuidarse solamente de perseguir la pelota y ya es raro que se produzcan las animadas escenas que posibilitaban el juego largo. Ya no se ve el clásico juego consagrado en Inglaterra e impuesto en el mundo entero. Confieso que soy un amante de la tradición y creo, al expresarme así, que estoy en lo cierto".

En tiempos en los que el puesto de "director técnico" era aún un elemento de ciencia ficción, Jorge Brown era quien marcaba la manera de jugar de su equipo. Comenzó su carrera como *centro-forward* y se consagró máximo goleador de los campeonatos de 1902 y 1903. Luego pasó a jugar como *back*, desde donde lideró a sus compañeros por su voz de mando y personalidad. Tal como indica su discurso, no era un virtuoso, sino un representante del juego directo, físico y de pases largos. En Alumni convivieron estas ideas de su líder con las del juego corto escocés y los primeros arrebatos de gambeta criolla. Ese cóctel promovió al campeón más hegemónico de todos los tiempos.

Así describió su juego el mítico periodista Chantecler en *El Gráfico*: "Descendiente de anglosajones, tenía todas las características salientes de su raza y era, por sobre todo, un hombre fundamentalmente serio, que imponía respeto, primero, y veneración después, a todos los que le siguieron a través de su larga y consagratoria campaña de maestro de nuestro fútbol (...) En todas partes se le recuerda con verdadera unción, como se recuerda a los héroes. En los primeros tiempos de nuestro fútbol un jugador actuaba por lo general en cualquier puesto y aun los que se especializaban como arqueros solían, a veces, actuar en otras líneas (...) De Jorge puede decirse que (...) su estilo sirvió mucho para orientar a los *forwards* de entonces llevándolos a la acción eficiente de las combinaciones, más eficientes aún fueron las enseñanzas que impartió a los *backs*, con sus rechazos calculados y dirigidos. En su época era costumbre de los hombres de defensa el empleo de la potencia sin medida. Se tenía como mérito el enviar la pelota lo más lejos posible y el público aplaudía con entusiasmo cuando el rechazo se hacía en alto enviando la pelota a las nubes. Fue el precursor del juego científico moderno de que un rechazo debe ser un pase al *half* o al *forward*, eliminando el juego improductivo, de *back* a *back*".

Por supuesto, la influencia del club de los hermanos Brown fue vital en los inicios de la Selección Argentina. En el primer encuentro internacional de la historia, disputado el 20 de julio de 1902 en Montevideo, hubo cinco futbolistas de Alumni entre los once titulares: Walter Buchanan, Carlos Buchanan, Juan Moore, Jorge Brown y Ernesto Brown, de solo 17 años de edad. Es fácil pensar que el combinado nacional jugó de forma muy similar a la del campeón reinante. Incluso, según algunas fuentes el capitán habría sido Moore, aunque otras indican que fue el futbolista de Lomas Athletic James Oswald Anderson, quien ya tenía treinta años y fue uno de los principales impulsores de la organización del partido.

José Baruca Laforia fue el arquero de Alumni entre 1905 y 1908. A pesar de que su corta estatura lejos estaba de ser la ideal para un guardavalla, supo destacarse en su función y formó parte de los planteles más prestigiosos de aquellos años. Sus palabras sobre Alumni describen la hegemonía del equipo: "Yo nunca fui arquero de Alumni, porque no precisaba arquero. ¿Para qué lo quería si la pelota nunca llegaba al arco? Yo era un espectador, nada más... Don Alejandro Watson Hutton miraba el partido desde afuera y yo desde adentro".

La desaparición de Alumni marcó el final de una época. En la década de 1910, el fútbol dejó de ser dominio y pertenencia de los inmigrantes británicos y sus descendientes para convertirse en acervo cultural de la nación. No solo se completó el aprendizaje del nuevo juego, sino que se logró superar a los maestros: esto ocurrió cuando Alumni derrotó al combinado de Sudáfrica y obtuvo la primera victoria de un conjunto argentino sobre un equipo integrado por ingleses. Con la disolución del club de Watson Hutton nació una forma diferente de entender el juego, que dejó los claustros de los colegios y pasó a los baldíos y a las calles de Buenos Aires.

# 1.B-FRANCISCO OLÁZAR

## LA ACADEMIA Y EL SUBCAMPEONATO DEL MUNDO

Racing Club es reconocido de forma unánime como el "primer gran equipo criollo". Dos años después del último título del anglosajón Alumni, el cuadro de Avellaneda obtuvo el primero de sus siete campeonatos consecutivos.

En 1913 el fútbol argentino ya había vivido su primera escisión y dos federaciones diferentes organizaban dos torneos de primera división simultáneos. Aunque los apellidos ingleses todavía eran mayoría en las estructuras de poder de las asociaciones, los clubes ya eran propiedad de los jóvenes hijos de inmigrantes italianos y españoles que se criaban en los arrabales. Según el sociólogo Pablo Alabarces, el desplazamiento también fue ideológico y de clase. La oligarquía fue apartada por las nuevas clases populares en formación y también fue relegado el concepto de *fair play*, entendido como un conjunto de normativas éticas que remite a una concepción ideológica -y de clase- de la práctica del deporte. Fue creado un nuevo concepto de masculinidad, vinculado a condiciones de

vida diferentes, donde el tiempo libre y el ocio no aparecía como natural sino como una conquista casi gremial.

Por su parte, Julio Frydenberg en *Historia social del fútbol* afirma que "los jóvenes adoptaron el fútbol, y en su práctica se colaron valores como la guapeza, el exitismo, la búsqueda de la visibilidad y el éxito, que a su vez se combinaron con el honor en una suerte de mixtura que terminó por configurar un valor particular y propio del ámbito del fútbol (...) Esta práctica implicó, en principio, la creación de un estilo cultural que no trataba de imitar al vigente en la élite local ni al dominante en la escuela pública (...) Este proceso no era meramente simbólico: el desarrollo de la ciudad en su sentido más duro formó parte de él".

El origen de Racing fue similar al de decenas de clubes en todos los grandes centros urbanos del país. En su libro *El nacimiento de una pasión*, Alejandro Fabbri explica que el club fue fundado el 25 de marzo de 1903, tras la fusión de Barracas al Sud y Colorados Unidos. La mayoría de los socios de estas instituciones eran empleados del Ferrocarril y casi todos inmigrantes del continente europeo, ya no de las islas británicas. Por eso, el cambio de estilo se pudo apreciar de manera concreta y es fácil afirmar que fue consecuencia de dicha transformación demográfica, tal como lo indica la revista *El Gráfico* en una semblanza de 1941: "Ya por esos tiempos el fútbol argentino había adquirido fisonomía propia. El juego que tanto gustaría en el mundo, el arte en el manejo de la pelota, el arte, la diablura, todo ese conjunto de atributos que formarían el estilo nacional, comenzó en aquel Racing". La misma revista, en un recuerdo publicado en 1947, escribe: "Ese equipo tuvo la virtud de poner sobre las gramillas una modalidad, la que surgía del temperamento criollo. Racing jugó diferente a los campeones anteriores. Marcó una época bien definida, brindó un tipo de fútbol (...) es innegable que aquel Racing jugó bonito e hizo goles, que reunió arte y efectividad, es decir el ideal completo".

Los nombres más importantes del cuadro que ganó siete títulos consecutivos entre 1913 y 1919 fueron Alberto Marcovechio, Ricardo Pepe, Zoilo Canaveri, Juan Perinetti, Juan Hospital, Pedro Ochoa, Armando Reyes, Alberto Ohaco, Ángel Betular y Olázar. Ni un solo apellido anglosajón. El presidente Luis Carbone pasaba sus horas en el campo de entrenamiento y fue quien tomó algunas decisiones inéditas: entrenar a las siete de la mañana, antes de que cada futbolista comenzara su respectiva jornada laboral; practicar más horas que ningún otro equipo y llevar adelante una especie de concentración antes de los encuentros. Verdaderas rarezas a comienzos del siglo XX, que según varios protagonistas explicaban una visión de futuro en el club de Avellaneda que trascendía los logros deportivos.

Natalio Perinetti, símbolo de aquel equipo no solo por su importancia futbolística sino también por gestos que aportaron en la identidad de la Academia, fue quien definió la manera de jugar: "lo hacíamos con dos zagueros que marcaban adentro, con *halves* que tenían el sentido de la marcación de zonas y delanteros aplicados a lo suyo: avanzar y buscar el gol".

Los *halves* (mediocampistas) fueron la clave de la evolución que lideró aquel Racing, con Alberto Ohaco como referencia absoluta. Según el cronista Chantecler, fue él quien demostró que un quinteto se encabeza mejor como *insider* que como centro. Además, su juego sutil y penetrante en combinación con Hospital le facilitaba la posibilidad de llegar al gol a Marcovecchio, la máquina de Racing para "dar el certificado de defunción a los equipos rivales". Ohaco y Hospital fueron los cerebros de ese notable quinteto.

Por supuesto, el Racing heptacampeón no contaba con la figura moderna de entrenador, pero sí con alguien que marcaba las pautas dentro de la cancha. El hombre en este caso era Francisco Olázar.

El libro *Historia del fútbol argentino*, de Editorial Eiffel, le da una trascendencia histórica a su figura: "El fútbol tuvo una época romántica. Una época en la que debió saltarse un lapso difícil, porque albergaba el salto técnico de dicho deporte y por el cual giraban de atención tantas figuras famosas. Francisco Olázar, el famoso *centrohalf*, perteneció a esa época. Fue en la época de oro de Racing un valor preponderante, con virtudes descollantes y con esa rara realidad del hombre que está conformando un cambio, del jugador que está superando una época y del deportista que va consiguiente el ideal máximo del juego". Durante el amateurismo, el puesto de *centrohalf* tenía un aura especial, con la influencia de un mariscal que guía a su ejército. Se aceptaba sin discusión como el puesto más importante del equipo y por eso en la mayoría de los casos era el capitán. Era más atacante que defensor, pero vigilaba al *centroforward* rival. Aunque cuando éste lo dejaba atrás no se empecinaba en su búsqueda, se lo dejaba a su compañero *back*. Olázar personificó todos estos atributos como ningún otro en su época.

Su inteligencia y su carácter le dieron un rol protagónico durante toda la década de 1910. Carlos Ísola, arquero de River y rival acostumbrado del cuadro de Avellaneda, explicó a la perfección la trascendencia del "número 5" en aquel equipo: "En el fútbol argentino solo hubo una máquina: el Racing de antes. Fue el que hizo escuela, el más completo. Tenía una defensa sólida y un ataque excelente, pero más que nada un nervio, un eje, un punto de partida: Olázar. Para ser *centrohalf* no basta con ser un buen jugador. Se necesita también ese vigor, esa estampa, esa prestancia de Olázar. Cuando en el centro de la cancha ejecutaba un cabezazo, lo hacía con energía, mandando. Esa jugada simple, que en otro puede pasar inadvertida, en él iba acompañada de un gesto olímpico que tenía enorme influencia moral".

Como Brown, el propio Olazar también supo destacar las bondades del pasado sobre el triste presente. En 1927 decía: "En mis tiempos se jugaba mejor (...) El *team* que Racing tuvo en 1913 es muy superior a cualquier combinado que pudiera formar en la actualidad. No es posible constituir un cuadro como aquel integrado por Muttoni, Ochoa y Reyes; Bethular, yo y Pepe; Viazzi, Ohaco, Marcovecchio, Hospital y Petinetti (...) Hoy no existe la misma técnica de aquellos tiempos, en que se combinaba bien y se realizaban partidos estupendos".

En 1929 se hizo cargo de la dirección técnica del seleccionado nacional, aunque según los registros oficiales de la FIFA el verdadero líder del plantel fue el profesor de educación física Juan José Tramutola, quien no había sido futbolista y solo tenía 27 años de edad. Más allá de los títulos honorarios y de las etiquetas históricas oficiales, la leyenda cuenta que en la previa de la final de la Copa del Mundo de Uruguay 1930, Olázar dio la charla técnica y explicó con dibujos en el cemento fresco del estadio Centenario los movimientos de sus futbolistas. La única función de la "dupla" en el primer Mundial de la historia fue elegir los convocados, ya que cada futbolista conocía su tarea y la influencia de los pseudoentrenadores antes, durante y después de cada partido era casi nula.

Parece una contradicción que el primer gran equipo argentino, el impulsor del estilo que incluso hoy algunos llaman "la nuestra", sea en realidad un número cinco temperamental que tiene en el cabezazo una virtud mucho más valorada que la gambeta o la picardía. Es un ejemplo muy claro de que el fútbol argentino no tiene ni jamás ha tenido una forma única de jugarlo, un estilo particular. El Racing de la década de 1910 fue el conjunto que marcó el quiebre, la separación con el estilo británico, pero no lo hizo solo desde el talento individual, el pase corto o la astucia, sino también desde la capacidad de entrenamiento y el carácter de su jugador emblema.

# 1.C - HARRY HAYES, GABINO SOSA

## LA ESCUELA ROSARINA

El estilo de la "escuela rosarina", parte fundamental de la identidad del fútbol argentino, tiene a sus primeros intérpretes en la década de 1910, con Harry Hayes como iniciador de la dinastía que llega hasta nuestros días. Hijo de ingleses de Liverpool, nació en Arroyito y allí cultivó un amor por Rosario Central que lo trasciende tanto como su fútbol, inspiración para decenas de cracks rosarinos. Cipriano Roldán, historiador y autor del libro *Anales del fútbol rosarino*, lo describe como "el iniciador y mejor maestro de una escuela que ha perdurado a través del tiempo. Su característica, el pase corto, la gambeta estilizada sin descuidar la efectividad, rubricó el virtuosismo de nuestro fútbol, que ganó así fama y prestigio en *el país* y en el extranjero. De modalidad propia, se le veía tomar la pelota en el centro de la cancha, gacha la cabeza, y eludir, en breves zigzags, a toda una defensa. Sus goles, de gran factura, amagando a un costado para vencer al guardavalla por el lado opuesto, hicieron época".

Hayes jugaba como *centroforward*, y aunque las crónicas destacan la potencia de su disparo, el gran aporte de su juego fue la capacidad de pase corto, virtud casi revolucionaria entre compañeros y rivales británicos. En el libro *Historia del fútbol argentino* lo describen como un futbolista de juego sobrio, capaz de no demorar un pase si observaba a un compañero mejor ubicado. Era el encargado de distribuir el balón entre los integrantes de la delantera, y gracias a él Rosario Central progresaba en el campo mejor que ningún otro equipo de la época. Harry era el conductor y su hermano menor Ennis le ponía la cuota de imprevisibilidad al ataque por su personalidad más alegre y su enorme talento para la gambeta. Se complementaban a la perfección y juntos representan el espíritu del fútbol rosarino.

El mayor de los Hayes se convirtió en el primer futbolista traspasado de la historia. Había hecho su debut oficial en Gimnasia y Esgrima frente a Newell's, con la única ambición de derrotar al clásico rival del cuadro de su corazón, donde deseaba jugar. Su situación ameritó una reunión especial de la Liga, que concedió la transferencia previa a un pago de cinco pesos en concepto de gastos de sellado. Aquel fue el único gasto que tuvo que hacer el club de Arroyito por el máximo goleador de su historia, que jugó dos décadas sin cobrar un peso más.

En una entrevista con *El Gráfico*, describió su juego: "La gambeta es necesaria, pero para provecho. No para divertirse el jugador que la practique. Hay que hacerla para eliminar a un hombre o a dos, o a los que salgan al encuentro. Y hay que saber desprenderse de la pelota, porque el fútbol no es un juego individual, sino de conjunto". La frase tiene más que ver con la búsqueda de una construcción colectiva que con el simple regocijo individual. De hecho, tiempo después expresó su insatisfacción con la modernidad: "no me gusta lo que veo en los últimos años. Se juega a no perder y con ello se desnaturaliza el fútbol".

Contemporáneo a Hayes fue Zenón Díaz, el primer jugador criollo en enfrentar a los ingleses. Un año después de la histórica visita al país de Southampton en 1904, de la que se hablará en páginas posteriores, Nottingham Forest se enfrentó a un combinado rosarino en Santa Fe. Allí, entre diez apellidos británicos aparece el nombre de Díaz, un *back* rosarino de 24 años que había despertado admiración por su fuerza y capacidad atlética. De hecho, cuenta la leyenda que más allá de la fácil victoria 5-0 de los europeos, el juego de Díaz llamó la atención de los visitantes, quienes le ofrecieron un contrato profesional. Las razones de la negativa del defensor se perdieron en el tiempo. Lejos de la precisión y la habilidad de los Hayes, Zenón se ganó un lugar en la historia por su estampa aguerrida. No obstante, y en el mismo sentido que otros de sus compañeros, también criticó al fútbol de los años posteriores por la brusquedad del mismo. En 1924, declaró en una entrevista que en sus días los futbolistas debían hacer grandes sacrificios tan solo para comprar una pelota, mientras que en los veinte gozaban comodidades "principescas", aunque ofrecían espectáculos "boxeriles" en el campo de juego. Era, en definitiva, un guerrero de la escuela rosarina.

Pero el gran abanderado del fútbol de Rosario durante la época amateur no se destacó ni en Central ni en Newell's. Se trata de Gabino Sosa, emblema de Central Córdoba. Admirador de Harry Hayes, jugaba en el mismo puesto del ídolo, con características no tan parecidas pero idéntica filosofía. Hijo pródigo de los potreros del barrio La Sexta (fue quizás el primero que se educó en las calles polvorientas de la ciudad y llegó a la cima), quedó huérfano a los doce años y tuvo que trabajar desde niño, pero eso no le impidió gastar las alpargatas en la tierra rosarina, donde se ganó un nombre incluso desde antes de debutar en primera división. Los clubes que recién empezaban a formarse se peleaban por contar con el nuevo crack barrial, aunque él solo tenía un objetivo: ponerse la camiseta de Central Córdoba. El primer intento fracasó, porque él mismo fue a pedir probarse en el equipo y los dirigentes le dijeron que no por su físico diminuto y su corta edad. Debutó recién en 1916 y pocos meses después enfrentó por primera vez a Harry Hayes.

Excepto por un breve paso por Alta Córdoba durante el tiempo en el que prestó servicio militar en la capital cordobesa, Gabino jugó toda su vida en el club de sus amores. En 1919 dejó el extremo izquierdo y se estableció en el centro del ataque charrúa. Desde allí condujo cada jugada de su equipo con la paciencia y el talento de un enganche moderno. Solía decir que no pateaba al arco porque no era codicioso: "Que los goles los hagan los otros".

Sus ideales son los mismos que Hayes y entre ambos pusieron los cimientos de la manera de sentir el juego rosarina. En el libro de Julio Rodríguez *Gabino Sosa, el payador de la redonda*, se destacaron sus pensamientos: "El juego de ahora (década del setenta) puede ser más rápido que el nuestro en los desplazamientos, pero ha perdido belleza, y por lo tanto, es menos vistoso. Nosotros poníamos en la cancha más calor, más entusiasmo, más destreza. No jugamos para ganar a cualquier precio, como se dice. Jugábamos con amor propio, con el afán de demostrar lo que valíamos (...) El profesionalismo que vino luego de que colgamos los zapatos, hizo del fútbol un oficio, no una afición (...) Esto hace que el jugador cambie con frecuencia de club, llevando su interés, y aunque hay muchos que se encariñan con los colores que visten, nunca podrán igualar a aquellos que están en las filas del club desde las divisiones inferiores, donde comenzaron a jugar y se formaron".

Acerca de su forma de jugar, Gabino dijo: "Las líneas que yo he dirigido siempre avanzaron en abanico. Los punteros un poquito adelantados, los tres centrales juntos y yo un poquito más atrás que los *insiders*. Creo que el centro debe ser el hombre que distribuya el juego, el que mueva a toda la línea. Así he jugado siempre. Lo siento así y no lo podría haber hecho de otro modo (...) Yo no he sido *score*, pero los *scorers* estuvieron a mi lado: el Chueco Aguirre, Bussolini, etc. El pase, el pase es la gran, la más poderosa arma. Nada de *loqueríos*, de correr para todos lados, de marearse. Hacer lo que uno sabe y tener paciencia".

Queda clara así la evolución muy concreta que evidenció el juego en Rosario. Ya nada del juego directo y físico, sino una forma más pensante de atacar. El mismo Sosa explicó las diferencias con Buenos Aires: "Nosotros queríamos ganar jugando todos y sin egoísmos: los porteños buscaban más el lucimiento personal. Los rosarinos siempre presentamos cuadros más armados. Nuestros equipos combinados parecían *teams* de clubes; los porteños daban la sensación de que los hombres no se entendían. Quizás algunas veces nos hayan superado individualmente; en conjunto, en los buenos tiempos míos, los aventajamos".

# 1.D - ALFREDO ELLI Y MARIO FORTUNATO

## BOCA, LA GIRA POR EUROPA Y EL PRIMER CAMPEÓN PROFESIONAL

A mediados de la década de 1920, Boca Juniors ya era uno de los clubes más importantes del país. Aunque el concepto de los "cinco grandes" recién se haría masivo tras la llegada del profesionalismo, en los veinte se empezaron a edificar las diferencias. Julio Frydenberg así lo explica: "En la década del '20 el fútbol argentino era un caos total para todos los actores del fenómeno social (...) Con la idea de que el desarrollo del espectáculo necesitaba de una liga de pocos y grandes, los clubes más poderosos, por su caudal societario y de boletería, tomaron la iniciativa y formaron su propia federación: la Liga Argentina de *Football*. La profesionalización, en definitiva, era eso: que haya relativamente pocos equipos ricos y grandes. Y los cinco grandes son los cinco grandes desde fines de la década de 1910, Entonces la tendencia del espectáculo fue a concentrar todo en los más importantes". Boca había sido campeón en 1919, 1920, 1923 y 1924 y su popularidad, que estaba en franco crecimiento, terminó de explotar gracias a la gira por Europa de 1925, uno de los acontecimientos más notables de todos los tiempos para el fútbol argentino.

Carlos Aira en su libro *Héroes de tiento* da cuenta de la trascendencia de aquella excursión: "Su éxito, cargado de mística y grises ocultos por la historia oficial, marcó para siempre nuestro fútbol. Cada triunfo boquense en tierras europeas fue una caricia al orgullo nacional. Uruguay campeón olímpico, Argentina potencia. El Río de la Plata capital del mundo. Tamaño éxito posicionó a los xeneizes en lo más alto de las simpatías populares argentinas". El equipo disputó 19 partidos, con 15 triunfos, tres empates y solo una derrota, frente a Athletic Club.

Tal la costumbre de la época, la delegación estaba encabezada por los dirigentes Adelio Cariboni y Vicente Decap y no tenía director técnico ni nada parecido. El encargado de elegir el once titular era el capitán Alfredo Elli, con la ayuda del arquero Américo Tesorieri, quizás el futbolista más querido por la hinchada. Elli jugaba como *inside* izquierdo, pero era la voz de mando de la defensa. El libro *Historia del fútbol argentino* lo describe así: "Nada fue difícil en la cancha para este infatigable defensor, dispuesto a anular el esfuerzo ajeno apelando a múltiples recursos (...) Elli fue extraordinario puntal y gran capitán, distinción que ganó por correcto y capaz. Ejerció notable ascendiente sobre sus compañeros y una indicación suya era acatada como orden por quienes, no siempre ajustados a normas de rígida disciplina, daban muestras de leal adhesión a quienes sabía conducirlos (...) Su juego positivo contribuyó en mucho a que el *team* boquense adquiriese la notable seguridad, el espectacular aplomo que le permitieron acumular conquistas de resonancia".

El enviado de *Crítica*, Marini, afirmó que Boca asombró a todos en Europa no solo por sus triunfos, sino por su juego. "El *team* argentino causó admiración por su estilo, la facilidad del movimiento de sus hombres, el dominio absoluto de la pelota, la habilidad para el esquive y para el pase, que hizo decir de nuestros jugadores que parecían más hombres de circo que jugadores de fútbol". Se infiere así que Boca mostró las cualidades ya típicas del fútbol rioplatense: gambeta y pases cortos, pero además le sumó una fortaleza y un espíritu aguerrido desde la figura de su capitán Elli que acompañarán la identidad del club para siempre.

Boca regresó de la gira con el título oficial de "campeón de honor" y su popularidad creció aún más. El fútbol como fenómeno de masas ya era una realidad y su evolución fuera de las canchas era acompañada con cambios dentro. En aquel 1925 hubo una modificación reglamentaria que cambió de forma profunda el juego: la *International Board* reformó la regla del fuera de juego. Hasta ese momento, se necesitaban tres defensores para habilitar al delantero y se cambió por dos como rige hasta hoy. Esto obligó a la reinvención de las tácticas de ataque y defensa. Si antes la pareja de *backs* centrales esperaban en su área, la aparición de delanteros veloces al vacío le alteró esa comodidad. De todas maneras, en los comienzos del profesionalismo, en Argentina se continuó jugando con una especie de 2-3-5 en el que el *centrohalf* se mantenía como el líder del equipo. Así jugó el primer campeón de la era rentada: Boca Juniors.

Mario Fortunato debutó como futbolista en Sportivo Barracas y se sumó a Boca al regreso del periplo europeo. Se desempeñaba como *half*, con muy buenas habilidades defensivas que lo llevaron a la Selección. En 1926, cuando solo tenía 21 años de edad, sufrió una lesión de rodilla que lo obligó a abandonar la práctica del fútbol. Lejos de alejarse del club, siguió trabajando allí y se convirtió en entrenador, una palabra que cada vez se utilizaba más.

Aunque en rigor el primer "director técnico" rentado en nuestro país fue el inglés Walter Bull (compañero del célebre Herbert Chapman, creador de la táctica *WM*) en 1991, cuando Gimnasia y Esgrima lo contrató después de una visita de Tottenham, la llegada del profesionalismo fue fundamental para la consolidación del cargo. Sobre todo por la necesidad de un entrenamiento más constante. "Durante los años veinte y treinta se fueron modificando las

teorías y las prácticas sobre lo pertinente y necesario al evaluar las condiciones físicas que debían tener los jugadores para lograr un mejor rendimiento (...) Una parte importante del periodismo deportivo más reconocido había comenzado a exigir a los jugadores una mayor preparación física, requisito considerado necesario para dotar al juego de una mayor excelencia", explicó Frydenberg en *Historia social del fútbol*.

Fortunato fue uno de los primeros estudiosos del fútbol. El esquema táctico y las funciones básicas de sus jugadores no eran diferentes a los de sus rivales, pero sí su capacidad para ver un poco más allá de estas reglas no escritas y dar las instrucciones necesarias para sacar el máximo de las individualidades.

En 1934 escribió un libro titulado *Cómo se debe jugar al fútbol* en el que expresó sus opiniones. Destacar un párrafo sirve para comprender la profundidad de sus pensamientos y la diferencia que logró sacar con respecto a sus colegas: "En el apoyo, prefiero el pase cruzado. Es más efectivo. Cuando un *back* avanza unos metros con la pelota tiene por costumbre apoyar al *centroforward* o al *insider* o *winger* de su lado. Rara vez efectúa el pase cruzado. Sin embargo, suele haber más posibilidad de avance en el pase oblicuo, porque la defensa rival, al avanzar el *back* con la pelota, ya por instinto se va recostando hacia ese lado. Otra cosa importante es la gran comunidad que debe existir entre el *back* y el *half* de su lado. Sin ese entendimiento no hay eficacia posible. Los hombres deben complementarse como las alas de *forwards*. Debe saber cada uno a quién está obligado a cuidar, si al *winger* o al *insider*, y en qué momento corresponde cambiar el juego, invirtiéndose los papeles. Porque no siempre cada *back* marca a uno determinado, sino que se producen alternativas que obligan a frecuentes cambios, operados ellos sin salir del entendimiento indispensable. Médice (Ángel) y Bidoglio (Ludovico); Paternoster (Fernando) y De Mere, ahora Cuello (Alberto) y Wergifker (Aarón) han formado parejas admirables en ese sentido. Hubo otras muchas, pero no puedo hacer la lista completa. Cito estas tres y, para quienes no vieron a las dos primeras, como ver esta última, pueden darse una idea de la importancia de ese entendimiento. En cambio, ha habido muchos *halves* buenos que han fracasado porque sus *backs* no les prestaban ningún apoyo. Un *half* colocado entre dos hombres discretos, por más bueno que sea, está en situación de fracasar. Hay *backs* que juegan muy atrás y que reciben frecuentes aplausos al salvar situaciones peligrosas, pero no se considera que esas situaciones han sido creadas por los mismos *backs* al replegarse más de lo debido.

Es el caso del arquero que por quedarse entre los palos de su valla se ve forzado a realizar atajadas excepcionales, cuando, si hubiera salido le habría sido fácil tomar la pelota antes que el *forward* enemigo ejecutara el remate. Tampoco la gente debe engañarse con lo espectacular. Esas condiciones de farolería provocan en el público inmediatas e irrazonadas simpatías sobre un jugador que, a la larga, está llamado a fracasar, porque tiene más espectacularidad que calidad".

Fortunato ganó cuatro títulos en la década del treinta y su visión fue muy importante en la evolución del juego. Estas líneas sintetizan cuál fue su rol en aquellos años: "Sabemos todos los que hemos tratado de cerca con jugadores, que hay algunos muy buenos que carecen de la capacidad para discernir en dónde está el secreto aún de su propio juego. Son elementos que podríamos considerar intuitivos. A esos es necesario explicarles todo, hasta la parte saliente de su propio juego, a fin de que obtengan el más alto rendimiento".

Fue un defensor de la "evolución del juego", lejos de los lamentos nostálgicos de muchos de sus colegas. La acompañó desde el banco de suplentes y también alejado de él. A comienzos de los cincuenta afirmaba: "lo que más me asombra es el físico de los jugadores hoy. Es increíble. No cabe duda que los jóvenes de ahora son más grandes que los de nuestros tiempos. Médicos especiales los dirigen: el calcio, las vitaminas y otro sentido del deporte que tienen los padres actuales han contribuido a esta maravillosa evolución. En el fútbol actual el físico es primordial (...) Hoy los futbolistas se organizan desde la más tierna edad. Nosotros corríamos detrás de la pelota, eran tres o cuatro los que jugaban. Ahora todos tienen sus marcaciones. Esto se debe a un proceso natural, no llegó por capricho".

## 1.E - ISTVÁN TÓTH (FERENCVAROS)

### EL APORTE DE LAS VISITAS DE INGLESES Y HÚNGAROS

Aunque el estilo criollo se diferenció de la forma de jugar y entender el juego de los británicos desde los primeros tiempos, la influencia de los inventores fue fundamental en la evolución del fútbol nacional, tanto para las nociones primitivas como para el desarrollo posterior. En dicho aporte, se destaca la gran importancia

que tuvieron las visitas de diversos conjuntos europeos durante las primeras décadas del siglo XX.

No habría habido masificación de este deporte sin los partidos que disputó Southampton en 1904. Todos los dirigentes creían que era indispensable la llegada de un campeón británico no solo para medir las fuerzas locales, sino también para conocer de primera mano cómo se jugaba en los campeonatos profesionales. Fue el barón Antonio De Marchi, presidente de la Sociedad Hípica, quien puso en funcionamiento las maquinarias para dar el primer paso de una época de amplio progreso para el fútbol argentino. El juego que hasta ese momento había sido patrimonio de unos pocos criollos salvajes y de ingleses locos, ahora se codeaba con la alta sociedad porteña y contaba con la presencia del presidente de la República Julio Argentino Roca, quien fue uno de los espectadores del duelo entre el cuadro inglés y Alumni, obvio representante nacional.

Los resultados fueron los esperados, con amplios triunfos visitantes en los cinco partidos disputados en el país. Sin embargo, el legado fue más allá de eso. Según Ernesto Escobar Bavio en su libro *El Fútbol en el Río de la Plata*, la experiencia "dejó un notable saldo positivo para el fútbol local: los jugadores midieron fuerzas con un equipo profesional que les permitió dimensionar su nivel corriente y proyectar un sendero de crecimiento, el público demostró un enorme interés por el juego, y la prensa tomó rápida nota del asunto y comenzó a cubrir con mucha más amplitud todo su desarrollo. La gira de Southampton de 1904 marcó un hito fundamental en favor de la actividad deportiva en el país y consolidó al fútbol como un espectáculo perfecto para reunir multitudes y captar la atención preferente del público en general".

Si la primera visita sirvió más para posicionar a este deporte entre los intereses del pueblo que como una motivación para evolucionar dentro de la cancha, las siguientes sí fueron fundamentales para el progreso individual y colectivo de los equipos. Nottingham Forest llegó en 1905 y en 1906 lo hizo un combinado de Sudáfrica, víctima de Alumni en la que fue la primera victoria argentina sobre un adversario inglés. La jugada del único gol es un ejemplo claro de que las diferencias empezaban a darle éxitos al estilo rioplatense. Walter Weiss avanzó por el mediocampo a pura gambeta y habilitó con un pase corto y preciso a Alfredo Brown, quien tras un amago definió con categoría. Así lo recordó el autor del legendario tanto en declaraciones que recoge el libro *Alumni, cuna de campeones*, de Escobar Bavio: "Los *forwards* de Alumni no le ganamos a Sudáfrica. Fue Laforia -el arquero- quien no nos dejó perder ni empatar. Fue imbatible; algo increíble, extraordinario. Ellos jugaron más que nosotros. Yo no hice sino aprovechar un excelente pase de Weiss recogiendo la pelota a unos 6 o 7 metros del arco. No tuve más que poner el pie. Simulé pegar con la derecha, pero dejé pasar la pelota y la tomé con la izquierda cuando el guardavalla estaba totalmente indeciso y confundido".

Tres años más tarde, en 1909, viajaron juntos Everton y Tottenham, quienes se enfrentaron en el primer encuentro profesional en estas tierras ante una multitud de 8.000 personas.

Luego, en 1912, visitó Buenos Aires Swindon Town, también de Inglaterra. A diferencia de sus antecesores, su juego no maravilló e incluso despertó críticas en la afición y en la prensa. *La Nación* publicó: "No han sido olvidados aún los deplorables partidos que entre nosotros hizo Swindon Town. Después de una brillante campaña en su país, vino ese cuadro en la plenitud de sus fuerzas, tal como había estado formado al derrotar a varios clubes famosos del Reino Unido. Ya se sabe qué triste papel desempeñó aquí. Empató partidos con cuadros que frente a él resultaron de una debilidad indudable". Luego, el periódico se ocupó de criticar el "erróneo sentimiento de patriotismo" que podía generar un buen resultado frente a un conjunto de la nación de los inventores, algo que no ocurrió hasta 1914, cuando un combinado de la zona norte le ganó a Exeter City, el primer club cien por ciento inglés derrotado por un combinado argentino.

Según *La pirámide invertida*, de Wilson, Sam Allen, entrenador de Swindon, elogió a los argentinos y afirmó que jamás había visto mejor juego en equipos amateurs, pero se mostró preocupado por el hecho de que "se centraban más en las hazañas individuales como si fuera lo más importante". Lo que hace más de cien años les provocó desasosiego, décadas más tarde los maravilló.

El aporte de estas excursiones en la evolución del jugador argentino es innegable, sin embargo la gira que realmente influyó en la identidad del fútbol nacional fue la de Ferencvaros en 1929. El cuadro húngaro había sido fundado 23 años antes y era uno de los mejores exponentes de la Europa continental. Al igual que en el Río de la Plata, el fútbol adquirió una fisonomía particular en la cuenca del Danubio. El escocés Jimmy Hogan y sus ideas creativas acerca del valor del pase corto como elemento fundamental del juego fueron claves en el desarrollo del estilo. Después de trabajar en Holanda y Austria llegó a Budapest, donde se maravilló por la forma en la que los niños aprendían a jugar en las calles, desde muy pequeños. Wilson explicó que buena parte de la filosofía húngara y austríaca tuvo que ver con la discusión urbana en los cafés, donde hombres de todas las clases sociales se reunían para debatir sobre fútbol y aportar desde la dialéctica a la consolidación de un estilo que ya era real por su origen callejero.

Algo similar sucedió en Buenos Aires. Lo explicó Frydenberg: "Los inmigrantes llegados al país eran en su mayoría hombres y la sociabilidad masculina estaba asociada directamente a los cafés. La vida del café, de los hombres que frecuentaban esos espacios, se había estructurado bajo una serie de códigos del beber y del jugar. El café, junto al conventillo, fue el universo que propició la 'mixtura' entre el criollo y el inmigrante, que a su vez produjo nuevas formas musicales (tango), teatrales (sainete) y lingüísticas (lunfardo)".

Wilson abona a la teoría de que buena parte del mito fundante del "estilo argentino" tuvo que ver con la visita de Ferencvaros. Para esos años ya estaba clara la diferencia entre los criollos y los ingleses de Alumni que habían brillado a comienzos de siglo, sin embargo ver a los húngaros terminó de revolucionar el modo en el que se pensaba el juego en el Río de la Plata. Así documenta el libro *Historia del fútbol argentino* la visita del mejor equipo de Europa continental del momento: "Sus jugadores eran eficaces y al mismo tiempo espectaculares, porque las ajustadas combinaciones y los pases matemáticos daban brillantez y real efectividad a sus ataques. El público celebraba alborozado cada intento de los magiares. Era, en efecto, interesante ver maniobrar a los hombres de la delantera por el ajuste perfecto de su accionar, pues en más de una ocasión dio la sensación de una máquina de relojería, por la perfecta concordancia que existía entre todos sus integrantes, por su estilo de juego, rápido, vigoroso y de singular movilidad. Había en la técnica que expusieron mucha asimilación británica y también un alto porcentaje de modalidad platense. Afilaban la puntería y por ello frente a los palos resultaban temibles. Gustaban del pase atrás, especialmente cuando el hombre en poder de la pelota se encontraba totalmente bloqueado y acosado por rivales. Entonces el pase atrás solucionaba la situación de encierro, por cuanto los *semizagueros* o los zagueros se apoderaban del balón y de alto por el aire trataban de colocarlo en poder de alguno de sus delanteros".

Ferencvaros disputó cuatro partidos en Buenos Aires: venció 4-3 a River, 2-1 a Racing en dos ocasiones y cayó ante Argentina. Además, en su gira sudamericana jugó tres encuentros en São Paulo, tres en Río de Janeiro y cuatro en Montevideo, con victoria sobre la futura campeona del mundo Uruguay incluida.

El entrenador de aquel equipo era István Tóth, reconocido como el hombre que impuso el calentamiento precompetitivo, la pretemporada y como el primero en llevar un diario para organizar los entrenamientos. En sus días de futbolista había sido un delantero potente, que a base de preparación física se ganó el puesto en la selección húngara. En 1925 se hizo cargo de la dirección técnica de Ferencvaros, donde ganó varios títulos nacionales y lideró la expedición a Sudamérica. Así se expresaba: "Atribuyo el éxito de mi método al hecho de que, desde el principio, me esforcé por crear la unidad espiritual del equipo con los consejos y advertencias adecuados. La preparación mental individual de cada miembro es importante, pero más lo es aún el buen humor y el espíritu grupal. La armonía amistosa y la autodisciplina, no basadas en estándares, son los dos componentes del perfecto estado anímico de un equipo. Tienes que poder crear esto, y luego el resto va solo. En lo que respecta al entrenamiento real, mi principio más importante aquí es el tratamiento individual. Todos deben ser tratados de acuerdo con sus habilidades especiales y características individuales". Es decir, su idea se apoyaba en los valores colectivos, tanto en lo táctico como en lo mental.

Jonathan Wilson destaca la gira de Ferencvaros por Sudamérica en su libro *Los nombres oídos tiempo atrás* y revela que aunque el primer objetivo de la travesía era generar ingresos económicos para el club en la dura época de la posguerra, los partidos disputados en Argentina, Brasil y Uruguay fueron fundamentales para el crecimiento profesional de Tóth. En sus anotaciones se puede ver la importancia que le otorgaba al juego de pases, ya que cada vez que su equipo lograba imponerse desde allí, era destacado en su diario.

Después de su invaluable contribución al progreso del fútbol húngaro, y por consecuencia al argentino, sirvió como oficial de reserva durante la Segunda Guerra Mundial y fue miembro de la Resistencia. Rescató a cientos de los perseguidos y los alojó en su casa de Budapest, fue arrestado por la Gestapo en diciembre de 1944 y tres meses más tarde ejecutado. Es recordado como un prócer del fútbol magiar y también como un mártir de la patria.

## 1.F - MANUEL FERREIRA Y ALEJANDRO SCOPELLI

### LOS PROFESORES

Bucear en la *historia del fútbol argentino* obliga al ejercicio de borrar preconceptos, de destruir prejuicios. Estudiantes de La Plata es hoy uno de los clubes con identidad más arraigada de nuestro país, sino el que más claro tiene sus ideales. Y aunque no es difícil que las nuevas generaciones alteren una doctrina, en este caso han hecho lo contrario: la han profundizado hasta el límite de creer que jamás hubo antes otra forma de sentir el juego. Un error que queda en evidencia cuando se recuerda a "Los Profesores", un equipo -o mejor dicho una delantera- que hizo escuela en las décadas de 1920 y 1930 y que es parte fundamental del ser nacional futbolero. "La mayor expresión de arte colectivo sobre una cancha", según palabras del periodista Félix Frascara.

El profesionalismo ya empezaba a verse venir en 1924, cuando Manuel Ferreira dejó su Trenque Lauquen natal y se instaló en La Plata para jugar en Estudiantes. Con 19 años de edad y el título de maestro de escuela, vistió al mismo tiempo las camisetas del cuadro platense y de Argentino, el equipo de su pueblo. En su muy recomendable libro *Nolo: el fútbol, de la cabeza a los pies*, Enrique Escande recoge declaraciones de Norberto Lamaisón, representante del club de Trenque Lauquen: "Ferreira era una especie de Maradona, como para que ahora tengan una idea de cómo jugaba al fútbol. Cuando venía al pueblo se llenaban las canchas y ese día no había mejor programa para mucha gente que ir a ver a ese jugador extraordinario que triunfaba en el fútbol grande, que era capitán de la Selección Argentina y que jugaba para el club de sus amores con una sencillez y un cariño impresionante". Jugaba como el típico líder de cualquier gran conjunto de la época. Tenía una inteligencia superior y gracias a eso manejaba los hilos del equipo y sus compañeros lo respetaban. "Era jugador y director técnico al mismo tiempo", afirmó Vicente Zito, ex Quilmes y Racing e histórico rival de Ferreira.

Las crónicas coinciden en que fue él quien dictaba la forma de jugar en todos los equipos que integró. Nadie sabía si era zurdo o derecho, y todos los recuerdos hablan de un hombre elegante, siempre con la cabeza en alto. No tenía posición fija sino en el sitio del campo que el juego requiriera. El libro *Historia del fútbol argentino* así lo resume: "Calculador del pase y la gambeta, razonador del fútbol, sin que faltara emoción a su juego, tesonero, piloto sin exageraciones. Nolo tenía en sí los atributos de los grandes *insiders* del fútbol argentino y complementaba esas virtudes con su personalidad clara y cabal de *sportman* inteligente y gran amigo". Otra vez se destaca su capacidad para decidir acciones y momentos y su liderazgo.

En la previa de los Juegos Olímpicos de Ámsterdam 1928, la primera competencia intercontinental que disputó el seleccionado nacional, Nolo comenzó a dirigir los entrenamientos y le otorgó orden y disciplina a un conjunto talentoso pero incapaz de competir contra los grandes europeos si mantenía aquel clima de anarquía. Por su ascendencia se ganó el apodo de "Piloto olímpico".

En una de sus columnas periódicas en *La Nación* (también escribió para *El Gráfico*), Ferreira subrayó en 1933 la importancia de la dirección técnica: "La inclusión de nuevos jugadores por la implantación del profesionalismo originó variaciones fundamentales en los sistemas de juego, lo que hizo perder las características tradicionales de esos equipos. El mejor entrenamiento de los jugadores imprimió mayor velocidad al juego, de tal modo que aunque el nivel general del fútbol descendió en relación al que se practicaba hace algunos años, con pérdida de elegancia y vistosidad, se apreció un aumento claro en cuanto a sus resultados positivos, o sea su efectividad (...) El juego que practican los cuadros de la Liga se basa únicamente en las condiciones físicas y la habilidad personal de los jugadores. El juego de conjunto brilla por su ausencia. Esa evidente desorganización revela la necesidad absoluta de dirección técnica (...) Poseemos la mejor materia prima del mundo, pero aún no sabemos aprovechar sus condiciones individuales y obtener en conjunto su verdadero rendimiento. Esa es la misión fundamental de la dirección técnica. Ella debe establecer la forma de juego que sea más conveniente y que pueda brindarle mejores resultados. Su campo de acción es enorme, pero todavía no se le concede la importancia que en realidad merece".

Ferreira llegó a una conclusión con la que muchos de sus colegas coincidieron en los años siguientes: era cada vez más necesaria una figura que logre elevar el talento de cada uno de los futbolistas en virtud de una idea colectiva. Pero, por supuesto, Nolo también tenía nostalgia de las épocas del fútbol vistoso y trató de dotar a sus equipos de una elegancia que creía perdida, más allá de la búsqueda del resultado.

El de los Profesores (apodo ganado por los sacos utilizados en la previa de los partidos y por, probablemente, el origen académico de algunos de sus integrantes, sobre todo el maestro y luego contador Ferreira) fue, probablemente, el primer equipo que se movió como un conjunto y no como una suma de partes. La principal virtud de la línea de ataque era el entendimiento entre sus integrantes, por encima incluso de las capacidades de cada uno.

En 1928, Ferreira, Alejandro Scopelli y Miguel Ángel Lauri comenzaron a jugar juntos y a retroalimentarse. Se buscaban todo el tiempo, se entendían a la perfección. Un año más tarde se sumaron los entrerrianos Alberto Zozaya y Enrique Guaita, quienes no solo encajaron en la idea de Ferreira, sino que la potenciaron. Cada uno cumplía su rol pero al mismo tiempo formaba parte de una maquinaria. Con un grito o con un gesto, Nolo manejaba los hilos. Su socio en la conducción era Zozaya, el *centroforward* que jugaba más adelantado en la "V alargada" utilizada por primera vez. *Don*

*Padilla* (tal era el apodo de Zozaya) se destacó como creador de juego, pero a eso le agregó un potente remate y un gran cabezazo.

"Nolo era nuestro director técnico, él nos ordenaba y muchas veces creaba jugadas que luego poníamos en práctica. Ahora las llaman paredes, pero les aseguro que nosotros no solamente las levantábamos, sino que también las revocábamos. Y aunque es posible que nos excediéramos con los pases, jamás hacíamos gambetas innecesarias. Porque hay una sola manera jugar al fútbol: tocar y buscar… para encontrar el arco. Es la única verdad posible en el fútbol para hacerlo rápido y simple. Y eso no se puede enseñar, se hace y sale si hay jugadores capaces de intentarlo". Palabras de Zozaya que describen el juego del equipo.

Lauri era el más veloz de los cinco, con desbordes que se convertían de forma natural en asistencias. Guaita era el luchador, el encargado de pelear cada pelota. Scopelli era el goleador y fue también el mejor alumno de Ferreira, el que se convirtió en entrenador y en escriba, ya que difundió las ideas de su maestro por todo el mundo. En su libro *¡Hola Míster!*, recordó la primera vez que recibió una indicación táctica: "Antes de un Estudiantes-Racing en 1928, nuestro capitán Nolo Ferreira nos reunió y dio instrucciones para que dejaran al extremo derecho rival (Natalio Perinetti) completamente solo, porque la característica de ese jugador era siempre tirar centros sin cerrarse nunca hacia el área. Nosotros teníamos defensores de elevada estatura y los delanteros de Racing eran todos bajos. El plan dio resultados extraordinarios. El *wing* se pasó toda la tarde tirando centros que nuestros defensores rechazaban sin dificultad. Sin embargo, para la prensa, el extremo derecho de Racing fue ese día el mejor hombre de la cancha". Sus elogios hacia Ferreira siempre fueron muy generosos: "Quien no haya jugado al lado de Nolo, no puede saber lo que significa para un jugador joven sentir cerca, dentro de la cancha, la respiración del genio".

Ferreira se dedicó a la escribanía después de su retiro y no ejerció como director técnico, aunque tuvo en Scopelli y en Zozaya dos representantes muy fieles de sus ideas durante las décadas siguientes.

# CAPÍTULO CINCO

## (1991-2006)EL TOTALITARISMO DE LOS DIRECTORES TÉCNICOS

Si en la década del 80 los entrenadores dejaron de ser actores de reparto para transformarse en estrellas del espectáculo futbolístico, en los 90 y en los primeros años del nuevo milenio adquirieron una dimensión que los elevó aún más. Se convirtieron en los responsables absolutos del éxito y del fracaso. Héroes y villanos. Ya nadie se atrevió a desafiar su autoridad y su importancia. Se adueñaron del juego tal como si fueran titiriteros, se apoderaron de los equipos, que dejaron de depender de los futbolistas más talentosos para convertirse en propiedad de los hombres de traje o jogging, según la moda vigente y los gustos particulares. Ni siquiera fue indispensable que mostraran cierta capacidad de imprimirle una idea de juego a su club. Su presencia, omnipotente, fue suficiente para imponer el latiguillo: "hoy juega el equipo de…".

Con la división entre menottistas y bilardistas todavía presente entre los consumidores del show, los nuevos técnicos se esforzaron por trascender a esa disputa. El fútbol argentino imitó a la geopolítica mundial, que tras la caída del Muro de Berlín dejó de pensarse bipolar, y se complejizó hasta hacer imposible diferenciar la división ideológica en dos insuficientes vertientes. Cada técnico buscó crear una nueva hegemonía. Y todo fue válido en esa búsqueda, desde el respeto estricto por la vieja escuela hasta la sofisticación más extravagante. Fue la última era en la que convivieron los viejos caudillos con los nuevos conductores sobre-escolarizados. Dos opuestos con la misma capacidad para defender su centralidad y dejar muy claro que nadie les quitará jamás el lugar de privilegio que habían sabido conseguir.

# 5.A - ALFIO BASILE

## LA VIEJA ESCUELA EN LA AGONÍA DEL MILENIO

Carlos Bilardo dejó la Selección Argentina en 1990, después de un subcampeonato mundial que provocó celebraciones en todo el país menos por el juego demostrado que por el enorme sacrificio de un grupo diezmado que batalló en inferioridad de condiciones físicas y futbolísticas contra rivales de mayor jerarquía y mejor presente.

El pueblo vitoreó el regreso de un plantel mucho más limitado que el de México. Sin embargo, más allá de esa gratitud popular hacia Diego Maradona y el DT campeón del mundo, al finalizar el campeonato de Italia 90 se generó la necesidad de recuperar una Selección capaz de jugar con virtuosismo, de imponer condiciones, de atacar por convicción y no por alguna obligación circunstancial. De "volver a las fuentes", tal como se exclamaba en los foros. Entonces, el presidente de la AFA, Julio Grondona, convocó a Alfio Basile, entrenador campeón de la Supercopa sudamericana con Racing Club en 1988 y representante fiel del estilo atrevido que durante décadas había caracterizado al fútbol nacional.

"En Argentina existe un gusto por una manera de jugar y yo creo que sé interpretar ese deseo de la gente. No soy bilardista ni menottista, soy basilista. ¿Hincha de Sportivo Ganar? Por supuesto, pero no fanático", declaró en su presentación oficial y de ese modo expresó su voluntad de alejarse de una polémica de la que fue protagonista involuntario por su calidad de sucesor inmediato de los dos técnicos campeones del mundo.

Durante toda su carrera, Basile trató de hacer equilibrio entre ambas posturas, aunque sus equipos se hayan parecido más a los de César Menotti por la coincidencia en las propuestas y en el modo de plantear los partidos.

"Tengo un gusto por el fútbol, quiero jugar al ataque, prefiero los buenos jugadores y si llego a perder un partido jugando bien no me hago mala sangre", afirmó en *1986* en una entrevista con *El Gráfico* en la que también expuso su método: "Empieza todo en la elección de los jugadores. El técnico puede tener un gusto, pero después todo depende del material que hay en su plantel. No puede imponer su filosofía por la filosofía misma. El fútbol es variable, se juega de acuerdo a lo que uno tiene. Una vez me criticó José Yudica porque en un partido con Argentinos Juniors en 1985 mi equipo (Vélez Sarsfield) salió con cuatro volantes. ¿Y qué quería que hiciera? ¿Qué le sirviera el partido en bandeja? Ellos estaban pasando un momento notable y Vélez tenía un montón de problemas. Dos meses antes le hubiera jugado de igual a igual".

En la década del noventa, Basile ya era un símbolo de una escuela tan vieja como el fútbol mismo. La de los técnicos cercanos a sus futbolistas, que priorizan la técnica por sobre la táctica, hablan poco y colocan sus propias convicciones muy por debajo de las características individuales de sus planteles. "No me gusta abrumar a los futbolistas. El primer tema que toqué en la Selección fue la parte humana. Nadie gana solo. Por eso aclaré de entrada que eran 22 suplentes. Yo no pido nada raro. Los que convoque van a jugar en la misma función que tienen en sus clubes. La mayoría de los técnicos argentinos estamos en algo parecido. Hay un fútbol moderno y la prioridad para poder atacar es conseguir la pelota. Y para eso hay que presionar", expresó en una de sus primeras declaraciones como seleccionador nacional.

La heladera en la cocina, el inodoro en el baño. La metáfora fue patentada por Menotti cuando Basile se hizo cargo de la Selección como un elogio a su forma clásica y tradicional de entender el juego y también como *crítica* por elevación a los "inventos tácticos" de Bilardo. La alegoría también sirve para describir la idiosincrasia del propio Basile. Pese a que rechazó siempre a los esquemas fijos con el irrebatible argumento de que "cuando empieza el partido los hombrecitos se mueven", se puede decir que durante casi toda su carrera utilizó el sistema táctico 4-3-1-2 para "ocupar todos los espacios, a lo largo y a lo ancho", con defensa zonal, un creador de juego y dos delanteros capaces de generar la preocupación necesaria al rival que permita ganar la iniciativa.

Para él, el fútbol es de ataque o no es: "A mí me distingue el buen fútbol ofensivo, me gusta ser superior al rival para alcanzar la victoria. Si yo fuera el técnico de Noruega, no saldría a atacar siempre. Pero soy argentino y creo que el fútbol de nuestro país debe defender su prestigio y su historia en cada presentación. Hay que salir a atacar en todo el mundo", explicó en un testimonio rescatado por el libro *El fútbol por dentro*, de Ediciones Al Arco.

Basile se formó como mediocampista en el club Bella Vista de Bahía Blanca, su ciudad natal, y fue contratado por Racing en 1964, cuando Carlos Peucelle era coordinador de inferiores y José Della Torre entrenador de la primera. Un año más tarde llegó Juan José Pizzuti y modeló uno de los mejores equipos de la década, campeón de América y del mundo. Lo hizo tras cambiar varias piezas de posición: "No había un mango y me arreglé con lo que había. A Perfumo, que era seis, lo puse de dos porque era muy resistido por la tribuna al usar la camiseta de un ídolo como Federico Sacchi. A Basile, que jugaba en el medio, lo ubiqué de seis. Después subí a Primera a Rubén 'Panadero' Díaz y lo coloqué de tres". Basile fue un zaguero completo. Responsable, inteligente para relevar y cubrir espaldas, rápido, atrevido para ir al ataque, recio y con gran cabezazo y remate de larga distancia. Fue líder espiritual del legendario equipo de José y también fue pilar del Huracán campeón de Menotti. Aquellos dos exitosos y celebrados antecedentes expresan de manera clara cuáles han sido sus principales influencias. "Fueron mis dos mejores entrenadores, los que me enseñaron el oficio", señaló en 2019.

Hizo su presentación como DT en Chacarita Juniors en 1975, a los 31 años. Sus primeros años como entrenador no estuvieron marcados por el éxito. Pasó por varios clubes sin demasiada notoriedad. En ese derrotero, uno de sus ayudantes fue Pedro Marchetta, un exfutbolista que conoció en las inferiores de Racing y que estaba alejado del fútbol desde su retiro en 1971. "Basile fue mi maestro, quien me insistió para que hiciera el curso. Con él aprendí el manejo de un plantel y los secretos tácticos. Haber sido su ayudante de campo fue una escuela tremenda", afirmó en diálogo con *El Gráfico* e *Infobae*. Marchetta es reconocido como un personaje entrañable del ambiente del fútbol de los ochenta y noventa. Locuaz, de lengua filosa, motivador nato y con una visión casi humorística de la profesión, edificó su carrera entre los designios de Basile y de Menotti, su otro referente.

El primer gran logro de Basile fue el ascenso a primera en 1985 con Racing, que llevaba dos temporadas en el pozo de la B. "Vamos a jugar a lo que puede y sabe Racing", exclamó a su llegada. En declaraciones al periodista Carlos Aira, Néstor Sícher, el autor del gol del retorno a la A, recordó las primeras indicaciones del DT, claras y fáciles de comprender: "Ustedes bien paraditos en el fondo y tírensela a los de arriba, que ellos definan los partidos. No nos compliquemos".

Su primer ciclo en el club de toda su vida se cerró con un título internacional: la Supercopa 1988. Atrás habían quedado las urgencias de la B y Basile pudo formar un equipo más acorde a sus ambiciones. Aquel Racing mostró un fútbol de alto vuelo gracias al enorme talento de Miguel Ludueña, Walter Fernández, Miguel Colombatti, Ramón Medina Bello y, sobre todo, Rubén Paz. Por otro lado, Ubaldo Fillol, Gustavo Costas y Néstor Fabbri le otorgaron solidez a un equipo que derrotó a Cruzeiro de Brasil en la final, le devolvió la dignidad al club de Avellaneda e impulsó a Basile hacia el combinado nacional.

En sus cuatro años como seleccionador atravesó todos los estados de ánimo y debió hacerle frente a adversidades de todo tipo. Fue bicampeón de América, construyó un invicto de 33 partidos, perdió 5-0 contra Colombia en el Monumental, afrontó un repechaje frente a Australia para el que se vio obligado a convocar de nuevo a Diego Maradona, y en la Copa del Mundo de Estados Unidos, pasó de la euforia de dos victorias esperanzadoras a la amargura total por la suspensión del capitán.

Desde el juego, su equipo estuvo a la altura de las aspiraciones, sobre todo en aquella Copa América de Chile 1991, que aún hoy se recuerda como un punto muy alto en la historia del conjunto argentino. Fue el bautismo internacional de Gabriel Batistuta y Diego Simeone y para Basile "fue especial porque tenía a casi todos los muchachos en la Argentina. Trabajé con ellos bastante tiempo, casi seis meses, y formamos un grupo de pibes que creció partido a partido. Llegaron a jugar casi de memoria. También había un par de jugadores grandes, con mucha trayectoria, y se complementaban muy bien. Todos jugaban bárbaro. Fue uno de los mejores campeones de la historia de la Copa América".

En 2005, buena parte del pueblo de Boca estaba empachado de gloria tras el ciclo de Carlos Bianchi y miró con recelo el arribo de Basile. Era un DT ya veterano, identificado con otro grande y que no había tenido relación alguna con la institución. Pero el fútbol lujoso desplegado por su equipo eliminó las dudas de forma automática. Como pocos entrenadores en la historia del club, logró quedar en la memoria de los boquenses gracias a un estilo muy diferente al de las grandes gestas. Entre 2005 y 2006, Boca ganó dos Recopas sudamericanas, una Copa Sudamericana y dos títulos locales. Conquistó todos los campeonatos que jugó.

Era una máquina, con nombres que "salían de memoria", tal la obsesión de Basile en aquellos tiempos. Federico Insúa y Fernando Gago fueron las usinas de fútbol, Daniel Díaz y Rolando Schiavi los pilares de la defensa, Rodrigo Palacio el desequilibrio individual y Daniel Bilos aportó los mejores meses de su carrera. Tan bien jugó aquel Boca que nadie se sorprendió cuando Grondona volvió a contratar a Basile para el seleccionado, doce años después de la eliminación contra Rumania en Estados Unidos 1994.

Con Juan Román Riquelme, Juan Sebastián Verón, Lionel Messi y Carlos Tévez como fieles exponentes de su gusto futbolero, Argentina brilló en cinco partidos de la Copa América de 2007. Solo falló en la final contra Brasil. Pocas veces Messi encontró un mejor ambiente en la Albiceleste como el de aquella época en Venezuela. Sin embargo, el tiempo de Basile en el banco nacional duró poco. En 2008 renunció a su cargo sin hacer públicas jamás las verdaderas razones de esa decisión. "En los Juegos Olímpicos de Beijing -el entrenador de la sub 23 fue Sergio Batista y Maradona participó como acompañante- pasó algo pero me lo llevo a la tumba-. No me arrepiento", declaró en más de una oportunidad. La diferencia en la mecánica de trabajo también complicó su tarea: "El gran problema del técnico de la Selección hoy es que no puede trabajar. No podés tener afinidad con los jugadores porque no los ves. Cada uno está con su equipo y a la Selección vienen solo para cumplir, porque son buena gente. No me quejo para nada de ellos, pero se va perdiendo la mística, cada uno está metido en su equipo".

Etiquetado como un entrenador "vago", nunca le esquivó a esa fútil discusión: "Terminemos con los versos del trabajo. Yo he visto técnicos muy trabajadores que se han ido al descenso, y otros no tanto, que han salido campeones. Labruna te ganaba los campeonatos cuando cerraba el libro de pases. Stábile en la Selección se cansó de ganar. Sabían elegir. Eso es lo ideal. Luego, hay que unir al grupo y trabajar... eso es todo. Lo demás es verso", declaró en *1986* y profundizó varios años después: "Nadie tiene la verdad, pero yo creo que la verdadera incidencia de un técnico en el rendimiento de su equipo es de un 20 por ciento, como mucho. La táctica y el aspecto anímico del plantel tienen similar importancia y hay que poner el acento en los dos por igual. Entre los dos, eso sí, me quedo con lo anímico: es fundamental apoyar al jugador".

# 5.B - CARLOS BIANCHI

## LA SIMPLEZA DE LA VICTORIA

En una era en la que el discurso futbolero comenzó a sofisticarse casi hasta el absurdo, Carlos Bianchi construyó su éxito desde la más diáfana simpleza. Su discurso siempre fue puro, despojado de toda complejidad, como también lo fue su manera de plantar a sus equipos, sin más misterios que la agrupación de talentos bajo una mentalidad ganadora.

"Yo soy un entrenador simple. No complico las cosas. Jugué al fútbol antes que mis futbolistas y trato de no complicarles la vida. Solo les pido que cumplan con lo que les explico, que no es nada que no puedan hacer. El sistema de juego lo hago yo. La personalidad del equipo la doy yo. Yo creo que cualquiera que vea jugar a mi equipo se da cuenta enseguida de que lo dirijo yo. Mis equipos tienen características puntuales. Los marcadores de punta salen constantemente y los volantes tienen creatividad y sacrificio, aunque me atengo a los jugadores con los que cuento y a las necesidades del equipo en cada momento", explicó en una entrevista con el diario *El País* en 2003 en la que añadió: "A mí me gusta que el equipo tenga determinadas características y juegue como yo quiero contra quien sea. Por eso les digo siempre: 'Yo puedo aceptar cualquier cosa, que jueguen bien o mal, que sean un desastre; pero nunca les voy a aceptar que no dejen todo dentro de un campo de juego'. Ellos comprenden muy bien que, si no lo dan todo, conmigo están en falta. Eso es lo que yo llamo la actitud. Usted puede jugar bien o mal, pero el equipo dentro del campo de juego tiene que tener una actitud positiva, tiene que ir a buscar el partido aunque se presente un día en que no esté jugando bien o que el adversario lo supere, porque eso puede pasar". No hace falta más que recordar a su Vélez de comienzos de los noventa y a su Boca campeón de todo a inicios de la década del 2000 para creerle. Bianchi formó equipos sólidos, con una mentalidad de hierro, pragmáticos y triunfadores.

Ganador. Ese es el adjetivo que más se menciona cuando se habla de él. No lideró revoluciones tácticas ni tampoco protagonizó alegatos presumidos acerca de cuestiones filosóficas. Fue su capacidad de convencimiento lo que lo convirtió en el director técnico más ganador de la historia del fútbol argentino. Su impresionante poder para dotar de espíritu ganador a casi cualquier grupo de jugadores.

Uno de los símbolos de su Boca multicampeón, Juan Román Riquelme, lo explicó sin vueltas: "Bianchi nos enseñó a ganar, nos hizo ganadores, hasta que él llegó a Boca no sabíamos lo que era ganar. Jugábamos para eso: queríamos demostrar que éramos los mejores del país, un equipo que no se conformaba. No queríamos que el éxito pasara tan rápido. Fue el mejor de la historia, tenía un poco de todo. Para nosotros fue un ejemplo como jugador y como persona. Se iba último, siempre. Solo quería ganar y ganar".

Tres Copas Intercontinentales, cuatro Libertadores, una Interamericana y ocho campeonatos locales avalan las palabras de Riquelme y le otorgan sentido a un mensaje que en agosto de 2019, con tono solemne, Bianchi le envió a la hinchada de Vélez: "Como les digo a veces a los franceses: el Barón de Coubertin, el que inventó los Juegos Olímpicos, decía que lo importante es participar. Y yo respondo que no, lo importante es ganar".

En la acotada lista de los técnicos que han logrado sacar pecho desde el interior mismo de la grieta generada por la rivalidad Menotti-Bilardo, Bianchi ocupa un sitio de privilegio. Gracias a su perfil bajo y a su larga estadía en Europa durante los años más belicosos de la disputa, se situó en una firme tercera posición, acentuada por su eterno desencuentro con Julio Grondona, de quien lo separaron "valores morales".

Cuando llegó a Vélez a comienzos de 1993 afirmó: "No me identifico con un estilo. Humildemente soy Carlos Bianchi. Una vez leí que Basile, un técnico bárbaro, dijo que no era ni menottista ni bilardista, sino basilista. Me pareció muy ubicado y yo pienso lo mismo. Acá se dividen en bandos y no puede ser. Cada uno tiene que imponer su personalidad". En la misma entrevista con *El Gráfico* presentó su idea: "A mí siempre me gustó ser ofensivo, pensar más en el arco rival que en el nuestro. Pero también hay que ser ubicado, no soy tan otario como para ir con una flor en el fusil. A veces uno sabe que el adversario es más fuerte y debe planear una táctica desde esa inferioridad". Toda su carrera se mantuvo en ese equilibrio, con equipos que según las circunstancias podían plantarse en campo propio o rival.

Dentro del campo de juego fue un goleador extraordinario. Potente, inteligente, certero, oportunista. Es el segundo máximo artillero argentino de la historia en campeonatos oficiales después de Lionel Messi y el décimo en el profesionalismo doméstico. "El *centroforward* es sinónimo de gol. El que crea lo contrario tiene que ir a jugar de volante (...) Lo principal es ser decidido y vivir pensando en meterla. El goleador puro tiene una mezcla de olfato e intuición para buscar los lugares donde puede caer la pelota", explicó en una entrevista de 1981, cuando retornó a Argentina tras ocho años en Francia, su segunda patria.

Fue Victorio Spinetto quien lo hizo debutar en 1967. "El jugador debe ser inteligente para aprender. Incorporar en su saber y poner en su valijita experiencias vividas, mensajes y aprendizajes. Yo lo escuchaba a Spinetto, que tenía 50 años más que yo y aprendí. ¡Cómo no iba a escuchar a Victorio Spinetto!", declaró Carlos Bianchi acerca de uno de sus maestros. Luego fue dirigido por Manuel Giúdice, campeón del Metropolitano 1968, y por el rácano Jim Lopes, quien le dio la confianza para afirmarse como titular. A su regreso de Europa jugó bajo las órdenes de Jorge Solari y Juan Carlos Lorenzo, su antecesor en el panteón de gloria boquense.

En 1992, Eduardo Luján Manera condujo a Vélez al subcampeonato del Clausura pero no logró terminar el año en el cargo y el presidente Héctor Gámez decidió ir a buscar a Francia a una gloria del club que llevaba varios años del otro lado del océano. Bianchi había dirigido a Stade de Reims y Niza con resultados aceptables y estaba listo para regresar a su hogar. Él transformó a un equipo competitivo en un campeón histórico. "Yo a estos jugadores los heredé. Y los valoré apenas comencé a conocerlos. Lo único que les exigí fue respeto total a lo que yo llamo el estatuto del futbolista profesional: cuando uno se va de la cancha se tiene que ir vacío porque adentro dejó todo. Lo demás fue simple. Para mí el fútbol es simple. Yo no hago charlas después de los partidos. Las críticas que tengo que hacer las hago en forma individual. La charla técnica es corta", afirmó tras el título del Clausura 1993, el primero de varios.

Luego llegaron la Libertadores en la casa del Sao Paulo de Telé Santana, la Intercontinental frente al Milan de Fabio Capello y dos campeonatos locales más. El equipo varió muy poco a lo largo de esos años. José Luis Chilavert era el líder por personalidad y jerarquía, con dos laderos fieles como Roberto Trotta y Víctor Hugo Sotomayor, centrales aguerridos y con buen juego aéreo. Víctor Almandoz y Raúl Cardozo otorgaban solidez y proyección en los laterales y Marcelo Gómez aseguraba marca, recuperación y relevos en el mediocampo. José Basualdo como mediocampista por la derecha tenía libertades para conducir, mientras que Christian Bassedas en la izquierda era importante por su inteligencia táctica. Como enganche, jugaron Walter Pico, Ricardo Rentera y Roberto Pompei. Y arriba, dos atacantes veloces y técnicos como Omar Asad y José Oscar Flores. Fiel a la idea principal del entrenador, fue un conjunto que estuvo por encima de las individualidades, que funcionó como tal más allá de cualquier preconcepto de sus integrantes.

En Boca tampoco tardó en encontrar soluciones a los problemas de tiempos anteriores. Fue campeón en su primer torneo local y en su primera Libertadores. El traje de ídolo le quedó a medida porque supo interpretar el deseo y la ambición del hincha boquense. Su capacidad de adaptación y su facilidad para conocer a los futbolistas fueron las claves de su rápido éxito en un club desconocido y muchas veces hostil.

"La misma tarde de mi llegada en 1998 hicimos fútbol. A mí me gusta conocer rápido a los jugadores. Lo mismo hice en el 93 cuando llegué a Vélez. Durante tres días hice seis horas de fútbol, es la mejor manera de conocer a un jugador", recordó en una entrevista de 2013 con *El Gráfico* en la que también explicó que sus decisiones más importantes en aquella pretemporada fueron darle la confianza a Riquelme para que sea el diez de Boca y afianzar la dupla ofensiva de Martín Palermo y Guillermo Barros Schelotto. El hombre rotulado como "defensivo" por parte de la opinión pública se preocupó más por formar un trío de ataque poderoso que por encontrar el mentado equilibrio.

"Apenas salíamos a la cancha sabíamos que íbamos a ganar", declaró alguna vez el arquero Óscar Córdoba y simplificó un sentimiento. El Boca de Bianchi patentó una forma de afrontar la competencia. Podía jugar mejor o peor, pero de algún modo estaba convencido de que iba a ganar. Cada pieza encajaba a la perfección en el clásico 4-3-1-2.

Un guardavalla confiable que respondía las pocas veces que lo exigían (Córdoba); dos centrales firmes, técnicos y recios como Jorge Bermúdez y Walter Samuel en la primera etapa y Rolando Schiavi y Nicolás Burdisso en la segunda. Los laterales Hugo Ibarra,

Rodolfo Arruabarrena, Luis Amaranto Perea y Clemente Rodríguez eran capaces de atacar con la misma soltura y convicción con la que defendían. En el mediocampo, Cristian Traverso, Raúl Cascini y un joven Sebastián Battaglia (futuro técnico de Boca, muy cercano a su idea y a sus métodos) marcaban los tiempos para que Diego Cagna y José Basualdo jugaran con más soltura pero el mismo compromiso. Riquelme era la usina de fútbol, el lujo que le daba sentido al trabajo de los demás. En la delantera, Palermo, Barros Schelotto, Marcelo Delgado y Carlos Tévez se complementaban a la perfección.

Campeón de América en 2000, 2001 y 2003, hizo posible aquello que para Bianchi era lo más difícil, repetir el éxito: "Es lo más difícil. Lo único que nos quedaba era seguir trabajando para repetir. Llegar es fácil, confirmar es difícil. Una de las grandes suertes para un técnico es encontrar un plantel que lo escuche. Un plantel que haya ganado y quiera seguir ganando. Porque hay planteles que nunca ganaron nada y no escuchan al técnico, ¡atención, eh! Yo tuve una suerte tremenda, tanto en Vélez como en Boca, de encontrarme con gente lo suficientemente inteligente para escuchar". Fue un grupo con mucho más que once buenos titulares. Cada integrante del plantel estaba convencido de la idea del entrenador y no solo la respetaba, sino que también la compartía. Allí estuvo el secreto del éxito del mejor Boca de todos los tiempos.

Más allá de la incuestionable valoración que la historia hará acerca de su participación en los títulos logrados por sus equipos, según su mirada el trabajo del entrenador debe subordinarse a los jugadores, únicos dueños del fútbol. Debutó como profesional en los sesenta, pleno apogeo de la "industria de la dirección técnica", y en Vélez, un club relacionado de forma íntima con las innovaciones tácticas y el desarrollo del oficio. De todos modos, siempre su opinión ha sido que "en la cancha la diferencia la hacen los jugadores. Ellos ganan los partidos".

En 1993 declaró: "Aquí todos los técnicos pretendemos demostrar que sabemos mucho de tácticas, pero después todo se resuelve en el campo de juego. El técnico está para trabajar en la semana, para indicar lo que, a su juicio, es más conveniente. ¿De qué vale que me vuelva loco gritando desde el banco? Lo más probable es que no me escuchen. Siempre dije que la influencia del técnico en el rendimiento del equipo es de un veinte por ciento". Sin embargo, y a contrapelo de sus opiniones, buena parte de sus dirigidos le otorgan mucho más mérito a su tarea y consideran que su manera de gestionar fue indispensable en todas las victorias.

Como otros directores técnicos despreocupados por el marketing y la *autopublicidad*, Bianchi ha sufrido cierto desdén por parte de un sector de la opinión pública, que ha minimizado su gloria al relacionarla más con guiños del azar que con un trabajo coherente y efectivo. Aquello del "celular de Dios" es la muestra más cabal de ese desprecio. "Todo se simplificaba con esa figura. Quedó demostrado en mi última etapa en Boca -entre 2013 y 2014 no obtuvo buenos resultados- que yo no tenía el celular de nadie. Suerte uno tiene que tener en la vida, pero eso de que Dios está cerca de uno... A mí se me murieron mis padres y mis suegros y yo no tuve la suerte de estar cerca de ellos en esos momentos. Entonces, si uno tiene a Jesús al lado, no lo pide para un partido de fútbol, lo pide para cosas mucho más importantes. El que lo pide para ganar un partido quiere decir que no cree mucho en Jesús".

# 5.C - MARCELO BIELSA

## LA ESCUELA ROSARINA SE CONVIERTE EN UNIVERSIDAD

En julio de 1991, Newell's Old Boys y Boca Juniors, ganadores de los torneos Apertura 1990 y Clausura 91, jugaron una final para definir al campeón de la temporada. Antes del partido, el joven entrenador rosarino Marcelo Bielsa les dijo a sus futbolistas en la charla técnica: "Nosotros tenemos que reconstruir una sensación, algo muy profundo: remitirnos a los 14 años, cuando en el barrio nos tocaba jugar contra aquellos rivales a los que les teníamos bronca y no nos importaba nada más que eso. Ni el lugar, ni la hora, ni nada. Porque lo único que nos interesaba, justamente, era jugar".

Frente a la primera situación límite de su carrera profesional, el gélido estratega, fundamentalista de la planificación, decidió apelar al sentimiento más primitivo de sus hombres. Nada de repasar la esquematización de movimientos practicada en la semana ni de recordar las bondades del temible rival. Si algo los iba a salvar de los perturbadores terrenos del profesionalismo, eso era la emoción de la infancia. De repente, el jefe que se había presentado meses antes como un distante y erudito gestor se convertía en un consejero cercano y afable. La personalidad de Marcelo Bielsa es así de amplia, inabarcable. Es, sin dudas, el director técnico de más compleja definición de la historia del fútbol argentino.

Nacido y criado en una familia aristócrata e ilustrada de Rosario, fue el único de los cuatro hermanos que no optó por una carrera

relacionada con la función pública, aunque su formación fue tan profunda como la de su padre Rafael, reconocido jurista de Santa Fe, o las de su hermano Rafael, excanciller de *la Nación*, y su hermana María Eugenia, exdiputada provincial y también exministra.

Su obsesión por el estudio y su capacidad de aprendizaje lo elevaron de la media en su oficio. Con él, la escuela rosarina se convirtió en una universidad. En su libro *Lo suficientemente loco*, Ariel Senosiain afirmó que las guías de Bielsa son la disciplina y, fundamentalmente, la planificación. Para él, no es cuestión de esperar lo que viene, porque todo debe estar antes programado. Y en ese sentido es necesario conocer a la perfección la materia. Buena parte de su vida estuvo dedicada a comprender el juego y a sus intérpretes. Bielsa estudió al fútbol y también estudió a los hombres: "El entrenador lo que tiene que hacer es lograr que el futbolista juegue de manera proporcionada a las virtudes que posee. El que lo logra es un buen entrenador, y el que no lo logra, está fracasando. Entonces la cuestión no es de estilo, ni de organización, ni de preparación física, lo importante es que los jugadores estén cerca de su máximo potencial durante un período alargado", afirmó en una de sus extensas conferencias de prensa, su único contacto con los medios de comunicación en más de treinta años de trayectoria.

Una aparente contradicción puede desprenderse entre su idea de que "el excesivo intervencionismo termina por joder al jugador" y su búsqueda eterna de adaptar el material de sus planteles al plan de juego y no viceversa. Desde esa complejidad ha edificado su carrera Marcelo Bielsa.

"Soy incapaz, como cualquier otro entrenador, de ordenarle a un jugador que desequilibre a través del talento. Que un futbolista gambetee a cinco rivales en fila no depende de mí, pero sí puedo hacer que el equipo rote y se desmarque para que, si posee buena pegada para hacer pases gol, encuentre al mismo tiempo varias opciones de cesión. Mi función es reunir la posibilidad creativa individual con la capacidad de mecanización y movimiento colectiva", explicó quien puede ser considerado un incansable explorador de formas de potenciar las capacidades de las partes con el objetivo de mejorar el todo. Ese equilibrio marcó su ideario: "Los equipos totalmente mecanizados no sirven, ya que los sacan del libreto y se pierden, pero tampoco me gustan los que viven solo de la inspiración de sus solistas. Cuando Dios no los enciende, quedan a merced del rival".

Su carrera como defensor central fue corta, como si el futbolista se hubiera apurado para dejarle paso lo más rápido posible al director técnico. Se formó en Newell's y debutó en primera gracias a Juan Carlos Montes, a comienzos de 1976. Pocos días antes había vivido sus únicos días de gloria dentro de la cancha, cuando la reserva del club rosarino representó a Argentina en el torneo Preolímpico de Brasil. César Menotti no pudo formar un plantel sub 23 competitivo debido a la preparación para la Copa del Mundo 1978 y le pidió a Jorge Griffa, responsable de las inferiores de Newell's, que eligiera a sus mejores promesas para jugar en Recife. El precario seleccionado no se clasificó a los Juegos Olímpicos de Montreal, pero Bielsa fue elegido por los diarios brasileños como uno de los dos mejores zagueros, junto a Edinho. A pesar de ese módico reconocimiento y de la fugaz notoriedad, nunca logró afirmarse en primera división y se retiró a los 25 años, para dedicarse a la preparación física primero y a la dirección técnica después.

Había conocido a Griffa cuando tenía 17 años. En su libro *La vida por el fútbol*, Román Iucht describió que en el primer diálogo entre ambos, el adolescente trató de "loco" a su futuro maestro por su decisión de regresar de Europa para trabajar en las inferiores de un club del interior argentino. "Algo vamos a hacer", le respondió Griffa, quien en los años posteriores no solo formó a Bielsa como futbolista sino que también fue clave en su crecimiento como DT. "Griffa fue la persona más importante e influyente de Newell's en los últimos cincuenta años. Con el paso del tiempo comprendí que toda mi carrera profesional y gran parte de mi formación se la debía a Newell's y a Jorge. Él fue el verdadero constructor del perfil institucional del club. Formar jugadores, obtener con ellos resultados deportivos valiosos y transferirlos solo cuando era posible reemplazarlos", dijo en noviembre de 2018.

Para fines de los ochenta, Bielsa ya había sido campeón de todas las categorías juveniles. Con poco más de treinta años, estaba convencido de que ya estaba convencido de que su capacidad y experiencia eran suficientes para dar el salto a primera, pero Griffa aún no lo veía maduro. Entonces, decidió planear un viaje junto a él para reclutar futbolistas a lo largo y a lo ancho del país, algo similar a lo que había hecho décadas atrás su colega Adolfo Celli, otro protagonista de este volumen. Con impecable meticulosidad, dividió al territorio nacional en setenta regiones y ubicó en cada una de ellas a un representante, que a su vez dividiría su área en cinco partes. Bielsa recorrió 25 mil kilómetros en un Fiat 147 modelo 85 en su última, exitosa y extenuante faena antes de convertirse en el técnico campeón más joven de la historia del fútbol argentino.

A mediados de 1990, José Yudica dejó el cargo tras lograr el título nacional y el subcampeonato en la Copa Libertadores en 1988. Más allá de las críticas por una supuesta falta de carácter en momentos de definición, la vara estaba alta. Y Bielsa sabía lo que debía hacer: "Vamos a ser un equipo que no va a renunciar al sello característico del fútbol de Newell's, pero que se va a esforzar. No habrá jugadores que no se sacrifiquen. Existe un prejuicio que dice que si jugás no tenés que correr y viceversa. Pero nosotros vamos a tratar de jugar y correr". Para él, el fútbol es movimiento, desplazamiento. Jamás encontró circunstancia ni motivo alguno para que un jugador esté parado en la cancha. El distinguido equipo de Yudica mutó en un conjunto más feroz, quizás menos vistoso, pero mucho más dinámico.

"Pude concretar lo que soñaba: hacerle jugar a Newell's un fútbol diferente, donde el principal rasgo fuera la movilidad. Me quedan imágenes: *el Tata* (Gerardo) Martino con la pelota al pie y la cabeza levantada pudiendo elegir entre cinco opciones: Saldaña (Julio) que sube, Ruffini (Cristian) que se cierra, Boldrini (Ariel) que va a una punta, Berizzo (Eduardo) que se desprende, Zamora (Julio) que se tira atrás. En suma, fútbol de movimiento", describió tras la victoria sobre Boca por penales en la Bombonera, una final planificada durante meses que le permitió legitimar sus métodos.

Pasaron décadas y aún hoy Bielsa recuerda aquel equipo como uno de los que mejor interpretó su filosofía. "El modernismo en el fútbol lo implantó Arrigo Sacchi en AC Milan. La presión constante, la agresividad permanente del que se sabe y se siente protagonista. En este país se tiene que acabar eso de que 'el que apuesta a ganar se embroma'. Newell's fue una buena prueba. Arriesgó, fue a buscar el error del adversario y no se embromó. Todo lo contrario, salió campeón".

El plantel que conquistó el título 1990/91 se trabajó de forma artesanal y al mismo tiempo con procedimientos científicos. Movimiento a movimiento. Aunque repitió en más de una ocasión que lo táctico ya está todo inventado ("se habla tanto del sistema porque no hace falta saber de fútbol"), sí utilizó ejercicios posicionales en los entrenamientos para incorporar recursos de forma casi imperceptible. En su libro, Senosiain describió que las tareas, rutinarias, promovieron la generación de variantes automáticas para diversas circunstancias del juego, entre las que aparecen las jugadas de pelota detenida, ensayadas hasta el tedio por ejecutantes y cabeceadores.

En esta cuestión aparece, otra vez, la necesidad de hacer equilibrio entre la convicción de entrenar cada mínimo movimiento y la certeza de que la mecanización absoluta es un problema. "Yo odio la mecanización, porque elimina responsabilidades. Yo quiero equipos ordenados, y no mecanizados, donde se respeten algunas posiciones y donde podamos desmarcarnos y luego volver rápidamente a marcar, que es uno de los secretos más grandes del fútbol". El orden es una de sus tantas obsesiones: "Si tuviera que elegir, diría que me siento más cómodo con el orden que con la espontaneidad. Hay entrenadores que propician un clima creativo dentro del equipo. No es que yo no valore eso, pero hay situaciones que son antagónicas y un técnico no puede estimular simultáneamente las dos cosas".

Una de las tantas leyendas que se han contado acerca de su figura gira alrededor de su enorme colección de videos de fútbol, que según el escritor inglés John Carlin es "la más vasta del mundo". Bielsa admitió que en treinta años vio cerca de 50 000 partidos de fútbol, entre los que se destacan aquellos de los equipos dirigidos por el holandés Louis Van Gaal, el técnico que más influyó en sus ideas: "Vi más de 250 partidos de sus equipos. Al llegar al 170º ya me di cuenta que adivinaba los cambios que iba a hacer y comprendí que había asimilado su pensamiento", afirmó en una entrevista con la revista italiana *Extra Time* en 2017.

Destacó al Ajax campeón de Europa en 1995 como el modelo que más le gusta, "un equipo con flexibilidad para componer sus líneas de acuerdo a las exigencias del planteo del rival, en el momento de la recuperación. Además, a mí me interesa que el equipo tenga un proyecto propio e independiente en ofensiva".

Su obsesión con los videos comenzó en la década del setenta, quizás al mismo tiempo que la de Carlos Bilardo: "Debo haber sido uno de los primeros argentinos que tuvo acceso a videos de fútbol europeo. Le hablo de 15 años atrás (o sea, alrededor de 1976), cuando me los enviaba desde Madrid mi amigo Roberto Di Nóbile. Todos los meses recibía los compactos del mejor fútbol, allí nacieron mis ideas. Siempre quise sintetizar la habilidad nuestra con la mecanización y la disciplina europeas". Este último es uno de sus conceptos más claros. Porque para Bielsa, el estilo argentino sí existe: "Es el público quien lo impulsa. Cuando la pelota pasa de la defensa al ataque por abajo, a ras del piso, el público se siente cómodo. Cuando pasa por arriba constantemente se incomoda. Cuando yo dirigía a Vélez y Newell's, si la pelota no iba ras del suelo, sentía el murmullo de las tribunas". Aunque respetuoso del gusto popular, se dedicó a desarticular los vicios que puedan partir desde esa creencia. Según su mirada, en Argentina se desarrolló muy poco el espíritu de juego colectivo porque siempre aparecía un René Houseman o un Raúl Bernao para solucionar los problemas.

Fue el director técnico que rompió con la dicotomía Menotti-Bilardo. Marcó el comienzo de una nueva etapa y tuvo admiradores identificados con ambas escuelas. En 1991, el periodista Alfredo Alegre lo describió como un obsesivo a lo Bilardo con algunos conceptos *menottianos*, a lo que Bielsa respondió: "No hay ninguna contradicción. Lo que pasa es que en Argentina jamás los técnicos obsesivos se preocuparon por jugar ofensivamente. Y yo soy un obsesivo del ataque. Yo miro videos para atacar, no para defender.

¿Sabés cuál es mi fútbol defensivo? 'Corremos todos'. El trabajo de destrucción tiene cinco o seis pautas y chau, se llega al límite. El fútbol ofensivo es infinito, interminable. Por eso es más fácil defender que crear. Correr es una decisión de la voluntad, crear necesita del indispensable requisito del talento".

Muchos entrenadores han realizado largas diatribas para expresar sus diferencias con los dos campeones del mundo, sin embargo pocos han demostrado dentro de la cancha una real ambición de trascender a dicha disputa. Durante sus casi seis años en la Selección, entre 1999 y 2004, Bielsa jugó con tres defensores, un armador clásico y *wines*. Estas cuestiones, que cualquiera puede ver sin demasiado esfuerzo, son una síntesis de su capacidad para generar su propia corriente de pensamiento.

Dueño de un vocabulario mucho más amplio que el de la mayoría de los protagonistas del fútbol argentino, su destreza dialéctica ha sido una marca registrada de su vida como DT y le ha permitido expresar con lucidez y precisión su filosofía y sus valores. Quizás esta sea una de las razones por las cuales la admiración que provoca esté más relacionada con la ética y la moral que con su tarea profesional en concreto, más allá de algún cuestionable evento particular, como el "espionaje" de rivales en Inglaterra durante su etapa en Leeds United.

Su capacidad para filosofar sobre el deporte y la vida llegó hasta sus extensas ruedas de prensa, que se convirtieron en una especie de género literario particular: "Yo adoro al fútbol. Adoro al fútbol porque quiero a la gente que quiere al fútbol. Y la gente que quiere al fútbol, que a mí más me interesan, son los que encuentran en el fútbol una satisfacción que no consiguen de otra forma, es decir, los más pobres. Todos los demás tenemos un montón de alternativas para recrearnos. Pero los más pobres solo tienen el fútbol. Entonces, a mí me cuesta aceptar que lo único que vamos a ofrecer son resultados. Porque si no le ofrecemos (a la gente) el fútbol como elemento estético, los estamos empeorando como seres humanos. La valorización de lo estético es una condición que tenemos los seres humanos vinculada con la sensibilidad que no se puede ignorar. No se puede mercantilizar todo. Todo no puede ser según el mercado: el que gana es vivo y el que pierde es zonzo. La belleza también tiene algo que ver".

De este modo se introduce otro de los temas clave en su época: la valoración extrema por el resultado. "Quienes ejecutamos esta profesión no podemos permitir que se gane de cualquier manera", declaró y dejó muy clara su postura, aunque también dijo que "siempre hay que ganar, competir para ganar".

El éxito es un concepto caprichoso si se habla de Bielsa. Nadie podría afirmar que no es un entrenador exitoso, que no dejó una huella en el fútbol mundial. Sin embargo, solo tiene dos títulos locales con Newell's, uno con Vélez, una medalla dorada olímpica con Argentina, un título en el Preolímpico y un torneo de segunda división con Leeds. Se dirá que es un palmarés demasiado modesto para quien está considerado como uno de los mejores del planeta en su función. Se puede responder con una de sus frases: "Un entrenador no es mejor por sus resultados ni por su estilo, modelo o identidad. Lo que tiene valor es la hondura del proyecto, los argumentos que lo sostienen, el desarrollo de la idea. No hay que juzgar la idea, sino el sustento. Yo puedo valorar proyectos antagónicos. Lo que nunca se puede hacer es sustituir las convicciones".

Pocos técnicos han logrado otorgarle una identidad tan marcada a sus equipos como Bielsa, un hombre que más allá de esta certidumbre siempre se mostró obsesionado con las consecuencias de la victoria y del fracaso: "Yo he tenido muchos más fracasos que éxitos, y los fracasos me han marcado mucho más que lo que me han distinguido los éxitos, los pocos que obtuve. Los momentos de mi vida en los que yo he crecido tienen que ver con los fracasos; los momentos de mi vida en los que yo he empeorado, tienen que ver con el éxito, que es deformante, relaja, engaña, nos vuelve peores, nos ayuda a enamorarnos excesivamente de nosotros mismos. El fracaso es todo lo contrario, es formativo, nos vuelve sólidos, nos acerca a las convicciones, nos vuelve coherentes".

Ningún DT ha formado más y mejores entrenadores que Marcelo Bielsa. Para un futbolista, ser dirigido por él representa un aprendizaje integral, una experiencia pedagógica particular. Su Newell's fue una escuela que tuvo graduados de primer nivel mundial y la enorme mayoría de los jugadores que pasó por sus manos atesora un grato recuerdo de sus métodos y de su personalidad. Una muestra de esto es Mauricio Pochettino, quien afirmó: "Se salía de los patrones comunes, la gente lo veía como si fuera un loco pero para mí era alguien excepcional. Con una capacidad que no se encuentra hoy. No era, ni es, ni será normal por su capacidad intelectual".

Josep Guardiola es, según la opinión de buena parte del mundo futbolístico, uno de los mejores y más revolucionarios directores técnicos de todos los tiempos. En 2006, antes de comenzar su carrera, el catalán viajó a Máximo Paz para reunirse con Bielsa. En el libro *Che Pep* de Vicente Muglia se destaca aquella conversación de once horas como un hecho muy importante en la formación del Guardiola entrenador. "Fue un honor, algo formidable. Siento que me enseñó mucho. Lo que admiro de Bielsa es la valentía de sus equipos", afirmó el múltiple campeón de España, Alemania e Inglaterra. Y en ese punto está la más clara similitud entre ambos. Porque, más allá de las palabras, los gestos y la teoría, Bielsa no es

más que un director técnico que quiere que sus equipos salgan a ganar.

# 5.D - DANIEL PASSARELLA

## MANO DURA

Cuando la Selección Argentina de Alfio Basile quedó eliminada de la Copa del Mundo de Estados Unidos 1994 en medio del escándalo por el doping positivo de Diego Maradona, el nombre de Daniel Alberto Passarella surgió de forma natural, como si fuera la solución obvia a todos los problemas, sobre todo a los de disciplina que habían perturbado la última etapa del buen ciclo de Basile. Se necesitaba a un hombre con el carácter y la espalda suficientes para enderezar a los descarriados. Al menos eso pensaron Julio Grondona y una buena parte de los dirigentes. El gran capitán de 1978 había sido campeón tres veces en cuatro años y medio con River y su capacidad estaba fuera de discusión. Además, su fama de hombre duro y estricto comulgaba a la perfección con las necesidades del combinado nacional.

En su primera entrevista con la revista *El Gráfico* como seleccionador, le preguntaron: "¿Te molesta que mucha gente te distinga más por lo disciplinario que por lo táctico? Muchos encuestados dicen lo mismo: 'Por fin contrataron a un técnico que los tenga cortitos; se acabaron las gorritas y el pelo largo'". Passarella contestó: "Me pone contento que me consideren disciplinado porque lo soy. Afuera de la cancha, mis jugadores son todos iguales, con los mismos derechos y las mismas obligaciones. Entran los amigos de todos o los de ninguno, pero solo de visita, nadie se va a instalar con nosotros en la concentración". Ante la repregunta sobre Diego Maradona y sus privilegios en el ciclo Basile dijo: "La Selección está por encima de los nombres y de los hombres. Todos, sin excepción, tendrán que respetar las normas internas de convivencia que nosotros vamos a imponer".

La década del noventa, en la que  además del ciclo en River dirigió por cuatro años a la Selección, fue su mejor momento como entrenador. En buena parte de ese tiempo, la idea y la filosofía de Passarella se identificó menos con un concepto futbolístico visible que con su capacidad para impartir rigor. Él, desde su postura rígida y su discurso de mano dura, hizo un aporte imprescindible para apoyar esta percepción. La prohibición de usar pelo largo y aros, y el intento de imponer la rinoscopia para los futbolistas convocados al plantel nacional fueron dos disparatadas condiciones que solo sirvieron para montar un personaje y no para formar mejores equipos.

En el libro *Él es Passarella*, el periodista Nicolás Distasio contó que Passarella comprendió que las críticas más feroces al ciclo de Basile fueron por la indisciplina, la presencia de familiares a toda hora en los momentos de intimidad de las concentraciones y la moda de las publicidades y las entrevistas exclusivas. Entonces, el nuevo cuerpo técnico se ocupó de redactar reglas de comportamiento para los jugadores, entre las que se contaban algunas muy extravagantes, como la imposibilidad de hablar por teléfono o la inhibición al consumo de carnes, pan y gaseosas. La restricción al contacto con la prensa tuvo su punto culminante durante la Copa del Mundo de Francia 1998, en la que mandó a colocar una enorme lona en el campo de entrenamiento para evitar cualquier contacto visual desde el exterior y también apoyó la negativa de los futbolistas a dialogar con los periodistas.

Asumió como entrenador de River a comienzos de 1991, seis meses después de su retiro, cuando Reinaldo Merlo tomó responsabilidades en la Selección junto a Basile. El campeonato anual estaba por la mitad y el equipo ocupaba la segunda colocación, aunque el juego austero de Merlo no había convencido y la situación económica del club no permitía hacer grandes gastos. "Humildad y conciencia", fueron las bases de la pretemporada realizada en Mar Chiquita.

En pocos meses logró imprimirle una identidad muy diferente a River, que se mostró mucho más agresivo y con más variantes en ataque. "Merlo tenía un manejo táctico, el mío es diferente. Voy a ser un técnico que sale a ganar. Yo digo que la dinámica de un equipo la manejan los delanteros. Si los que están arriba hacen *pressing* sobre la salida del rival, los volantes no se pueden quedar parados, tienen que ir detrás, cerrar todos los caminos posibles". El *pressing* fue su marca registrada a comienzos de los noventa, su carta de presentación después de varios años en Europa, y su forma de expresar que venía a traer algo novedoso, capaz de trascender el legado de César Menotti y Carlos Bilardo. Intentó llevarlo a cabo en el torneo 1990/1991 aunque recién logró perfeccionarlo en el Apertura 1991, gracias al incansable trajín de dos jóvenes mediocampistas: Leonardo Astrada (luego campeón como técnico de River en el Clausura 2004) y Gustavo Zapata. Ellos recuperaban y Juan José Borrelli, Sergio Berti, Ramón Díaz y Ramón Medina Bello volaban en ataque. Esa intensidad le permitió a River ganar el título con contundencia.

Aquel recurso fue una de las claves del Milan de Arrigo Sacchi que revolucionó el fútbol italiano en los ochenta y noventa y que Passarella sufrió desde las filas de Inter. Según contó en una nota de 1990, Sacchi conocía todos los secretos de la Selección de Menotti campeona en 1978 y utilizó sus movimientos tácticos como el punto de partida en su idea que luego ganó las Copas de Europa de 1989 y 1990. "Me alegro que Milan gane porque comparto ese fútbol. Lo grande de ese equipo, y lo que modestamente quiero yo siempre, es que juega igual contra todos los rivales. Pero ninguno de nosotros es lírico o come vidrio, las precauciones hay que tomarlas siempre", expresó.

"Yo soy ofensivo. Quiero un equipo rápido, agresivo, equilibrado, que sepa cuándo contraatacar y cuándo presionar. Siempre pienso en el arco de enfrente, pero después en el mío. Porque acá muchos hablan de protagonismo y se piensan que la única forma de ejercerlo es poniendo cinco delanteros o *yendo a la carga Barracas* y no es así. Se puede ser protagonista de contraataque, esperando armado en el medio. Por historia, Argentina (y River antes), tiene que salir a proponer el juego, no puede especular contra nadie. Pero no voy a ser ciego. Si vas a buscar un partido, no lo encontrás y te llenan de contragolpes, habrá que parar un poquito, organizarse mejor y volver a armar nuestra propuesta ofensiva. Eso se llama manejar los tiempos y yo aspiro a que mis equipos los manejen", afirmó en 1994, días después de su arribo al seleccionado.

Sus equipos no fueron lujosos pero sí equilibrados. Además, mostró un respeto reverencial por el talento individual. En su debut internacional el capitán fue un clásico número diez como Marcelo Espina y también le dio confianza a Juan Sebastián Verón e hizo debutar en primera división a Ariel Ortega y a Marcelo Gallardo, a quienes también convocó para el Mundial 1998.

Fue un fenomenal zaguero. "El mejor de la historia", según Diego Maradona. Con pasta de líder, aguerrido, técnico, rápido, inteligente con gran remate y mejor cabezazo. Llegó a River desde Sarmiento de Junín por pedido de Néstor Rossi, uno de sus referentes y consejeros: "De él aprendí algo muy importante para un técnico: en los momentos críticos no hay que poner cara de culo". Luego fue dirigido por Ángel Labruna, quien intentó cambiarlo de posición al lateral izquierdo, lo que complicó la relación entre ambos, aunque Passarella rescató su conocimiento del juego y su actitud ganadora. En 1981 fue campeón con Alfredo Di Stéfano como DT, a quien le copió la férrea disciplina y un concepto: "Ningún jugador tiene asegurada la camiseta titular, a no ser que se llame Maradona o Pelé".

Nunca se autopercibió como menottista, aunque en 1990 afirmó que su ideología futbolística es la del campeón del mundo 1978:

"Es la que yo siento, pero no soy cría ni hijo de nadie porque aprendí de muchos. Labruna, *Di Stéfano*, Trappatoni (Giovanni). Escuelas diferentes. Algunos me acercan a Menotti. Él fue y es importante por las cosas que le aporta a un jugador, también más allá del fútbol. No existe nadie más culto que él en este ambiente".

Cuando asumió como técnico de River, Menotti lo invitó a tomar un café y le hizo un pedido: "Daniel, lo único que te pido es que no pongas el equipo con el culo en la línea de gol". Passarella, mitad en broma y mitad en serio le contestó: "César, ¿usted con quién se cree que está hablando?".

Américo Rubén Gallego fue su socio durante los primeros diez años de su carrera como DT. A mediados de 1994 se hizo cargo de la dirección técnica de River por seis meses, antes de sumarse al cuerpo técnico del seleccionado. Con jóvenes talentos de excepción como Roberto Ayala, Matías Almeyda, Gallardo, Ortega y Hernán Crespo y veteranos de gran nivel como Enzo Francescoli, Hernán Díaz y Ernesto Corti, se consagró campeón invicto del Apertura y mostró un juego aún más vistoso y efectivo que el del año anterior. Según el analista Juvenal, fue "un producto típicamente riverplatense, por su vocación hacia el espectáculo y por sentirse y saberse invariable protagonista de la competencia. Porque así lo determina la historia".

Pocos confiaban en el inexperto ayudante de campo, siempre silencioso y oculto detrás de la figura de su amigo-jefe. Sin embargo, Gallego no solo cuidó muy bien a un plantel competitivo, sino que lo potenció. Utilizó al máximo su conocimiento de las fortalezas y debilidades de sus jugadores y le sumó algunas de sus ideas personales, como una mayor flexibilidad táctica, mejor preparación de la pelota parada y análisis más profundo de los rivales. Esas diferencias terminaron por separarlo de su socio después de la eliminación en cuartos de final de la Copa del Mundo 1998 frente a Holanda.

Inquieto, obsesivo, estudioso Gallego formó, junto a Alejandro Sabella, una dupla de ayudantes que fue el cerebro del equipo de trabajo de Passarella. "Con Daniel tenemos algunas cosas distintas. Yo pienso más en el rival. Me gusta que mis jugadores sepan cómo son los contrarios. Además no me aferro a un esquema. Si tengo que cambiar los jugadores por el rival, lo hago. En lo demás coincidimos. Él adquirió una disciplina táctica en Europa que yo incorporé. El orden es necesario", afirmó en una entrevista con el diario *La Nación* en 1999.

Gallego fue formado como un menottista a ultranza en el centro mismo de la escuela rosarina y se deconstruyó con el tiempo. Tanto que en 2002, cuando trabajaba en Independiente, afirmó que su prioridad era "mantener el cero en mi arco". Debutó como medio-

campista central de Newell's en 1974, de la mano de Juan Carlos Montes y gracias al ojo clínico de Jorge Griffa. Luego trabajó con Miguel Juárez, a quien le alabó su capacidad para leer los partidos, y en 1975 conoció a Menotti y a Passarella en el Torneo juvenil de Toulon.

"Por Menotti soy capaz de cualquier cosa, es el padre que la vida me negó. Yo sabía que iba a ser técnico porque cuando me retiré me dijo: 'Usted ve bien el fútbol y aparte por cómo se paraba tácticamente en la cancha puede ser un gran entrenador'". Además de ganar títulos en 1994 y 2000 con River, fue campeón con Independiente en 2002 y con Newell's en 2004. Junto a Yudica, son los únicos técnicos que se coronaron en tres clubes diferentes.

## 5.E - RAMÓN DÍAZ

### INTUICIÓN Y PICARDÍA, EL SECRETO PARA SER ÍDOLO

Luego de la expulsión del arquero Roberto Bonano en el primer tiempo del duelo de River Plate frente a Racing Club por la fecha 15 del torneo Apertura 1996, el entrenador Ramón Díaz decidió el ingreso de Germán Burgos por Ariel Ortega. En lugar de aceptar la decisión del jefe con docilidad, los futbolistas riverplatenses decidieron, con Enzo Francescoli a la cabeza, que Roberto Monserrat era quien debía abandonar el campo de juego. Díaz protestó, pero no hizo más que eso y se resignó a que el ex San Lorenzo se sentara a su lado para que Ortega permaneciera en la cancha. Tras 15 minutos turbulentos en el vestuario, el crack jujeño marcó el segundo gol a los 20 segundos del complemento. Así, River se encaminó a una legendaria victoria 4-3 que le permitió mantener su rumbo firme hacia el título. Después de la insólita situación y lejos de victimizarse o generar polémica con sus dirigidos, el técnico declaró: "Quizás a ellos les enseñé primero que al resto o aprendieron más rápido".

La famosa anécdota es un buen resumen de las maldiciones y bendiciones de Ramón Díaz como director técnico. Recién llevaba un año en el cargo y ya tenía una Copa Libertadores en su vitrina, sin embargo su escasa capacidad dialéctica y sus inconvenientes para liderar un plantel repleto de figuras, le imposibilitaron ganarse un reconocimiento automático.

El éxito y la idolatría, como aquel emocionante 4-3, llegaron más tarde y gracias a su natural intuición futbolística y a su inteligencia para adaptarse a las circunstancias externas e internas. Las victorias se sucedieron y vinieron acompañadas de un perfeccionamiento de su imagen mediática que fue fundamental en años en los que los entrenadores pasaron a ser protagonistas principales del show del fútbol. El riojano entendió a la perfección ese juego, que en ocasiones llegó a ser más relevante aún que las decisiones técnicas.

"A Ramón Díaz lo voy llevando de a poco. ¡No, qué va a ser el sucesor de Luque ni de Alonso! Ese chico por ahora es el sucesor de Labruna! ¿No vieron cómo define?", afirmó Ángel Labruna en 1978 acerca de un delantero juvenil que había hecho debutar meses antes. Hay pocas relaciones tan claras e incuestionables en el árbol genealógico del fútbol argentino como la que une a estos dos símbolos de River. Fueron letales goleadores, rompieron récords de triunfos como entrenadores y hasta recibieron las mismas críticas y los mismos elogios por su tarea desde el banco de suplentes.

Aquellos que llamaron "vago" a Labruna, luego repitieron el agravio hacia su discípulo. Ambos contaron con planteles repletos de figuras, gestionaron dichos talentos con más o menos dificultad y formaron equipos formidables con naturalidad y sin sobreanalizar el juego. "Lo que más admiro y recuerdo de Ángel es su manejo de grupo, era muy difícil tener tantas figuras", afirmó Díaz en una entrevista con *El Gráfico* en 1996 y agregó que el principal objetivo de su vida como DT era "ganar tantos títulos como él", algo que consiguió en 2014.

En el libro *El más ganador*, de Gerardo Subero, se destaca una frase de Omar Labruna, hijo de Ángel y ayudante de campo de Ramón durante sus primeros años en el oficio: "Papá conocía el paladar del hincha de River, qué clase de jugadores quería, si podían encajar. Con Ramón pasa lo mismo". César Menotti también fue muy importante en su formación: "De él aprendí muchísimo. Tomé muchas cosas que sigo aplicando y cosas que no. Sobre todo cómo manejarme en el fútbol. Era un adelantado porque hoy en el mundo tácticamente se juega como jugaba él".

En la Selección sub 20 campeona del mundo en 1979 jugó por primera vez como centrodelantero, ya que en las inferiores lo hacía como número diez, el puesto que por obvias razones era de Diego Maradona en aquel equipo. El experimento salió perfecto, porque Díaz fue el máximo goleador del Mundial con nueve tantos en seis partidos.

En 1995 River venía de una mala experiencia con Carlos Babington y el recuerdo de las buenas campañas de Daniel Passarella y Américo Gallego estaba muy cercano. Entonces, el presidente Alfredo Davicce decidió repatriar a Ramón Díaz, quien venía de jugar en el fútbol japonés y aún no estaba totalmente convencido de lanzar su carrera de entrenador. "River siempre se ha caracterizado por el buen fútbol y mi proyecto es mantener esa línea de juego, agregando algunas cositas que aprendí en Europa", expresó de forma escueta en su presentación.

Esos exiguos conceptos lo acompañaron durante toda su vida profesional. Su mano se empezó a ver en la Copa Libertadores 1996, cuando decidió colocar a Juan Pablo Sorín como mediocampista por izquierda en los partidos como visitante. Ricardo Altamirano mantuvo su lugar como marcador de punta y el ex Argentinos Juniors se movió más adelante para aprovechar su velocidad en el contragolpe y al mismo tiempo no descuidar la defensa. Fue una modificación pequeña, aunque sirvió para ordenar desajustes en el retroceso. Aquel campeón jugaba con un esquema tradicional, con cuatro defensores, tres mediocampistas y Ortega, Francescoli y Hernán Crespo en la delantera.

Acerca de aquella final contra América de Cali hay un mito que aún hoy sigue vigente. Según la leyenda, el capitán le pidió al DT que se retirara del vestuario del Monumental para decirles unas palabras a sus compañeros sin su presencia. Así lo explicó el propio Francescoli: "No di la charla técnica. Le había pedido a Ramón hablar cinco minutos. Sentía que era mi última oportunidad de ganar la Copa y les dije: 'Ninguno se imagina cuánto valen estos 90 minutos'. Quería tenerlos con la sangre hirviendo, pero no hablé de táctica. Nunca pude con mi genio, jamás me metí, aunque tuve mil oportunidades para hacerlo".

Burgos, en cambio, dio otra versión de lo sucedido: "¡Cómo va a haber sido Francescoli el técnico de aquel equipo si hoy ni es técnico! El mérito de ese temple ganador era de Ramón, quien era temeroso, pero volvía su miedo en un ataque feroz. Solo dudó ese día contra América, en River, y por eso se armó ese mito. Habíamos perdido 1-0 en Cali y él quería jugar de contragolpe. Era una final, no podíamos jugar a esperar. La mayoría nos miramos porque veíamos que eso no iba. Se pararon el Flaco (Francescoli) y creo que Berti (Sergio) y le dijeron que queríamos charlar entre nosotros. Ahí decidimos ir al frente".

Convertir el temor en fuerza es uno de los métodos más efectivos para vencerlo. Según Burgos, Ramón era capaz de hacerlo y eso lo convierte en un técnico especial. Porque nadie duda de que fue un entrenador audaz y valiente. Todos sus grandes equipos tuvieron una mentalidad ofensiva e incluso algunos son recordados como un absoluto lujo para el fútbol nacional, como el del Apertura 96 con Monserrat, Ortega, Marcelo Gallardo, Francescoli y Salas, o el de 1999, con Pablo Aimar, Javier Saviola y Juan Pablo Ángel.

En ese plantel también se destacaba el rebelde Eduardo Coudet, un futbolista con el que Díaz tuvo problemas personales, pero que fue muy importante por dinámica y capacidad para asociarse con los delanteros. Representante de la escuela rosarina por su filiación directa con Américo Gallego y Ángel Zof (lo hizo debutar en primera), fue campeón argentino como DT de Racing en 2019 y también hizo grandes campañas en "su" Rosario Central.

Ramón Díaz siempre priorizó juntar a los mejores y darles las libertades necesarias para no limitar su talento. "Mi mejor virtud es saber elegir los jugadores y pedirles que hagan, antes que nada, lo que mejor hacen", explicó con claridad en una entrevista de 1996 con el diario *Clarín*.

"Estar cerca del área rival obliga a alejarse de la propia". Ramón Díaz tiene su propia página web en la que explica su método de trabajo y su idea de juego. La idea primaria es esa: jugar en campo rival, imponer condiciones. Lo ha logrado con diferentes sistemas tácticos, desde el 4-3-1-2 del 96 hasta el 3-5-2 de 2002, con Esteban Cambiasso y Cristian Ledesma en un doble cinco de mucho manejo y dinámica. En San Lorenzo también llegó a utilizar cinco defensores. "El mejor sistema táctico es el que sirve para ganar", afirmó en 2007.

Más por su afán de priorizar al futbolista que por pragmatismo, el riojano siempre fue un DT flexible y atento a las cualidades individuales. Lo explicó mejor Burgos: "Ramón no molestaba al jugador, no entraba nunca a una habitación. No daba charla técnica. Decía una cosita en el vestuario y nada más. Y hacía muy bien porque no hacía falta decir más nada. Nosotros éramos felices. Los jueves nos ponían a los pibes, a los quince minutos íbamos ganando 2-0 y nos echaba del entrenamiento. Te dejaba con las ganas de hacer más y toda esa furia la llevabas al partido".

Su picardía e inteligencia para moverse en los medios fue otro de sus argumentos para convertirse en ídolo de River. Con una sonrisa, aprendió a enviar mensajes a los hinchas propios y a los rivales ante las cámaras. Fue un personaje fundamental en la explosión definitiva del fútbol como espectáculo televisivo en los noventa. En 2019 recordó con cierto arrepentimiento aquellas chicanas hacia Boca y sus exabruptos: "Hoy la gente pretende otro tipo de entrenador, que vea cosas tácticas y trabaje, eso es fundamental. La evolución que hemos tenido en Selección de Paraguay (dirigió allí en 2015 y 2016) también nos hizo crecer un montón. A mí y a todo mi cuerpo técnico, que está lleno de jóvenes, pero con una expe-

riencia increíble". Uno de los integrantes de ese grupo de trabajo es Emiliano, su hijo, especialista en herramientas informáticas para la dirección técnica.

"Muchos pensaban que con un gran plantel venía cualquier técnico y lo sacaba campeón. Y no es así. No es tan fácil como creen, no es tan fácil ganar", declaró en 2007 a su llegada a San Lorenzo, un club desconocido para él, sin los fenómenos de otras épocas y que llevaba doce años de sequía. Fue campeón en su primer torneo, casi como una consecuencia ineludible de su irrupción ganadora. "Yo soy un ganador que puedo transmitir esa mentalidad. Estoy convencido de lo que hago y me gusta asumir el protagonismo, quitarle la presión a los jugadores". Quizás ese fue su gran secreto.

# 5.F - JOSÉ PEKERMAN

## LA DOCENCIA GANA CAMPEONATOS

Meses antes de la Copa del Mundo de 1954 se organizó en Alemania Federal un torneo internacional sub 18 con la presencia de Argentina. Para este compromiso, la AFA decidió convocar a Ernesto Duchini, quien había reemplazado a Carlos Peucelle en las inferiores de River Plate y también había trabajado en Chacarita Juniors (donde comenzó su carrera de futbolista mientras Cesarini estaba en el plantel principal), San Lorenzo, Racing Club e Independiente. Era el hombre más capacitado en la formación de jugadores y la obvia elección para el cargo. El seleccionado finalizó en el tercer puesto y Duchini comenzó con un buen resultado un ciclo que duró más de tres décadas. Por sus manos pasaron José Yudica, Humberto Maschio, Enrique Omar Sívori, José Sanfilippo, Carlos Bilardo, Oscar Más, Roberto Perfumo y muchos más. Además, formó junto a César Menotti el campeón mundial juvenil 1979, con Diego Maradona y Ramón Díaz como figuras. Fue el primer especialista en docencia del fútbol nacional y José Pekerman, varios años más tarde, fue el único capaz de continuar su legado en las selecciones.

"Pekerman fue uno de los grandes aciertos de la AFA. Tiene mucho tacto de padre para tratar a los chicos. Aunque muchos no le den importancia, la ternura es fundamental para enseñar. Además, tiene una gran virtud, que es la de saber elegir. Sin una buena elección de futbolistas es imposible conseguir buenas campañas. Creo que está varios escalones arriba de mí, sus éxitos fueron mayores.

Si me permite hacer una comparación, creo que él es el sobre y yo una simple estampilla", afirmó Duchini en una entrevista con el diario *La Nación* en 2001.

Pekerman nunca fue dirigido ni trabajó con Duchini, aunque los une la misma concepción del fútbol, un vínculo que va más allá del conocimiento directo y que está relacionado con el ser nacional. "Menotti me gusta más que Bilardo desde lo futbolístico", afirmó Duchini en una entrevista con la revista *Un Caño*. Casi al mismo tiempo, Pekerman señaló: "Siempre tuve a Menotti como referente, comparto su gusto por el fútbol, su vocación".

En este caso, el nombre propio solo sirve como un punto de contacto, como una forma de describir una coincidencia ideológica, porque como casi todos los técnicos de su generación buscó evitar el encasillamiento: "No es cuestión de identificarse con Menotti o con Bilardo. Una de las cosas que hablamos mucho con Passarella (el técnico de la mayor durante parte de su ciclo en las juveniles) es sobre los problemas que esta división le ha causado a nuestro fútbol. Hay frases hechas que hacen demasiado daño... El fútbol es equilibrio, hay que marcar y jugar, todos intentan más o menos eso", explicó en una charla de 1994 con *El Gráfico*, días después de ser confirmado como coordinador general de los seleccionados juveniles.

Llegó a Ezeiza como un verdadero desconocido, después de que su proyecto integral fuera elegido por sobre los de nombres consagrados por Carlos Timoteo Griguol y Jorge Griffa. "Creo que un entrenador de inferiores tiene que ser un personaje anónimo", afirmó en aquella misma entrevista de 1994. Lo respaldó un gran trabajo en Argentinos Juniors, donde compartió ideas con Yudica y Roberto Saporiti y promovió futbolistas como Fernando Cáceres, Claudio Borghi, Fernando Redondo, Diego Cagna y Carlos Mac Allister.

Nunca dirigió a un equipo de primera división en Argentina y, hasta su salto a la selección mayor en 2004, no fue más que un formador. Ni menos. Así se refirió a su rol: "Las inferiores son un mundo distinto. A mí me halaga más que alguien me diga 'Redondo estuvo con usted' y no que recuerde que salí campeón con la sexta... Me siento identificado con ese mundo, con ese trabajo a largo plazo que permite corregir aquellas cosas que en Primera ya no se pueden mejorar, como las condiciones técnicas. En Argentinos trabajé con muchos técnicos, como Saporiti, Yudica. Nito Veiga, Areán (Fernando), y ellos sabían que yo no tenía apetencias de dirigir la Primera. Pero aunque desde el '85 me encargué de todas las divisiones, nunca dejé la reserva, que debe ser la culminación del circuito. Para mí el resumen de este trabajo es el siguiente: en inferiores obtener resultados es que aparezcan jugadores".

En su presentación, explicó que su objetivo era conseguir resultados con un equipo ordenado que sepa resolver las situaciones que se presentan en un partido y que lo haga desde una convicción: "La idea general es recuperar la identidad, es decir, la capacidad técnica, la imaginación, la habilidad. Cosas que nos distinguían y que se han ido perdiendo. Recuperar esto no significa renunciar a los adelantos físicos y tácticos".

En sus seis años al mando de los juveniles, Argentina ganó los Mundiales sub 20 de 1995, 1997 y 2001. Fue un ciclo sin precedentes en el fútbol mundial. Con diferentes matices individuales, todos sus planteles campeones respetaron una idea común: juego asociado, ida y vuelta, desequilibrio en el uno contra uno y *fair play*. En estos puntos se resume el pensamiento de Pekerman.

Bajo estos ideales se formaron sociedades inolvidables como Francisco Guerrero y Leonardo Biagini; Pablo Aimar y Juan Román Riquelme y Javier Saviola, Leandro Romagnoli y Andrés D'Alessandro. Todos pusieron su talento al servicio del bien colectivo. Además, los tres campeones tuvieron un capitán con sangre de Argentinos Juniors que lideraba desde el fondo: Juan Pablo Sorín, Diego Markic y Fabricio Coloccini.

El de Qatar 95 mostró personalidad y agresividad para volver a poner al combinado nacional en lo más alto después de años de frustraciones y algunos bochornos en torneos juveniles; el de Malasia 97 fue un lujo absoluto por el fútbol inagotable de dos números diez diferentes y complementarios ("le quieren poner un moñito a la pelota", graficó el DT) y el de Argentina 2001 fue un portento ofensivo en el que todos salían a la cancha con el único objetivo de llegar al gol. Tan buena fue la tarea de Pekerman y sus colaboradores Hugo Tocalli, Gerardo Salorio y Eduardo Urtasún, que fueron la opción obvia para tomar el mando de la Selección absoluta cuando Marcelo Bielsa renunció en 2004.

Con la base de sus planteles mundialistas más consagrados como Roberto Abbondanzieri, Roberto Ayala y Hernán Crespo y el adolescente Lionel Messi, Argentina completó una buena Copa del Mundo en Alemania 2006. Fue el equipo más sólido de la primera fase, en la que la impresionante goleada 6-0 sobre Serbia y Montenegro es recordada como una de las mejores actuaciones colectivas de la historia.

En cuartos de final cayó por penales contra el anfitrión en un accidentado partido que quedó marcado en la carrera de Pekerman como el día en el que Messi sufrió la derrota desde el banco de suplentes. El hombre que había hecho todo para que el rosarino de Barcelona se pusiera la camiseta nacional en detrimento de la de España (en 2004 junto a Tocalli organizaron un amistoso para "blindar" al fenómeno), recibió sangrientas críticas por no haber utilizado al crack de 19 años y sí darle minutos a Esteban Cambiasso y Julio Cruz. Así explicó su decisión el DT cinco años después de aquella eliminación: "Cuando fuimos al Mundial, Lionel no estaba consolidado en Barcelona. Yo lo alentaba para que tuviera paciencia. Le dije: 'Acá hay grandes figuras, este equipo está consolidado, trabajamos mucho para este Mundial, lo tuyo es algo sorpresivo y estamos contentísimos, vas a hacer tu aporte, pero mirá que hay jugadores que quedan en el banco que son impresionantes. Vos tenés que captar enseñanzas, entonces por ahí son pocos minutos y tienen que ser aprovechados; ganarse un lugar en plena competencia no es fácil'. Fue así y él vivió muy bien todo eso".

El karma de las decisiones tácticas en las instancias definitorias lo acompañó durante toda su carrera. Desde la final del Mundial 97 contra Uruguay, en la que Aimar no fue titular de forma sorpresiva, hasta el duelo contra Inglaterra en octavos de final de Rusia 2018 con la Selección Colombia, cuando decidió colocar un mediocampo con tres hombres de recuperación en lugar del esquema habitual con futbolistas de mejor manejo.

Aquel no fue más que un diminuto lunar en su ciclo en Colombia, donde es destacado como un revolucionario que en seis años logró llevar adelante un verdadero cambio mental y cultural en el fútbol de ese país. "El futbolista colombiano es genéticamente muy dotado en lo físico y lleva el fútbol en la sangre, hay potrero, hay barrio. Pero hay que trabajar en la mente, en la inteligencia, en la táctica, en el ordenamiento de los conceptos. Hay que actualizarse. Ustedes no saben el potencial que tiene Colombia", dijo en su presentación. Bajo su mando, el seleccionado de ese país volvió a un Mundial después de doce años de ausencia y logró las dos mejores actuaciones de su historia.

De perfil subterráneo, voz baja y andar lento, Pekerman pasó por encima de las polémicas con la sabiduría de un maestro. Lejano a las cámaras y a las entrevistas, su concepto más repetido es el valor del trabajo grupal: "Podés elegir correr solo, o trabajar en equipo y llegar lejos… ¿Qué decidís? Ir solo es más fácil, no tenés que ponerte de acuerdo con nadie, si la pifiás, la pifiás solo. En equipo es a otro precio".

Pocos entrenadores en las últimas décadas influyeron más que él en sus dirigidos. Lionel Scaloni, Walter Samuel, Aimar y Diego Placente, campeones en Malasia, hoy dirigen a la Selección mayor y a las sub 17 y sub 15. Lo hacen con los mismos métodos y la misma ideología. Así lo explica Placente: "Hay muchas cosas que nosotros subrayamos a diario con los chicos que nos repetía José: saludar a toda la gente, mirar a la persona que te habla y ser educados con todos. Tratamos de hacer cada cosa que nos instalaba

José; con el tiempo, cuando nos fuimos insertando en los clubes de Europa, terminamos de entender lo valiosas que habían sido todas sus enseñanzas. Él nos preparaba para lo que vendría en todo sentido".

# 5.G - REINALDO MERLO

## EL HOMBRE QUE HIZO POSIBLE EL MILAGRO

"Vamos a salir campeones", dijo Reinaldo Carlos Merlo con seguridad ante las cámaras de televisión al término del empate 1-1 entre su Racing Club y Banfield. El resultado y la actuación habían despertado dudas alrededor de un equipo que luchaba por ganar un título después de una sequía de 35 años. La afirmación fue mucho más que una forma de motivar a sus jugadores tras un mal resultado. Fue también la manera que encontró el director técnico de cambiar rápido un rumbo que podía trastornar la búsqueda de la gloria. Ya no servía el "paso a paso" con el que le quitó responsabilidad a sus dirigidos y buscó eludir la presión.

Con dos partidos por jugar y River Plate al acecho, solo quedaba mirar de frente a la posibilidad de ser campeón y jugar con esa autoridad ante Lanús y Vélez Sarsfield. Es imposible saber cuán importante fue ese giro discursivo de Merlo, pero Racing ganó los cuatro puntos necesarios y dio la vuelta olímpica en Liniers el 28 de diciembre de 2001, en plena crisis social y económica del malogrado gobierno de Fernando de la Rúa. Aquel día, esperado por generaciones de racinguistas, fue también histórico para el fútbol argentino. Y convirtió a Merlo en un entrenador inmortal.

"No se me salió la cadena ni nada ese día, fue la vez que más pensé una frase. La gente, después del empate con River, creía que salíamos campeones contra Banfield. Pensaban que River perdía con Lanús, nosotros ganábamos y se acababa todo. Yo sabía que eso no iba a pasar, que River iba a ganar. Y lo hizo, pero no esperaba que Banfield nos empatara. Y vi a esa multitud que se iba pensando que íbamos a perder el título y entonces metí la bomba psicológica. Yo no podía perder ese campeonato faltando dos fechas. Fue un mensaje para la gente: decirle a mí no me cabe, a ustedes tampoco, eh", expresó en una entrevista con la revista *Un Caño* en 2004.

Para él, la clave de aquel campeonato fue la capacidad de trabajo del plantel, una mezcla de jugadores que venían de pelear el descenso y varios refuerzos de buen nivel como el arquero Gustavo Campagnuolo, Gustavo Barros Schelotto y Rafael Maceratesi. "Aquel equipo tuvo todo el tiempo la presión de cortar los 35 años sin títulos. Fue algo único, no lo voy a olvidar nunca. A la quinta fecha estábamos primeros y la gente ya nos pedía el título. Paraba el ómnibus, lloraba... Era un equipo solidario, no era vistoso pero jugaba bien y dejaba todo dentro del campo. Tenían un espíritu tremendo, se pusieron en mente salir campeones y lo lograron", recordó el DT campeón.

En 2001, la carrera como entrenador de Merlo tenía pocos éxitos. Había dirigido a Los Andes en el ascenso, luego pasó seis meses por River, donde armó un utilitario equipo que Daniel Passarella condujo a la gloria, y entre 1991 y 1994 comandó a las selecciones juveniles durante el ciclo de su amigo Alfio Basile en la mayor. Antes de llegar a Racing, trabajó en Bolivia, Chile y Colombia. Toda su carrera como mediocampista central fue en River Plate, el club de su vida. En 15 años jugó bajo las órdenes de Ángel Labruna, Enrique Omar Sívori, Néstor Rossi, Didí y Delem, entre otros. De estilo recio, sacrificado y mucho menos vistoso que la mayoría de sus compañeros, supo convertirse en una pieza clave para el conjunto campeón de Labruna. "Para nosotros fue como un padre. En River él formó una familia. Era un amante de los grupos, pero también nos retaba cuando hacíamos algo mal", recordó Merlo sobre uno de sus principales referentes, de quien heredó la idea de que "el estilo de juego te lo dan los jugadores".

Rotulado como defensivo por analistas y "opinólogos", siempre buscó destacarse como un pragmático. "Mis equipos salen a ganar, ni siquiera a empatar. Y atacan todo el partido. Si no, no estarían siempre arriba. Algunos dicen que no juego lindo, ¿cómo no voy a jugar lindo si tengo a Carrusca (Marcelo) y a Sosa (José)? El problema es si no los pusiera juntos. Conmigo, los buenos juegan siempre. Aquel Racing no fue valorado como corresponde. Pero no me jode: yo estaba convencido de lo que hacía, y nos fue bien. Preguntale a la gente de Racing si está feliz o no con eso. Te digo más: si vos me preguntas cómo me gustaría que jugara un equipo mío, te digo como el River del 75, el del 79, o el Racing 2001. Porque ese Racing tuvo partidos brillantes".

El campeón de 2001 fue más sacrificado que defensivo. No tenía bellos recursos en ataque, pero sí era contundente. Antes del inicio del certamen, el sistema táctico iba a ser 4-4-2, pero tras una práctica fallida decidió implementar la línea de cinco, con Martín Vitali y Carlos Arano como laterales de mucho recorrido y Francisco Maciel, Gabriel Loeschbor y Claudio Úbeda en la zaga. En el centro del

campo, Adrián Bastía le daba equilibrio y salida y Barros Schelotto y José Chatruc trajinaban para que Maceratesi, Maximiliano Estévez y Diego Milito definieran.

Pasaron trece años para que Racing lograra un nuevo título de la mano de otro entrenador surgido de la cantera riverplatense, pero con ideas muy diferentes. Diego Cocca condujo al equipo que, con Diego Milito como bandera, logró el torneo de transición 2014. Con un planteo agresivo y de ataque, revivió aquel éxito de 2001. Cocca tuvo en Ricardo La Volpe, César Menotti y Daniel Passarella a sus principales maestros, además de atravesar una adolescencia marcada por las enseñanzas de Adolfo Pedernera en inferiores.

En 2005, Merlo tuvo su revancha en River, con un tormentoso final que tuvo como protagonista a Marcelo Gallardo. En ese momento el talentoso mediocampista era el gran referente y fue el encargado de expresarle al técnico el descontento por la forma de jugar, con una línea de tres incómoda no solo para el propio Gallardo, sino para la idiosincrasia del club en general. Merlo renunció a su cargo en medio de la pretemporada con una frase lapidaria: "Yo nací aquí y quiero a River más que muchos de ustedes". Tiempo después, le restó dramatismo a la situación: "Ya prescribió, es una cosa muy larga y no la voy a contar. No es una espina que me quedó, prescribió porque después me encontré con Gallardo y me saludó, todo bien". Lo reemplazó, al igual que en 1991, Passarella.

Formado en la escuela de River y con Basile como compañero de vida, Merlo decidió dotar a sus equipos de una idea propia. Decidió apostar al esfuerzo por sobre cualquier otro valor, como si su espejo en realidad hubiese sido él mismo en su etapa de futbolista. Fue el hijo díscolo de la escuela riverplatense. El desobediente que tomó otros caminos.

Los cuernitos inmortalizados en la estatua que le regaló el pueblo de Racing representan su respeto total por las cábalas y los ritos, aunque se haya cansado de repetir: "No creo en la suerte, creo en el trabajo".

# 5.H - MIGUEL ÁNGEL RUSSO

## EL NEXO ENTRE EL FÚTBOL DE BILARDO Y RIQUELME

En junio de 2017, Juan Román Riquelme afirmó: "Tuve la suerte de jugar con grandes jugadores en grandes equipos. Pero de las tres Copas Libertadores que mis compañeros me hicieron ganar, el equipo de Miguel Ángel Russo fue el que mejor jugó, sin dudas. Ganó la final 5-0, errando un penal. Es un gran entrenador y una gran persona que me ha ayudado a disfrutar mucho los meses que lo tuve como entrenador". Más de doce años después de la consagración de 2007 frente a Gremio, Riquelme eligió a Russo como el primer entrenador de su gestión como dirigente de Boca Juniors. Ese fue el reconocimiento más valioso para un referente de la dirección técnica de los últimos treinta años.

El último equipo de Boca campeón de América, que tenía al propio Riquelme como líder absoluto, tanto futbolístico como espiritual, jugaba con la armonía del que se sabe superior. Mauricio Caranta era el arquero y por delante de él jugaban dos laterales de mucha ida y vuelta como Hugo Ibarra y Clemente Rodríguez y dos centrales fuertes como Daniel Díaz y Claudio Morel Rodríguez. En el centro del campo, Ever Banega, Pablo Ledesma y Neri Cardozo hablaban el mismo idioma que el número diez, y en la delantera Rodrigo Palacio y Martín Palermo se complementaron muy bien. Fue un equipo tan inteligente como para saber aprovechar al mejor Riquelme de la historia.

"Este Boca es un equipo muy generoso. Busca, propone y llega", afirmó Miguel Ángel Russo en una entrevista con *La Nación* meses antes de la consagración internacional. Lejos de conformarse con esa audacia, para Russo a aquel equipo le faltaba mantener el equilibrio. "Lo ideal sería generar veinte situaciones de gol y que no te generen ninguna, pero eso en el fútbol es imposible. El rival también juega y no es lo mismo el que va y va que el que espera en su campo. A Boca no lo atacan y por eso nosotros proponemos a estos jugadores; los elegí yo. Uno asume riesgos. Es difícil encontrar equilibrio, pero más difícil es empujar un equipo. Cuando vos lo tenés arriba es más fácil bajarlo", declaró en la misma charla. Criado y formado en la escuela de Carlos Bilardo en Estudiantes de La Plata, Russo tuvo la flexibilidad necesaria para generar una evolución de ese mensaje. La enorme valoración de la función del enganche es el ejemplo más claro de esto. "Si los futbolistas saben leer un partido, la estrategia te ubica y, si le agregás la impronta, le sacás un provecho bárbaro. Me gusta jugar con enganche y para que se luzca debe haber un buen número 5. Si no, es muy difícil".

Debutó en la primera división de Estudiantes a los 19 años bajo la dirección técnica de Bilardo. En el campeón de 1982, Russo manejaba los tiempos desde el centro del campo y era el mejor intérprete de las ideas del cuerpo técnico. "Bilardo es el mejor psicólogo que tuve, el mejor maestro, todo. Yo nací en un club en el que a Carlos, a Juan Ramón Verón, a (Carlos) Pachamé y tantos más los veía como próceres. Es el día de hoy que me pongo de pie para saludarlos. Todos los días era una enseñanza, una historia viviente". A pesar de su obvia identificación con el cuadro platense, siempre rechazó las etiquetas: "Sería egoísta decir que un DT es el fruto de una de dos personalidades (Menotti o Bilardo). Creo que tenemos nuestras propias vivencias, y a partir de allí tratamos de recorrer un camino. Intentamos recoger lo mejor de cada uno de los técnicos que tuvimos como jugadores. Porque incluso no son los únicos dos estilos que existen. Está el inglés, el *alemán*, el español, el italiano... Yo trato de observar todo y luego formo mi propia idea", explicó en una entrevista con *El Gráfico* de 1992, un par de años después del comienzo de su carrera en Lanús.

Sí coincidió con su mentor en los tres conceptos básicos del fútbol: organización, movilidad y precisión. Para él, esto es solo un punto de partida y recién toma real sentido cuando los futbolistas comprenden su tarea y la llevan a cabo. Porque, en definitiva, todo depende de los jugadores. "Ningún equipo tuvo mi sello, porque el sello es siempre de los jugadores", aclaró en 2010.

Fue un "trota canchas", con pasos más y menos destacados por Chile, España, México, Colombia, Perú y Paraguay. Dirigió en cuatro ciclos a Rosario Central, donde se transformó en un hijo adoptivo que comprendió la identidad rosarina y la adaptó a sus principios personales. Es el caso más claro y extenso de comunión entre la escuela rosarina y las ideas de Zubeldía. El plantel que jugó los torneos de 2003 fue uno de los mejores de su carrera. Los jóvenes César Delgado y Luciano Figueroa en la delantera fueron los símbolos de un Central voraz y fresco que peleó el título con River y Boca. Otra de sus grandes creaciones fue el Vélez Sarsfield campeón del Clausura 2005, con Leandro Gracián como emblema futbolístico, y Lucas Castromán y Mauro Zárate en la ofensiva.

Similares recuerdos dejó en San Lorenzo en 2008, pese a que no supo mantener una ventaja de ocho puntos sobre Boca (dirigido por Carlos Ischia, ex ayudante de Carlos Bianchi) y perdió el título en el recordado triangular del Apertura con el cuadro boquense y Tigre. Los talentosos Pablo Barrientos, Andrés Silvera y Diego Rivero fueron los símbolos de ese plantel. Poco tiempo después, en 2011, dirigió a un Racing que tenía momentos de fútbol preciosista gracias a los colombianos Teo Gutiérrez y Gio Moreno, quizás el diez más parecido a Riquelme que disfrutó Russo.

Como se puede ver, lejos están estos equipos de destacarse solo por su capacidad para destruir y defender. Son cuadros pensados para jugar en campo rival, para sostener la posesión y desde allí lastimar. Como también lo fue su primer Estudiantes, que ascendió tras una campaña récord en la B Nacional 1994/95. Los talentosos Juan Sebastián Verón, Rubén Capria y José Luis Calderón fueron los pilares del equipo que dirigió en dupla con Eduardo Luján Manera.

El final de su última experiencia (hasta 2021) en Boca no le hace justicia a su larga y coherente trayectoria. En sus primeros meses potenció a Carlos Tévez como el líder futbolístico de su equipo. No desde la posición de enganche pero sí con las atribuciones del puesto. Ordenó el vestuario tras la salida de Gustavo Alfaro y se coronó campeón de la Superliga 2020. Enseguida irrumpió la pandemia del covid-19 y ese impulso renovador se vio frenado. Con el correr de los meses, su equipo perdió frescura y, casi en simultáneo, retrocedió en la cancha. Hasta convertirse en un conjunto casi temeroso, al que le costaba imponer condiciones y hacerse dueño de los partidos.

A diferencia de muchos de sus colegas, para Russo el fútbol cambió y mucho en los últimos años. "Cambian los pensamientos y la tecnología. A ver, la pelota sigue siendo redonda, hay que dársela a los del mismo color de camiseta, todos tienen que atacar y tienen que defender. Pero cambió la sociedad y los valores. Cuando yo arranqué como entrenador, había una sola preocupación que era jugar a la pelota. Hoy tienen diez cosas. El mundo ha cambiado. La tecnología. La sociedad. La droga. La seguridad. Los padres están más encima de los chicos (...) Los chicos han perdido libertades y eso retrasa su crecimiento. Si no están vigilados o cuidados, no los dejan salir de la casa. Y eso al futbolista lo hizo perder una impronta natural que teníamos de naturaleza, de la calle misma", declaró en 2019, en diálogo con el sitio oficial de la Copa Libertadores.

Según su opinión, la impronta natural tiene la misma trascendencia para un futbolista que el orden táctico y la estrategia. Allí aparece la diferencia más clara con respecto a su maestro. En este sentido, Russo siempre ha sido muy claro: "Priorizo a los que juegan bien. La intensidad y el trabajo táctico se pueden igualar o mejorar, pero este deporte es tan apasionante por el talento aplicado a una intensidad y a un orden".

# CAPÍTULO DOS

## (1931-1958)LA ERA PROFESIONAL, LOS DORADOS CUARENTA Y LA APARICIÓN DE LOS ESTILOS

En 1931, la irrupción del profesionalismo profundizó y consolidó las distintas maneras de ver, practicar, dirigir y sentir el fútbol. Las diferencias estéticas que ya existían desde el siglo XIX encontraron un contexto mucho más favorable para desarrollarse, más allá de que durante esta etapa casi todos los equipos de Argentina jugaron con el mismo sistema táctico, en sintonía con el resto del mundo. La preocupación de los aficionados ante la irrupción de los vicios del dinero no fue poca, pero el espectáculo no solo no se deterioró, sino que se masificó y enriqueció. El periodista Chantecler, pluma destacada de la revista *El Gráfico*, escribió en 1934 que el juego ganó en intensidad y rapidez al mismo tiempo que vio disminuidas su armonía y belleza. Matizó, de todos modos, que el estándar general mejoró de forma considerable y valoró el hecho de que esa evolución impulsara a la Selección en el plano internacional. El campeonato rentado le dio "un gran empujón" a los clubes, según palabras de Carlos Isola, uno de los futbolistas símbolos de los años diez. El ex arquero de River Plate recalcó el beneficio que resultó de la mediatización del juego en diarios, revistas y radios, lo que impulsó todavía más su carácter de fenómeno cultural de masas.

En definitiva, desde 1931 las herramientas otorgadas por el profesionalismo generaron las condiciones para que jugadores y directores técnicos pudieran conocer mejor el deporte, estudiarlo y entrenarlo, para así dar comienzo a la era dorada del fútbol argentino, en la que la imposibilidad de disputar una Copa del Mundo por la Segunda Guerra mundial (no se jugaron en 1942 y 1946) y por decisiones administrativas y políticas (Argentina no participó

en 1950 y 1954) no le permitió a muchos de los mejores representantes de la historia ganar el máximo título internacional. Ese espejismo de los cuarenta finalizó en 1958, cuando en el Mundial de Suecia el combinado nacional sufrió una derrota 1-6 contra Checoslovaquia que hizo temblar todas las estructuras y puso en duda hasta lo más profundo de la identidad futbolera argentina.

# 2.A - EMÉRICO HIRSCHL, JORGE ORTH, FRANZ PLATKO

## HUNGRÍA, TIERRA DE MAESTROS

La influencia de los mentores húngaros en el desarrollo y en la creación de la identidad del fútbol argentino no tuvo solo que ver con el deslumbramiento generado por Ferencvaros en su visita de 1929. Continuó hasta después de llegado el profesionalismo y se afianzó con la llegada de varios directores técnicos nacidos en la cuenca del Danubio.

El primero fue Emérico Hirschl, un aventurero que según la leyenda popular fue futbolista del mismísimo Ferencvaros, aunque no existen registros oficiales de su campaña como jugador y su compatriota Bela Guttman, gloria del deporte de su país, afirmó que no era más que un inmigrante de profesión carnicero con el descaro necesario para ganarse un lugar en la delegación viajera.

Hirschl sí integró el plantel de Hakoah All Stars, un club estadounidense que solo tuvo dos años de vida y visitó Buenos Aires en 1929. Ese mismo año, el empresario brasileño Francesco Matarazzo, uno de los hombres más ricos de Sudamérica, lo conoció mientras estaba de viaje en Francia y lo contrató para que trabajara en Palestra Italia (actual Palmeiras), institución de la que era presidente honorario. Allí formó dupla con el también húngaro Eugênio Medgyessy, quien sí jugó en el lujoso Ferencvaros. Aprendió de él, estudió a conciencia, se capacitó y en 1933 Gimnasia y Esgrima La Plata lo contrató como director técnico. El club platense sabía lo que era contar con un entrenador encargado, ya que había sido campeón en el torneo amateur de 1929 con el preparador físico José Ripullone como líder de grupo. Hirschl continuó el buen trabajo físico que hacía su predecesor, pero cambió varios hábitos entre los que se destacaron los movimientos tácticos con balón y los entrenamientos diarios. Además, se ocupaba del peso y la alimentación de sus dirigidos, una extravagancia en la época, y valoraba el concepto de equipo por sobre cualquier arrebato individual. El *half* Alberto Palomino afirmó: "El Maestro me hizo reflexionar sobre lo positivo de la gambeta pero aplicada al movimiento del equipo". El húngaro llegó como un charlatán, pero fue quien impuso en Argentina a la táctica como un elemento fundamental del juego.

Aquel Gimnasia peleó el tercer campeonato de la era profesional en 1933 y fue bautizado como "El Expreso", porque "no se detenía ante ningún rival". Fue, quizás, el primer equipo cuyo principal objetivo era mantener el orden táctico para desde allí imponerse. Finalizó primero en la ronda inicial, pero los errores arbitrales y una huelga por falta de pago de los premios lo alejaron del título, que quedó en manos de San Lorenzo. La idea ofensiva se sostenía en el trabajo de la línea media, "las tres M": Oscar Montañez, José María Minella y Ángel Miguens.

Fue Minella la pieza clave del Expreso y de la carrera de Hirschl como entrenador. Debutó como centrodelantero, pero en 1931 pasó a jugar de *centrohalf* por la lesión de Pedro Chalú y desde allí redefinió una forma de entender el puesto. En las páginas de *El Gráfico*, el periodista Juvenal lo explicó así: "Era *centrohalf*, número cinco como le decimos hoy. Eje y motor de su cuadro, señorial, dueño de un excelente manejo, se lo respetaba tanto en su club y en todos lados que lo llamaban Don Pepe. Además de ser extraordinario jugador, nació para ser capitán y ganador, por su personalidad, su ascendiente natural sobre los compañeros y su caballerosidad. La historia del puesto del centro *half* debe dividirse en dos etapas: antes de Minella y después de Minella".

El equipo de Hirschl jugaba al ataque no solo por la calidad de sus delanteros Arturo Naón, Armando Zoroza e Isidro Morgada, sino también por el meticuloso trabajo colectivo y por la preparación física. Tenía un ritmo y una intensidad superior a todos sus adversarios debido a la implementación de entrenamientos específicos para cada futbolista y al desdoblamiento de las cargas a lo largo de toda la semana. Esos atributos llamaron la atención de Antonio Vespucio Liberti, el presidente de River Plate que buscaba un entrenador para reemplazar al preparador físico Víctor Caamaño, quien ocupó el cargo en los primeros años del profesionalismo y ganó un campeonato de primera división y una Copa Competencia. El húngaro llegó a Núñez en 1934, logró seis títulos oficiales y terminó de afianzar la idea futbolística identitaria del club.

Promovió a José Manuel Moreno y Adolfo Pedernera e introdujo en el fútbol argentino la táctica *WM* que el inglés Herbert Chapman había comenzado a utilizar tiempo atrás en Arsenal de Londres. La misma consistía en la modificación del universal 2-3-5 por una especie de 3-2-2-3, en el que se sumaba un defensor más para contrarrestar el cambio de la ley del *offside* de 1925 y generar mejores posibilidades para salir desde el fondo con pases. Para el torneo de 1936, Hirschl contrató a Minella desde Gimnasia y le dio la responsabilidad de actuar en ese nuevo rol. Él era capaz de interpretarlo mejor que nadie. Por delante jugaba la dupla Renato Cesarini-Carlos Peucelle y en la delantera los adolescentes Pedernera y Moreno junto a Bernabé Ferreyra, el mejor atacante de ese tiempo y uno de los mejores de la historia por potencia, inventiva, velocidad y carisma. Fue uno de los mejores equipos de todos los tiempos y el germen de "La Máquina".

"Ningún técnico gana un partido ni hace a un jugador. Yo en mis años de entrenador jamás dije 'gané tal partido' o 'hice a tal jugador'. El futbolista cuando llega a primera ya sabe todo. Solo le falta aprovechar mejor sus energías y tener experiencia. Al jugador hay que convencerlo de que es un fenómeno aunque sea un mediocre. Yo no enseño fútbol. Sería ridículo pretender enseñar fútbol en *el país* en el que mejor se juega". En esas palabras se puede encontrar la idea de Hirschl. Es el mismo pensamiento de decenas de directores técnicos a lo largo de cien años en Argentina.

No fue el único húngaro que dejó su huella en *el país*. György Orth y Francisco Platko lo secundaron con menor éxito pero similar influencia. El primero fue discípulo directo de Jimmy Hogan (lo dirigió en MTK Budapest) y trabajó en San Lorenzo y Rosario Central en los cuarenta, mientras que Platko, histórico arquero de Barcelona, pasó con poco éxito por River y por Boca en la misma década aunque sí marcó una época en Chile, donde introdujo la WM y logró varios títulos con Colo-Colo.

En 1946 escribió una guía llamada *Arte y ciencia del fútbol moderno* en la que afirmó: "No hay en el fútbol táctica o estrategia fija que conduzca al triunfo. Y justamente esa es la magia del juego, que hace imposible los partidos uniformes. El equipo que sigue una formación fija, sin importarle el desarrollo del juego, es un equipo perdido. Transitoriamente puede alcanzar buenos resultados (...) pero al darse cuenta el adversario de cuáles son las claves para neutralizar estas formaciones especiales, la formación preparada con la mayor inteligencia y astucia se convierte en algo sin vida".

Las ideas de Orth son similares: "Se puede jugar al fútbol de dos formas, bien o mal. No existe el intermedio 'regular'. Se sabe jugar o no se sabe. Juega bien al fútbol únicamente quien domina la pelota (...) Hay que agregar el sacrificio dentro y fuera de la cancha. Ese sacrificio puede ser tanto físico como moral. Uno de ellos está representado por el entrenamiento físico. Hoy hay que pensar que tan importante como jugar es poder correr al mismo ritmo (de ser posible este absurdo), durante los noventa minutos. Si un gran dominador de pelota termina con sus energías antes de tiempo ya no sirve ni siquiera como eso porque en ese caso obstaculiza el trabajo del conjunto (...) Es una gran mentira que al fútbol se juega corriendo, pero un equipo dominador de pelota debe tener también el arma de un equipo corredor. Esto es velocidad y resistencia para que el ritmo sea dinámico. Muy dinámico (...) El fútbol es un juego y hay que jugarlo. No es una demostración de vitalidad física. Se trata de demostrar mayor vitalidad cerebral. Gana el más inteligente, el más hábil, no el más veloz. Pero puede ganar el más veloz si el más hábil o inteligente no tiene velocidad. Para la velocidad basta hacerse. La tradición del fútbol argentino es el dominio de la pelota y la picardía. Por picardía entiendo no las malas artes sino la rapidez mental. Lo que debe cambiar en el fútbol argentino es la organización y el sentido de la responsabilidad, no la forma de jugar que tantas satisfacciones le ha dado".

## 2.B - CARLOS PEUCELLE

### EL ENTRENADOR QUE NO QUERÍA SERLO Y EL ESTILO RIVER

Carlos Peucelle renegaba de la etiqueta de "director técnico". Lo fue en una época en la cual la profesión empezaba a ganar notoriedad mediática y a convertirse en imprescindible, pero jamás se hizo cargo de la importancia del puesto. Sus primeros años después del retiro los dedicó a la docencia en las divisiones inferiores, su verdadera vocación, y en 1946 se vio casi obligado por los propios futbolistas profesionales a tomar las riendas de la primera división de River Plate, el cuadro de toda su vida. Ofuscado por la situación, decidió quitar las clásicas letras "DT" de su buzo de trabajo por la "M" de masajista, con el argumento de que en realidad la abreviatura era de "Decí Tonto".

En su libro *Fútbol todotiempo*, Peucelle profundizó acerca de la inutilidad del técnico. "Yo estuve dentro de la cancha 17 años y nunca vi que lo que se produce como juego dentro de un partido viniera de un maestro de afuera. Siempre salió de los jugadores. No es correcto hablar de esquemas ni tácticas en fútbol, porque además de estar todo sujeto al elemento humano que se junta o que se da, para jugar bien al fútbol hay que funcionar con los diez hombres de campo. La única táctica aceptable como valedera para ser llevada del pizarrón a la cancha es la del 1-10. Es la única que tiene vigencia durante los 90 minutos, se juegue al ataque o se juegue a la defensiva. Se puede sintetizar diciendo que el puntero aprende a marcar y el defensor aprende a avanzar. Los jugadores del mediocampo aprenden a rotar con su eje delantero. Ese es el funcionamiento ideal de un equipo y de allí todo lo que puede ocurrir dentro de una cancha, sea para ganar, para no perder, para luchar o para crear (...) Porque el fútbol necesita del amor del casamiento. No es para divorciados ni separados. Es para casados que se junten, única manera de asegurar la pelota". Allí aparece el punto de contacto con la idea de los Profesores de Estudiantes.

Se dice que Carlos Peucelle fue el creador de la Máquina, el cerebro detrás de uno de los equipos icónicos de la historia del fútbol mundial. "La Máquina fue un invento de Doña Rosa, la mamá de Adolfo Pedernera", respondía con humildad ante aquella afirmación. Lo cierto es que aunque el nacimiento "oficial" de la delantera formada por Juan Carlos Muñoz, José Manuel Moreno, Pedernera, Ángel Labruna y Félix Loustau fue en un 6-2 contra Chacarita Juniors en junio de 1942, la gestación ocurrió casi un año antes, cuando Renato Cesarini, el entrenador en ejercicio, colocó a Pedernera en el centro del ataque para que oficie como conductor.

El verdadero ideólogo de ese cambio posicional fue el propio Peucelle, quien todavía jugaba como puntero derecho. "Ponelo a Adolfo de *centroforward*, que con él juegan todos. Con D'Alessandro (Roberto) todos tenemos que jugar para D'Alessandro". Así, Pedernera dejó de ser un "tapa-agujeros" sin puesto fijo y se convirtió en el líder de la delantera, en el socio de todos. Según Peucelle, todos los rivales de la Máquina salían a defenderse, a ceder la posesión. Recuerda un partido contra Lanús en la que tuvieron la pelota ochenta minutos, contra diez jugadores en posición defensiva con solo Luis Arrieta en la delantera. En dos contragolpes, sufrieron dos goles en contra y perdieron el partido. "Siempre la actitud instintiva del que se sabía menos fuerte fue ir a la defensiva como primera medida de seguridad. El fútbol es siempre el material humano que lo juega. No hay fútbol moderno ni fútbol antiguo, es bueno o malo. Tampoco ofensivo o defensivo. No hay fútbol si es solo ofensivo y expuesto a ser goleado, y tampoco lo hay, si es sistemáticamente defensivo. Debe haber ataque-defensa y defensa-ataque. *Todacancha*."

Aunque Peucelle jugó en la Selección Argentina subcampeona del mundo con Nolo Ferreira y Scopelli, dos pensadores del fútbol con los que compartió buena parte de sus ideas, su principal influencia debe buscarse bien lejos de las luces de la primera división. Fue Félix Roldán, un vendedor de diarios pariente del poeta Belisario, el hombre que más contribuyó en su formación. Para Roldán solo existía un jugador capaz de ganar partidos: el hábil. Era hincha de Racing Club, pero tal era su convicción acerca de lo que él creía el "buen fútbol" que la contratación de Evaristo Barrera, un goleador potente y un tanto tosco, lo alejó del cuadro de Avellaneda. Cuando River pagó por Peucelle la impresionante suma de diez mil pesos, llegó con él Roldán para hacerse cargo de las divisiones inferiores. La dupla que había costado una fortuna, se convirtió en el mejor negocio de toda la historia para el club de Núñez.

Entre otros, Roldán impulsó la llegada de Pedernera y creó las condiciones para la formación de la Máquina. Sus equipos juveniles no ganaron campeonatos, pero sí interpretaron una forma de jugar de forma asociada más allá de las posiciones fijas. Cuando Roldán murió en 1941, Peucelle ya sabía que su misión sería continuar su tarea docente. "En la hora de orientar chicos tenemos que estar con la cabeza bastante fría para quedarnos con el que juega, aunque no gane. El objetivo es jugar bien. La plata con la que todos sueñan, desde el padre, pasando por el dirigente, el preparador técnico y físico y el mismo chico, viene con el buen juego". Sobre el rol del maestro en el fútbol es claro: "La escuela del fútbol no puede existir. Por allí se habla mucho de la escuela de River. Se refieren al estilo que salió con la Máquina y que no pudo transmitirse a ninguna otra generación, prueba terminante de que a jugar no se puede enseñar. La técnica del juego sí se enseña y se aprende, pero el juego no se puede enseñar y hay casos en los que se aprende por adquisición espontánea de conocimientos del jugador que madura, que piensa mejor".

Cuando Peucelle hablaba de la táctica "1-10", se refería a que todos los futbolistas deben estar preparados para afrontar todas las circunstancias del partido. Para él, los roles y las posiciones no eran más que un punto de partida: "Todos deben ser marcadores cuando pierden la pelota y todos pasan a ser jugadores cuando la pelota es de ellos. Por supuesto, eso es imposible de modo total. Vale como principio general. Por eso no hay marcación que no tenga réplica y tampoco hay sistema ofensivo que no tenga respuesta defensiva. No hay esquema fijo que se pueda llamar constante; todos duran unos pocos segundos".

En el libro *Fútbol, dinámica de lo impensado*, Dante Panzeri rescata un diálogo entre Néstor Rossi y Peucelle que sirve para ejemplificar aquella idea de que toda la verdad la tienen los futbolistas, más allá de los planes de los entrenadores. En 1947, Peucelle ya estaba lejos de la primera división cuando Rossi le pidió un consejo acerca de una decisión del director técnico José María Minella, quien lo obligaba a jugar más preocupado por la marcación del diez rival que por la creación de juego. "Vos jugás adelantado y quedás forzosamente fuera de distancia para marcar a tu hombre. Sos muy lento, no tenés quite y eso te agrava el problema. Deberías dirigirte

a la persona encargada con el fin de que haga marcar al punta de lanza por un defensor con más movilidad". El jugador le contestó que ya le había hecho eso y Minella no entendió razones y le repitió que solo debía marcar al diez. "¿Preferís que te saquen del equipo por jugar mal o por jugar bien?", respondió Peucelle. Al domingo siguiente, Rossi se dedicó a jugar como él creía conveniente y tuvo una destacada actuación. Por supuesto, no salió más del equipo.

Aunque el equipo de Emérico Hirschl en el que él formaba una recordada dupla de mediocampistas junto a Renato Cesarini ya había mostrado una identidad clara de ataque, pases y talento individual, se puede decir que lo que se conoce como "estilo River" tuvo en Peucelle a su padre. Ideas claras y capacidad para transmitirlas, como lo explicó Adolfo Pedernera, uno de sus más aplicados alumnos: "Aprendí de Peucelle que los chicos deben salir primero buena gente y nos enseñó que antes que nada debemos ser buenos compañeros y que después podía venir la amistad. Por eso me gusta hablar con los del infantil y del fútbol amateur. Lo corrían las aulas porque había nacido con el docente adentro. Cada vez que nos decía algo individual o colectivamente era una lección de vida que nos daba. Siempre aprendíamos algo con él". Y también devolvió la pared de la Máquina y Doña Rosa: "A la Máquina no la hizo nadie, pero si alguien tuvo algo que ver, ése fue Peucelle".

# 2.C - ERNESTO LAZZATTI

## EL FÚTBOL ES DE LOS JUGADORES PERO TAMBIÉN DE LOS TÉCNICOS

Ernesto Lazzatti llegó a Boca Juniors a los 17 años desde Ingeniero White, una localidad del partido de Bahía Blanca, después de que un dirigente leyera una carta enviada desde el club Puerto Comercial en la que se recomendaba a un *centrohalf* joven y con futuro de estrella. No se fue nunca más. Se convirtió en símbolo de la identidad boquense, primero como futbolista y luego como entrenador. "Cuando llegué de Bahía Blanca, además del fútbol, me preocupaba la situación de la familia. Por entonces encontré amigos como Mario Fortunato y Roberto Cherro, y ellos dos en la cancha, y otros fuera del fútbol, me ayudaron mucho". Diez años le llevaba Fortunato, el director técnico que lo hizo debutar en primera división y que lo colocó bajo su ala hasta convertirlo en su mejor discípulo. Como futbolista, fue el primero de los muchos cracks apodado *Pibe de oro*. Era "inteligente, técnico por excelencia, de invariable plenitud física y clara visión del juego de quite y apoyo. No hay duda de que fue la llave de Boca durante largas temporadas y la solución de los mil y un problemas de concepción de juego de la escuadra xeneize", tal como se lo describió en el libro *Historia del fútbol argentino*. Esa misma capacidad de comprensión del juego fue lo que lo convirtió en un director técnico de excepción para la historia de Boca.

En sus dos ciclos como DT solo dirigió 64 partidos, suficientes para dejar una huella. Se hizo cargo del plantel en 1950, después de 13 años como futbolista. El último título boquense había sido en 1944, bajo la dirección de Alfredo Garasini, integrante del recordado plantel de los años veinte.

En 1950, Lazzatti fue subcampeón de Racing Club y enseguida abandonó la función para regresar en 1954, cuando sí logró el campeonato. Aquel equipo rompió una sequía de 13 años y terminó de moldear la identidad de Boca. Según la crónica de *El Gráfico* escrita por Félix Frascara, "Boca, el de los grandes triunfos, fue siempre un cuadro práctico, sobrio y vigoroso, con una defensa técnicamente superior al ataque y la delantera en la que hubo ansia y visión de gol". Virtudes similares a las de otros campeones boquenses a lo largo de las últimas seis décadas.

Lazzatti era pragmático, aunque como Peucelle también descreyó de la importancia de la función del entrenador y jamás se sintió uno de ellos. Para él también el fútbol era solo de los jugadores. La principal diferencia entre ambos es que para el ídolo de Boca el técnico sí era capaz de darle una identidad. De hecho, según una de sus habituales columnas en *El Gráfico*, la misión del entrenador debía comenzar con la selección de hombres capaces de interpretar el estilo por él concebido y continuar por el convencimiento de esa idea. "De la habilidad del director depende conseguir aglutinar las virtudes individuales en un conjunto equilibrado, generoso". O sea, los únicos dueños del circo son los jugadores, pero si el plantel tiene buenos defensores, entonces la idea será defender lo mejor posible para acentuar las virtudes propias.

"No creo en las tácticas fijas. Entiendo que deben ser elásticas y que es preciso actuar de acuerdo con el contrario, variando planes en relación con la capacidad y la modalidad de los mismos". Otro concepto claro. No hay una sola forma de jugar, sino diferentes maneras de plantear los encuentros de acuerdo a los adversarios. Es una idea que siempre existió pero que con el título de 1954 fue legitimada. Su equipo se adaptaba, pero jamás resignaba la búsqueda ofensiva. En una columna de 1959 se puede comprender el valor de interpretar lo mejor posible ambas facetas según su visión: "El error nace porque hoy los chicos son elegidos para un puesto, un número, una misión: el 4 marca al 11, el 2 al 9 y así sucesivamente. El futuro jugador tiene ya señalado su camino. Llega a primera sin saber otra cosa que eso que le enseñaron. Se mató su iniciativa, su espíritu de creación (...) Se sistematizó el fútbol. Se anuló la personalidad de los jugadores y, por tanto, de los equipos". Lazzatti criticó la ausencia de espectáculo a finales de los cincuenta y principios de los sesenta, y culpó a los entrenadores que se formaron en Italia y regresaron al país con esas nuevas nociones tácticas.

Su principal lucha era contra el fútbol estático, contra la estandarización de la manera de plantear los partidos. Cada futbolista debía conocer del mejor modo posible todas las facetas del juego y poner esos conocimientos en servicio de la disciplina del equipo. "En nuestro medio, el futbolista no se hace, nace; si le ayudamos a cultivar lo que trae, respetando su personalidad, alentando sus virtudes y corrigiendo sus defectos; dejándolo tomar vuelo sin especializarlo, lograremos un futbolista bien dotado".

Si el Boca campeón 1954 tuvo un futbolista clave, ese fue Eliseo Mouriño, el único *centrohalf* capaz de calzarse los zapatos de Lazzatti tras su retiro. De apariencia reservada y tímida, fue el "técnico dentro de la cancha" del legendario Banfield que perdió la final contra Racing Club en 1951 ante la atenta mirada de Eva Perón en el viejo Gasómetro. Según los futbolistas Héctor D'Angelo y Luis Bagnato, aquel equipo jugaba con un 4-2-4 siete años antes de que el Brasil de Vicente Feola expusiera ese esquema ante el mundo, que lo adoptaría como hegemónico en los años posteriores.Cuando el juego y el rival así lo exigían, Mouriño se ubicaba en la línea de fondo como cuarto zaguero.

Los entrenadores del Banfield subcampeón de 1951 fueron el dirigente Félix Zurdo y el kinesiólogo José Ildefonso Martínez, aunque el DT anterior, Emilio Baldonedo, también fue importante en la creación del estilo. Así recordó Baldonedo a Mouriño, su mejor hombre: "él tenía la virtud de que cuando veía que algo no funcionaba se tiraba al piso simulando estar lesionado. En aquellos tiempos a los técnicos nos permitían entrar. Cuando yo veía que el gallego se tiraba sabía que no le pasaba nada, entonces entraba, hablaba con él, y después se encargaba de arreglar todo adentro de la cancha. Era un conocedor profundo del fútbol". Baldonedo fue un típico entrenador de la época pre-Suecia, discípulo leal de Stábile.

Preparado en lo físico por el revolucionario Adolfo Mogilevsky, pionero de la materia en el fútbol argentino, fue mucho más que un cuadro humilde que estuvo a punto de derrotar al poderoso Racing de Guillermo Stábile. Fue el primer plantel en el que se estableció una dinámica grupal de entrenamientos y de charlas técnicas. El primero en el que los integrantes generaron una relación social por la mera necesidad de conocerse para jugar mejor al fútbol. "Mouriño era el DT virtual. Tenía gran ascendiente sobre sus compañeros. De buen lenguaje, nunca puteaba a nadie en la cancha. Pero el día del partido, era el patrón del equipo", explicó Mogilevsky y agregó: "Pudimos fomentar que los jugadores dialogaran entre ellos, porque la nota preponderante del fútbol de entonces era que nadie conversara con sus compañeros. Muchas cosas se pueden corregir si se señalan los defectos cometidos en la cancha. Entonces se estableció, creo que por primera vez en el fútbol argentino, una dinámica en la que todo el mundo sabía qué es lo que había que hacer. Eso no era frecuente. Los técnicos como Stábile charlaban con los jugadores por separado. El hablar con todos no existía".

# 2.D - ADOLFO CELLI

## OTRO CURSO DE LA ESCUELA ROSARINA

Desde principios de siglo, el fútbol rosarino tuvo en el talento individual y la capacidad colectiva sus principales armas pelear mano a mano con los gigantes de Buenos Aires. Más allá de que recién se incorporaron a la primera división de forma definitiva en 1939, sus mejores exponentes realizaron un aporte fundamental en el desarrollo del fútbol nacional desde siempre. Isaac Newell por Newell's Old Boys y Miguel Green por Rosario Central inauguraron una estirpe de futbolistas que supieron combinar el juego de potrero con la picardía criolla y la fortaleza del hombre del interior. Luego, Harry Hayes y Gabino Sosa llevaron ese estilo a lo más alto en el amateurismo. Y durante los primeros años de la era profesional Adolfo Celli tomó la posta y formó, con las mismas cualidades de sus antecesores, el primer equipo rosarino que se destacó entre los cuadros porteños y bonaerenses.

Antes de llegar a la dirección técnica en 1939, Celli fue un gran defensor central. Aunque sus características como futbolista lejos estaban del estilo rosarino, el hecho de haber compartido plantel con fenómenos de la talla de su hermano Ernesto, Julio Libonatti y, claro está, el mismísimo Sosa, le sirvió para incorporar aquellos ideales. Participó de la fundación de Colón de Santa Fe y allí comenzó su carrera para emigrar a Rosario en 1917. Su compañero de zaga, Florindo Bearzotti, recordó en una entrevista con *El Gráfico* un partido de 1921 frente a Boca Juniors en el que entre ambos y el arquero Octavio Díaz, se bancaron un peloteo impresionante de la delantera formada por Pedro Calomino, Juan Pisa, Guillermo Dannaher, Raúl Echeverría y Julio Rivet: "se terminaba un avance y venía otro sin un minuto de tregua. Había que rechazar como se podía, sin tomar aliento y cuando aflojábamos nosotros Octavio en el arco atajaba hasta lo que parecía imposible. Entre los tres nos reíamos de estar haciendo algo impresionante". Tuvo todas las virtudes necesarias de un gran *back*: potencia, temperamento, juego aéreo, voz de mando, inteligencia. Además, era un líder nato y tenía un físico privilegiado. Se retiró tras sufrir una gravísima lesión el día del "primer gol olímpico de la historia", en octubre de 1924. En la cancha de Sportivo Barracas, Argentina venció 2-1 a Uruguay, el campeón olímpico reinante, con un gol directo desde un tiro de esquina de Cesáreo Onzari. Ese partido histórico marcó el final de la carrera de Celli como jugador y el comienzo de su tarea como entrenador o, como le dicen en Newell's, como "maestro".

Tras su retiro fue representante de Newell's en Buenos Aires, donde conoció a la perfección a todos los futuros rivales y en 1933 regresó a Rosario para comenzar a trabajar en el club. Más allá de las buenas campañas en primera división, su legado más importante tiene que ver con la formación de jugadores. Lideró una verdadera revolución y creó un sistema de captación de talentos sin precedentes en el fútbol nacional. Gracias a la idea de Celli, Newell´s fue el primer club en salir a buscar futbolistas por todo *el país*. Convirtió a la institución rojinegra en una verdadera escuela de cracks. Si existieron Ernesto Duchini, Jorge Griffa y José Pekerman, fue porque antes existió Adolfo Celli.

En sus primeras cuatro temporadas en el fútbol de AFA, Newell's finalizó dos veces en la cuarta posición y una vez tercero. En la disputa eterna con Rosario Central, terminó siempre arriba en la tabla. El equipo de Celli tenía en la delantera su principal argumento. Juan Gayol, José Cantelli, René Pontoni, Mario Morosano y Juan Silvano Ferreyra formaban una línea de ataque hábil, rápida y potente. En 1941 lograron un histórico 5-0 sobre Central, terminaroncomo el conjunto más goleador y subieron al podio por primera vez en la historia.

Fue el propio Pontoni quien mejor recordó al DT: "Gritón, incansablemente gritón, desapacible, nervioso y a veces maleducado. Sus voces de mando llegaban al jugador antes que la pelota, indicándole qué debía hacer. Y lo hacía". En una época en la que el entrenador tenía mucho menos incidencia en el juego, la verborragia del santafesino era un rasgo bien destacado. El mismo Pontoni explicó muy bien su idea: "era muy inteligente, a su manera, muy inteligente. Con una manera de hablar muy clarita, muy entendible. Tenía calle. Sabía ver los partidos y era buena persona. Siempre el rosarino se destacó por lo habilidoso, a veces empalagoso. Celli decía 'no tanto querido, no te la lleves a casa, no la lleves de acá para allá, hacela más corta, más rápida, más práctica'". Respeto por el estilo y a la vez búsqueda de la máxima eficacia.

# 2.E - RENATO CESARINI - JOSÉ MARÍA MINELLA

## LA MÁQUINA, CUMBRE DEL FÚTBOL NACIONAL

Es difícil encontrar dos hombres tan disímiles con ideas futbolísticas tan complementarias. En el caso de Renato Cesarini y José María Minella aquello de "se juega como se vive" pierde todo sentido. Fueron los continuadores -y perfeccionadores- del trabajo de Emérico Hirschl en River y los creadores de la Máquina, el equipo más representativo de los primeros cincuenta años de *historia del fútbol argentino*. Con diferentes modos, desde diferentes lugares y con diferentes estrategias, ambos personificaron una misma filosofía: la del juego de ataque con organización y pases cortos.

Cesarini nació en Italia y a los dos años de vida se trasladó junto a su familia a Buenos Aires, donde realizó buena parte de su carrera futbolística. Jugaba como *inside* y llegaba al gol con regularidad. Debutó en Chacarita y en 1929 regresó a Italia para jugar seis años en Juventus. En 1936 y 1937 jugó en el River campeón de Hirschl, a quien supo interpretar tan bien como Minella.

Se hizo cargo de la dirección técnica después del paso fallido del húngaro Platko, cuyo aporte en la nueva forma de ver el fútbol profesional fue de todos modos importante. La capacidad para gestionar las estrellas de aquel plantel fue uno de sus secretos. Tan cierto como que la idea del cambio posicional que dio origen a la Máquina fue de Carlos Peucelle es que Cesarini mantuvo esa modificación y afianzó el trabajo colectivo del equipo. En 1942 Peucelle ya no estaba en el plantel y ese fue el año en el que las crónicas sitúan el nacimiento "oficial" de la Máquina. Muñoz, Moreno, Pedernera, Labruna y Loustau fue la delantera que se recitará de memoria para siempre.

"La Máquina fue perfecta. Perfecta. No tenía fallas. Era una obra maestra. El mejor equipo que se pudo construir. Era una conjunción de todo. En ese equipo había hombres. Hoy (1965), puestos a este ritmo, obligados a las exigencias de esta etapa distinta, golearían. Eran capaces de arrancar más abajo de la media cancha y llegar hasta el área contraria sin que la pelota tocara el piso. Murió cuando los hombres decayeron en la producción, cuando perdieron vigor, cuando pretendieron seguir haciendo lo que hacían antes". Cesarini habló de "construcción", sin dejar lugar al azar ni a la buena fortuna en la fabricación de la Máquina.

"¿Usted quiere saber cuál es el verdadero puesto de un jugador? Haga como hacía yo en la Máquina. Después de la práctica una sesión de fútbol loco. Sin número, sin obligaciones de puesto. Ninguno tenía que buscar su puesto habitual y sin DT. Yo miraba, pero no decía nada. Adolfo era *wing* izquierdo en ese momento. Se arrimaba y me decía Renato, ¿voy de nueve? No podía, no había acomodo. El que llegaba primero al puesto era el que jugaba ahí. Pero al final Adolfo fue número 9. Y qué nueve. Es lo mejor. Van solos al puesto. Por intuición, por comodidad. ¿Sabe qué era Muñoz cuando llegó a River? Interior derecho. Y yo le hice ver que era *wing* derecho. Y antes jugaba en la reserva de Dock Sud".

Como técnico de River, Cesarini ganó dos títulos de primera división, dos Copas Ibarguren y una Copa Escobar. Para él, la cualidad técnica más importante, superior incluso al manejo o a la habilidad, era la capacidad para salir "perfilado" tras recibir la pelota. Él fue quien inventó el término y lo explicó como la "inclinación, el ángulo adecuado del cuerpo frente a la pelota para salir con ella o despedirla". Al igual que Hirschl y Peucelle, rechazó que sea posible "enseñar a jugar", pero su vanidad le servía para pensar que la mano del entrenador sí era capaz de cambiar de forma definitiva el destino de un futbolista.

"Nacido con la habilidad no siempre pasa algo. Generalmente mueren en habilidosos. Hacen falta conductores en el fútbol con mentalidad moderna, que hayan evolucionado. Qué me importa el jugador hábil si no tiene los otros atributos. Sin físico no me sirve para los puestos de adentro. Los jugadores de poca talla, de poco peso, yo los utilizo para los puestos de afuera. Los saco para la raya. Además les aclaro que no pierdo el tiempo enseñando a los jóvenes chiquitos. Usted me dirá que es hábil y saca gente, pero ¿dónde? donde hay espacios grandes. Si un defensor de mayor talla lo espera en un terreno achicado, chocará y se acabó. Lo que pasa es que la gente no quiere aceptar distintos matices en el fútbol. Los principios son los mismos de todas las épocas. Es toque y claro. Pero también pique, velocidad, espíritu de sacrificio y fuerza". Queda claro que ni siquiera el conductor de la Máquina estaba dispuesto a dejar todo librado a la suerte, a sacar a los jugadores a la cancha y que pase lo que el fútbol quiera.

En un artículo de 1965 firmado por Diego Lucero y publicado por el diario *Clarín*, se recuerda a Cesarini como uno de los primeros DTs de Argentina y uno de los más carismáticos de la historia: "volvió el tano Cesarini cargado de experiencia, refinado el chamuyo, elegantísimo el vestir, señorial el aire y aquel espíritu de pelea que le había dado justa fama de guapo cuando jugaba en Chaca bastante reducido a fuerza de esmeril". Los aires europeos habían modelado al muchacho recio y peleador y lo habían transformado en un señor de saco y corbata, igual de hablador y fanfarrón, pero menos belicoso. Con el correr de los años su arrogancia creció: "ah, si yo hubiese tenido un director técnico como yo en mis tiempos, ¡qué jugador habría sido!".

El aporte de Minella a River en particular, y al fútbol argentino en general, fue discutido en su época. Para muchos, él no empujó el carro hacia la victoria, sino que se sentó y disfrutó de la vista. Quizás, tampoco se ocupó demasiado en demostrar su capacidad a la opinión pública y solo se dedicó a gestionar talentos y a continuar el trabajo de Hirschl, Peucelle y Cesarini. En 1946 tomó el mando de River y consiguió seis títulos de primera división. Dirigió a la Máquina original y también formó la denominada "Maquinita" en la década del cincuenta, con Santiago Vernazza, Eliseo Prado, Walter Gómez, Labruna y Loustau. A diferencia de Cesarini, se caracterizó por su mesura y su frialdad, lejos de cualquier estridencia.

Su autodefensa de las críticas es también un manifiesto de sus ideas: "Sé que hay jugadores que dicen no haber recibido instrucciones mías o no hacerles caso. No voy a polemizar, de todos modos sería la palabra de ellos contra la mía. Yo sé que he dado instrucciones y he reprendido a quienes no las cumplían en el momento necesario. No me creo un mago ni un sabio, pero conozco mi profesión y estoy al día sobre lo que debe saberse de la materia. No sé más que nadie, pero creo saber tanto como cualquiera. Lo que puede decir cualquier jugador que haya actuado a mis órdenes es que nunca quise imponer una forma de jugar contraria a las condiciones del jugador. Siempre respeté la capacidad de creación y las características de cada individuo. Traté de hacerlas rendir en conjunto, pero nunca de ahogarlas o desvirtuarlas. Siempre adapté el plan de juego a las posibilidades que tenía en el plantel. A mí nunca me gustó entrar a la cancha para dar instrucciones durante el juego. Ya habíamos hablado bastante durante la semana y antes del partido, como para que cada uno supiera lo que tenía que hacer. Insistir durante el juego me pareció siempre cargoso y contraproducente. Al jugador hay que esclarecerlo, no complicarle las ideas". Los equipos de Minella jugaban siempre más o menos del mismo modo, algo que en la década del sesenta complicó su permanencia en los mejores equipos del país.

"Vayan y jueguen bien", era la indicación más común del ex *centrohalf* del Expreso. La orden no tiene ningún tipo de profundidad, pero él sí tenía sus principios básicos para explicar su idea y fueron descritos por *El Gráfico* en un perfil rescatado por Carlos Irusta: 1) Tener siempre la posesión de la pelota. 2) El desmarcarse es una necesidad permanente. 3) La habilidad individual debe aplicarse al toque y a la gambeta. Si puedo, elijo el toque. 4) Entre un pase largo y dudoso, me quedo con tres pases cortos. 5) La defensa se hace con once y el ataque también. 6) Toda táctica es buena o mala según los jugadores que se tengan. 7) Con mayoría de buenos jugadores, cualquier plan táctico se hace más fácil. 8) Los planes defensivos no son difíciles de imaginar, por eso como técnico les doy preferencia a los planes ofensivos, cuya esencia es la creación del fútbol. 9) Un principio fundamental de un ataque es empezarlo por afuera y terminarlo por dentro y 10) Contar con buenos punteros sigue siendo una necesidad imprescindible.

En 1964 dirigió a la Selección Argentina y no solo logró un título histórico, sino que lo hizo con un cambio táctico revolucionario. Fue en la Copa de las Naciones de Brasil, cuando en el duelo ante el local, bicampeón del mundo reinante, colocó a José Agustín Mesiano, un mediocampista defensivo, como número once para marcar a Pelé: "usted no juega, pero Pelé tampoco", le dijo. El astro brasileño se fue expulsado por pegarle un codazo al argentino, harto de la pegajosa marca. "No se puede jugar siempre como uno quiere. En ese partido hice un cerrojo, pero ese no es mi espíritu. Teniendo superioridad técnica quiero salir a ganar, pero sin dar ventajas. Nuestro fútbol necesita resultados. Por eso no me interesa armar un equipo de estrellas. Quiero gente que luche, que trabaje, que se sacrifique por el equipo. Muchas veces se ha dicho que tengo suerte, que los campeonatos los ganan mis dirigidos. No lo niego. Ellos son los que juegan. A la suerte la ayudo. En la AFA, seleccionar los jugadores es fundamental. Creo que allí ha estado la clave. Siempre elegí jugadores, que por temperamento y condiciones, pudieron jugar en equipo", expresó ante las críticas por el planteo defensivo. Sí, a Minella, el hombre poco riguroso y *jugadorista*, lo criticaron por un planteo táctico. En el fútbol argentino no hay verdades absolutas.

# 2.F - JOSÉ LUIS BOFFI

## DESTRUIR PARA CONSTRUIR, EL NACIMIENTO DE "OTRA NUESTRA"

Pocos clubes tienen una identidad tan marcada, visible y prolongada en el tiempo como Vélez Sarsfield. Una rama muy robusta del árbol genealógico está ligada de forma íntima con la institución de Villa Luro. La historia de su estilo comenzó en la década del diez, cuando el equipo jugaba en segunda división y su defensa tenía tal fortaleza que se ganó el apodo de "Muralla". Estaba formada por el capitán José Luis Boffi, Acacio Caballero y Atilio Badaracco, con los mediocampistas Miguel Fontana y Juan Fontana por delante. Con solo veinte años de edad, Boffi era el líder, referente y capitán del conjunto que logró el ascenso a primera división en 1919. Guapo, recio, combativo, peleador con los rivales y amigable con sus compañeros, fue clave por su ascendencia grupal, su voz de mando y su impresionante juego aéreo en una época en la cual no muchos se animaban a disputarle la "cancha de arriba".

Boffi jugó varios años en el seleccionado nacional y terminó su carrera en Chile en 1931. Al año siguiente regresó a Vélez como entrenador para reemplazar a Luis Martín Castellano, quien, según describió Carlos Aira en su libro *Héroes de tiento*, fue el primer director técnico oficial de la historia del fútbol argentino.

Desde su época de defensor y *centrohalf*, Boffi se mostró como un estudioso del juego, siempre con especial interés en la búsqueda de la solidez defensiva. Armó un equipo que supo ser puntero del campeonato en 1934 gracias a la capacidad para hacer convivir una última línea sólida con un goleador en estado de gracia como Agustín Cosso. El caudillo era un recién llegado Victorio Spinetto, quien se afirmó muy rápido tras su arribo a Villa Luro desde Platense: "tuve suerte. Ingresé a un buen equipo y con compañeros excelentes. Pensá en que de la línea integrada por Maggiolo, Cosso y yo, el punto débil estaba en el centro. Como no soy una maravilla, pero tampoco una nulidad, quiero creer que aquella línea fue muy buena. Detrás teníamos una pareja como la de Saa y Forrester y un arquero como Curtis, lo cual quiere decir que tuve la suerte de ingresar a una defensa excelente". En épocas de artilleros formidables y gambeteadores mágicos, había un equipo que se vanagloriaba de su defensa. Spinetto fue tan buen alumno de Boffi que lo superó y se convirtió en uno de los directores técnicos más importantes de la *historia del fútbol argentino*.

Después de su paso por Vélez, donde afianzó las bases del estilo del club que habían nacido con la Muralla, Boffi regresó a Chile, donde se convirtió en un entrenador fundacional. En las crónicas de la revista *Estadio* se destaca una y otra vez su capacidad para otorgarle firmeza a conjuntos que habían mostrado debilidad. Lo consiguió en Colo Colo, Santiago Morning, Ferrobádminton y Everton. Lo primero que hacía era fortalecer a los defensores y devolverle confianza al arquero. Porque era, además, un motivador. Los futbolistas lo veían como un bonachón que podía enojarse durante un partido pero que tenía la capacidad de dar la palabra justa para levantar la moral de sus dirigidos. Daba una cantidad de indicaciones imposibles de comprender, casi todas relacionadas con el retroceso y la cobertura de espacios, dejaba un tiempo para que el futbolista las pensara y luego los mandaba a la cancha con un "tranquilo, pibe".

Antonio Valjalo describió de esta manera al Colo Colo dirigido por Boffi en la década del cincuenta: "nadie puede sentirse mal, ni dentro ni fuera de la cancha. En la cancha no se puede flojear. Si uno que ve que todos corren, que todos se rompen, tiene que embarcarse aunque no lo desee. Hay que tomar el ritmo colocolino. Ese que es característica del equipo". En aquel Colo Colo, Boffi impulsó una de sus más importantes innovaciones tácticas: la marcación zonal. En un encuentro ante Everton le pidió a José Santos Arias, un mediocampista de ataque, que vigilara de cerca a José María Lourido, que no le perdiera pisada. "Donde esté Lourido, estás vos. Madrugalo, hostigalo, que no se mueva", le dijo. Arias, dócil, lo cumplió con militar obediencia según la crónica de Estadio. Lourido sí marcó un gol, pero en comparación con su nivel de la época, no generó demasiadas preocupaciones.

# 2.G - GUILLERMO STÁBILE

## ENTRE EL ÉXITO Y EL DESASTRE

Pocos nombres en el fútbol argentino han tenido semejante trascendencia por lo hecho de ambos lados de la línea de cal. Guillermo Stábile fue el máximo goleador de la primera Copa del Mundo en 1930, y también el entrenador que más tiempo permaneció en el seleccionado. Cultor del perfil bajo, dirigió a Argentina entre 1941 y 1958 y al mismo tiempo trabajó en Huracán, San Lorenzo, Estudiantes de La Plata, Ferro Carril Oeste y Racing Club. Era una época en la que el encargado del conjunto nacional podía darse el lujo de entrenar también en un club, sin descuidar ninguna de sus funciones. Tiempos en los que el rol del entrenador aún no tenía las atribuciones de las décadas siguientes.

Aunque fue contemporáneo de personajes de perfil más alto, carismáticos y casi mediáticos, él siempre trabajó en silencio, más como un organizador que como un líder. Sus equipos juntaban a los mejores futbolistas disponibles, que sabían lo que debían hacer, y él intentaba darles algunas rudimentarias herramientas tácticas y molestar lo menos posible. Era sobrio, medido, discreto. Fue símbolo de un tiempo en el que el juego no tenía grandes misterios y todos sabían lo que debían hacer y cómo hacerlo. Un tiempo que terminó en 1958.

Con la llegada del profesionalismo, se instaló una idea en los medios más influyentes: la Selección nacional debía tener un director técnico fijo, de tiempo completo y capacitado. Cinco años después del arribo de Stábile, *El Gráfico* lo elogió de este modo: "un director técnico debe tener virtudes personales que van mucho más allá de la técnica futbolística. Tratar de que haya armonía, camaradería y, sin desmedro de ellas, disciplina y corrección; hacer que un equipo salga a la cancha bien predispuesto moralmente, además de en su mejor forma física, mantener en el plantel el espíritu de lucha, el ansia de triunfo y, junto con la exhibición de sus aptitudes, saberlos a los jugadores siempre dispuestos a jugarse con entereza; conseguir, al fin, que todos y cada uno rindan al máximo y se porten correctamente, es algo que bien vale, cuanto menos, una palabra de elogio. Todo eso lo ha conseguido Stábile. Es un verdadero jefe y alcanza el verdadero éxito porque tiene personalidad además de conocer la cuestión a fondo y dominar la psicología del futbolista".

Emigró a Italia después del Mundial 1930 y allí jugó seis años, antes de pasar tres temporadas más en Estrella Roja de Paris, donde comenzó su carrera de entrenador. Volvió al país en 1939, ya retirado de la práctica profesional y con nuevos conocimientos que supo aplicar en el conjunto nacional desde 1941. Tenía una mirada diferente, mucho más amplia que la de la mayoría de los ex futbolistas. Valoraba cada aspecto del juego y destacaba tres cuestiones fundamentales: la técnica, el físico y la guapeza.

"No se trata de llevar jugadores guapos como si fuéramos a una guerra, sino de llevar hombres cuyo rendimiento no disminuya ante juego rudo que puedan ofrecer los contrarios, ni tampoco que sientan la ausencia de un ambiente adicto. Especialmente en el ataque debemos llevar a aquellos que no solamente sean capaces de concebir una jugada de calidad, sino también de ir al área enemiga, de porfiar una pelota, de discutirla sin andar a los golpes pero con entereza", expresó en 1941, antes del Sudamericano del

que se coronó campeón. Fue solo el primero de los seis que consiguió en sus 17 años al frente de la Albiceleste.

Privilegió las virtudes de cada jugador y buscó potenciarlas con un buen trabajo colectivo. Entre 1941 y 1942 dirigió a Estudiantes de La Plata, un equipo con más admiradores que hinchas según las crónicas de época. El *inside* Juan José Negri era uno de sus dirigidos y su opinión acerca de él sirve para comprender su idea: "un jugador como Negri, con tendencia al *dribbling*, no puede ser variado en su juego de manera radical. Es preciso que conserve su personalidad, que en lugar de convertirse en pieza de una maquinaria, mantenga en algo su característica. Necesario es para su propio temperamento que haga una gambeta. Para eso es argentino. Lo que puede pedírsele es que no se exceda en ese juego, porque la gambeta es a veces productiva, y en otras ocasiones, negativa". Stábile se ocupó de resaltar las aptitudes del futbolista por sobre cualquier vanidad personal o idea preconcebida, pero al mismo tiempo utilizó otras herramientas para intentar potenciar esas cualidades técnicas. Le dio importancia a la alimentación de su plantel, no despreció cuestiones externas como el clima a la hora de jugar de visitante y subrayó el valor de la preparación física, con la figura de José D'Amico como símbolo de esto.

Comenzaron a trabajar juntos en Racing en 1949 y formaron una sociedad muy eficaz, con conocimientos futbolísticos y también científicos. "Yo siempre me impuse estar actualizado. El estudio fue mi norma. Humildemente, fui el primero que sistematizó los entrenamientos y aplicó normas técnicas modernas en un momento en que aquí todo se manejaba con improvisación", explicó D'Amico en una entrevista con el diario *Clarín* cuando ya había comenzó su exitosa carrera de entrenador principal, que tuvo su momento de gloria en 1962, cuando fue campeón con Boca gracias al mítico penal que Antonio Roma le atajó a Delem en un clásico contra River Plate. También dirigió dos breves ciclos (1961 y 1963) a la Selección Argentina, a River en 1967 y se destacó como formador en la escuela de directores técnicos.

Stábile logró el primer tricampeonato de la era profesional con Racing, cuya principal razón ubicó en la "disciplina táctica y técnica" y fue el conductor de una Selección Argentina que marcaba el paso en el fútbol sudamericano de los cuarenta, cuando la Segunda Guerra Mundial impidió la disputa de una Copa del Mundo que el país entero confiaba en ganar. Su trabajo jamás fue cuestionado hasta el "desastre de Suecia".

En la década del cuarenta se profundizó la fantasía popular que elevaba al fútbol argentino por sobre todos en el mundo entero. La falta de competencia internacional por la Segunda Guerra Mundial que privó a la enorme cantidad de futbolistas de competir contra los europeos fue el principal motivo de aquella falsa percepción. Uno de los más deslumbrantes exponentes de la época fue Vicente de la Mata, a quien Stábile dirigió en los campeonatos Sudamericanos de 1945 y 1946. El genial gambeteador rosarino, sucesor ejemplar de Gabino Sosa, formó una delantera implacable y lujosa en partes iguales junto al paraguayo Arsenio Erico y a Antonio Sastre en Independiente. Dirigidos por el legendario ex *centro half* del club Guillermo Ronzoni, ganaron los títulos nacionales de 1938 y 1939 de manera sobresaliente y luego (Sastre y De la Mata) se convirtieron en piezas clave para Stábile.

En la década siguiente, Argentina ganó el Sudamericano de Lima 1957 de forma brillante. Los Carasucias son recordados como uno de los grandes equipos de todos los tiempos. El trío formado por Humberto Maschio, Antonio Angelillo y Omar Sívori era la usina de fútbol del conjunto que ganó los cinco partidos, con victoria 3-0 sobre el futuro campeón mundial Brasil incluida. "Don Stábile no nos pedía nada raro. Era tranquilo para dar indicaciones. Y si tenía algo para decirte, se te acercaba y te hablaba al oído. A mí, por ejemplo, me pedía que me desmarcara siempre. Pero nos daba libertades para jugar", recordó tiempo después Maschio. Al año siguiente él y sus dos socios fueron transferidos al fútbol italiano y no participaron del Mundial de Suecia. Nadie lo lamentó demasiado en el momento, porque se creía que había material de sobra para reemplazarlos. Lo ocurrido después refuta claramente aquella idea.

Argentina debutó en el Mundial 58 con una derrota 3-1 ante Alemania Federal, luego le ganó 3-1 a Irlanda del Norte y quedó eliminada después de la ignominiosa goleada 6-1 de Checoslovaquia. El fútbol argentino entero fue sacudido por los seis goles de los desconocidos checoslovacos. Ni un solo integrante de ninguna estructura salió incólume del desastre. Por supuesto, Stábile fue uno de los principales apuntados, aunque eran otros tiempos y las culpas se repartieron, no fueron privativas del director técnico. Los futbolistas responsabilizaron, sobre todo, a la desorganización que vivieron desde los días previos al viaje y la opinión pública los trató con desprecio en su regreso al país. Dirigentes, jugadores e hinchas tuvieron que comprender de la forma más brutal una realidad que ni siquiera sospechaban: Argentina no era la mejor del mundo. Ni siquiera era una de las mejores. Los años lejos de las competencias internacionales (no jugaba una Copa del Mundo desde 1934) levantaron el velo de manera violenta. Todo aquello que durante décadas fue verdad absoluta se puso en cuestionamiento. El estilo, los métodos, los entrenamientos, la mirada. Todo.

Borocotó, el analista estrella de *El Gráfico*, escribió después del desastre: "Los checos tiran desde cualquier distancia y cualquier ángulo. La defensa argentina fue superada desde el comienzo y

Rossi volvió a demostrar que está muy lento, no preparado para jugar contra rivales tan veloces. El ataque quedó aislado, pero tampoco bajaron con la rapidez y continuidad como acostumbran los europeos. Estos hacen doble función: suben y bajan. Cuando los argentinos atacaron, se encontraron taponados porque los delanteros rivales cubrían defensivamente. Se encontraban ante una evidente superioridad numérica y tampoco tienen remate. Los jugadores criollos viven del fútbol, pero son pocos, muy pocos, los que viven para el fútbol. Que es otra cosa. No se someten, no se entregan a la preparación física rigurosa. El conjunto argentino fue superado netamente por velocidad, estado atlético, organización, sobriedad, sentido práctico".

La salida de Stábile de la Selección marcó el final de una era en el fútbol argentino. Una época en la que el director técnico era un personaje menor de un mundo romántico, en el que héroes nacidos en el potrero pretendían no necesitar ninguna voz de mando. Ídolos de mucha técnica y poca disciplina, que creían suficiente la gambeta y el pase que habían aprendido desde la niñez para ganarle a cualquiera. Stábile fue el hombre que, durante casi veinte años, legitimó esa idea y forjó una identidad que entró en crisis en una lejana cancha de Suecia.

# CAPÍTULO TRES

## (1959/1973)LA ESTRATEGIA DEL DIAGRAMA

La Selección Argentina disputó la Copa del Mundo de Suecia 1958 tras 24 años de ausencia en campeonatos mundiales. El torneo no se había organizado entre 1938 y 1950 debido a la Segunda Guerra Mundial, por lo que aquella última participación con un plantel amateur en Italia 1934 había quedado demasiado lejos como para tener una referencia concreta del verdadero nivel del fútbol europeo. El conjunto dirigido por Guillermo Stábile llegó con la mentalidad de siempre: nadie juega mejor que nosotros, vinimos a ganar y punto. Aquella actitud estaba menos emparentada con la arrogancia que con la certeza de una superioridad que se pensaba real. Pocos dudaban de la supremacía natural del jugador criollo por sobre todos los demás. Sin embargo, el golpe con la verdad fue brutal. Los argentinos comprendieron que no solo no eran los mejores, sino que además estaban muy cerca de ser los peores. El 6-1 frente a Checoslovaquia despedazó los paradigmas y puso en duda hasta las certidumbres más antiguas.

Esa entelequia llamada "la nuestra" entró en crisis y todo lo que nadie había cuestionado hasta ese momento pasó a ser objeto de polémica. El fútbol, al parecer, ya no era lo que los pioneros habían enseñado, ese pasatiempo cuya máxima expresión era el estilo desfachatado y pícaro del potrero. Era algo mucho más complejo. Algo casi ajeno. Los elogios mediáticos al Brasil campeón de Vicente Feola, un equipo "serio" y trabajado en todos los detalles, daban cuenta de ese cambio de patrón. El cimbronazo fue violento. Y provocó la irrupción de los entrenadores. En los sesenta, los técnicos dejaron de ser hombres bonachones que acompañaban a los futbolistas como si fueran asistentes y se transformaron en estrellas,

en líderes absolutos. De allí en más pasaron a ser los responsables de todo lo malo y lo bueno que podía hacer un cuadro de fútbol.

En su libro *Dinámica de lo impensado*, Dante Panzeri afirmó que tras el desastre de Suecia se generó una brusca transición entre la "viveza criolla" y "estrategia del diagrama". Así, sin puntos medios. Si antes de 1958 la preparación física y el aporte de elementos externos como la psicología y la medicina aplicada no tenían ninguna relevancia, después del 6-1 pasaron a ser indispensables. Si las tácticas no eran más que elementales movimientos de marcación del que muchos aún renegaban, enseguida se convirtieron en una ciencia exacta tan compleja como esencial.

Y entonces, el fútbol argentino perdió inspiración en favor de la esquematización. Aunque no todo fue lineal, por supuesto. Hubo campeones que lograron sus títulos con diferentes armas y estrategias. De hecho, esta etapa terminó años después con la consagración y la llegada al seleccionado de un hombre con ideas más parecidas (por lo menos en lo discursivo) a las de los cuarenta que a las imperantes en los sesenta. Sin embargo, lo que sí se renovó fue la mirada hegemónica. El paradigma. Y, sobre todo, se les dio un lugar de absoluta importancia a los directores técnicos. Un lugar que, de allí en más, jamás perdieron.

# 3.A - VICTORIO SPINETTO

## LOS CIMIENTOS DEL LABORATORIO

Después del desastre de Suecia, lo primero que hizo la AFA, con el respaldo del fútbol argentino todo, fue convocar a Victorio Spinetto para que se hiciera cargo de la Selección nacional. En medio de los reclamos de mayor "seriedad" y de trabajo a conciencia, el referente de Vélez Sarsfield emergió de forma natural. Durante toda su carrera, tanto como futbolista como de entrenador, Spinetto expresó ideas contrarias a las hegemónicas en el fútbol nacional. Según su visión, para lograr marcar un gol primero era necesario impedir que el rival convirtiera el suyo, y con ese objetivo impuso la marcación personal en Argentina. Además, le daba la misma importancia al conocimiento de las reglas del juego que a la capacidad técnica y al cuidado de la salud de sus futbolistas. También fue quien mejor organizó las pretemporadas durante los cuarenta y los cincuenta. Era, en definitiva, un científico de la dirección técnica.

Quizás, fue el primer entrenador de todos los tiempos que decidió pegarle un puntapié a las que se consideraban verdades reveladas.

Fue un jugador regular, pero no muy destacado, como muchos otros de sus colegas a lo largo de la historia. Logró llegar a la primera división de Vélez y al seleccionado por su enorme capacidad de superación. Era un trabajador, un perfeccionista. Soñó con ser Bernabé Ferreyra, pero hizo toda su carrera como *centrohalf*, el puesto desde el que se formaron los mejores DTs de la primera parte del siglo XX. Fuera de la cancha era un muchacho apacible, de porte elegante y muy amable, aunque dentro se transformaba en un guerrero. Gritón, temperamental al extremo, tenaz. Esa persistencia lo convirtió en el primer "defensor goleador" del país, ya que marcó 49 goles en su carrera y hasta llegó a convertir cuatro en un mismo partido, contra Chacarita en 1937. Era la pieza más importante para el conjunto que dirigía Luis Boffi, hombre clave en su formación. Conocía todos los aspectos del juego, era inteligente para comprender cualquier indicación táctica y dirigía a su equipo desde adentro. Una lesión lo obligó a retirarse a los treinta años y enseguida comenzó su carrera como entrenador. Siempre en Vélez, el club indicado para llevar adelante sus heterodoxas ideas.

"Yo nunca supe jugar al fútbol. Y confieso que recién cuando me hice entrenador lo empecé a aprender. De fútbol yo supe, sé y predico la otra parte para mí muy importante después de saber jugar y colocar el fútbol: poner el alma, poner vergüenza. ¡Eso, vergüenza! Qué iba a saber yo jugar al fútbol. Mi misión siempre ha sido formar equipos que además de jugar al fútbol tengan vergüenza", decía.

Su carrera entera estuvo plagada de bravura. Era un estudioso, sí, pero sobre todo era un valiente. Y en ese ímpetu estaba otra de las mejores aptitudes de la identidad del fútbol argentino, hasta ese momento escondidas. Logró unir el concepto táctico y estratégico con una vena competitiva capaz de superar a las propias capacidades técnicas. Lo hizo como futbolista y lo inculcó como entrenador.

"La experiencia ha demostrado que la marcación hombre a hombre es la mejor forma defensiva inicial, ya que iguala las proporciones entre defensores y atacantes. Pero en todos los casos es necesario complementar a ese sistema con una segunda fase de marcación zonal, puesto que si un defensor es eludido, no permitiremos de ninguna manera que siga solo hacia el arco. Está claro que uno de sus compañeros abandonará a 'su' hombre y lo cubrirá, ubicándose en la línea imaginaria que podríamos trazar entre la pelota y el centro del arco atacado. Además, cuando un defensor debe enfrentar a dos adversarios es una buena táctica hacer un lento retroceso, amagando y amagando, para no quedar en descubierto hasta dar tiempo a cualquiera de sus compañeros para que llegue a auxiliarlo", explicó en una columna publicada por la revista *El Gráfico* y titulada "Mi fútbol". Spinetto no dejaba ningún detalle librado al azar. Logró devolver a Vélez a la primera división al año siguiente de su llegada y el club nunca más regresó a segunda. Los medios de la época no hablaron demasiado del estilo de juego de aquel campeón de la B, pero sí de la "influencia moral" que tuvo la llegada del ídolo a la dirección técnica. Su aporte también fue anímico. Porque en esencia era un motivador.

Dirigió al club de Villa Luro durante catorce años de forma consecutiva, con José Amalfitani como líder de un proyecto "a largo plazo". Allí logró afianzar la identidad que había trazado La muralla durante el amateurismo y Boffi en los primeros años de la era profesional. El subcampeonato de 1953 fue el punto más alto de su ciclo. Aunque fue el equipo con menos goles en contra del torneo y la solidez defensiva era su principal argumento, eran tiempos en los que las delanteras pasaban a la historia. Por eso, quedó en el recuerdo el quinteto integrado por Ernesto Sansone, Norberto Conde, Juan José Ferraro, Osvaldo Zubeldía y Juan Carlos Mendiburu. No fue casual que en la década siguiente, Zubeldía se convirtiera en su mejor discípulo, en un alumno que superó al maestro: "era vivísimo, ya en ese tiempo se veía que iba a ser un gran técnico. Le gustaba hablar de tácticas y esas cosas".

En un ejercicio anacrónico, alguien podría afirmar que Spinetto es de esos DTs que se preocupa más por el resultado que por el juego. Por supuesto, sería una falsedad. Él mismo se consideraba un "técnico de potrero". Con la inteligencia necesaria para aplicar todas las herramientas al alcance en busca del objetivo, pero bastante lejos de esa lógica binaria que se impuso tiempo después de sus días de entrenador. "Creo más en la técnica individual de los elementos que en las tácticas. Esas cosas son muy lindas, pero si no tengo jugadores no puedo hacer ninguna. Hay algo que creo es fundamental: saber pegarle a la pelota". Sus innovaciones tuvieron menos que ver con los posicionamientos tácticos que con el apego al trabajo y a la responsabilidad. Otra vez, con el concepto de "vergüenza".

Sí estaba adelantado en algunos conceptos modernos, como el de la movilidad. "Difícilmente la necesidad de complementarse y ayudarse tenga en otra actividad una forma más hermosa que en el fútbol. Todos los componentes de un equipo deben estar en constante movimiento para adaptar su juego y desempeño a las necesidades de sus compañeras o de cualquier situación del partido. El buen jugador al desprenderse de la pelota nunca se queda observando cómo prospera la jugada. Quien efectúe un pase deberá correr y ubicarse para recibir de vuelta la pelota o para interceptar el paso de los jugadores adversarios si el equipo contrario se hubiere apropiado de ella. El delantero luego de pasar la pelota, debe ineludiblemente adelantarse (si fuera posible a un espacio vacío), para continuar la jugada. Cuando el ataque se mueve hacia adelante, la defensa debe acompañarlo a distancia prudente. Cuando la defensa es forzada hacia atrás, la delantera debe retroceder para mantener siempre el contacto estrecho entre una y otras. Si se 'perdieran' mutuamente sería imposible coordinar cualquier sistema de ataque o defensa, y en ese caso, sería imposible hacer pases exactos. Y si no se pueden dirigir pases precisos, nunca se podrá constituir un auténtico conjunto", decía Spinetto cada vez que le daban la oportunidad de explicar sus ideas.

Hay también otro dato destacado en su visión del juego que fue muy importante en el fútbol de los años posteriores: impuso el trabajo en las jugadas de pelota quieta, algo que perfeccionó hasta la exageración su discípulo Zubeldía.

Tras su primer alejamiento de Vélez en 1956 se hizo cargo de Atlanta, al que no solo ascendió a primera sino también llevó a ganar la Copa Suecia, un certamen disputado entre los participantes de primera división durante el receso por el Mundial 1958. Esa copa representa el único título logrado por el club de Villa Crespo en la división de honor. Aunque Manuel Giúdice fue quien dirigió la final, Spinetto formó el equipo en el que, entre otros, se destacó Carlos Timoteo Griguol, otro de sus mejores alumnos.

En Atlanta conoció a Adolfo Mogilevsky, uno de los nombres más influyentes de la carrera de Spinetto y también de la de Zubeldía. Mogilevsky lideró la primera pretemporada de un equipo profesional en Banfield en 1951 e impulsó técnicas de entrenamientos de avanzada, algunas de las cuales fueron aprendidas de Carlos Volante, futbolista con el que Spinetto compartió unos meses en Vélez y que en los treinta se destacó en Francia, Italia y Brasil, antes de ser técnico de Lanús en la década del cuarenta. Su particular estilo de juego, defensivo y demasiado sacrificado para un *half* en el fútbol carioca, provocó la creación del término *volante* para referirse a un mediocampista. Si Spinetto ya tenía ideas modernas acerca del trabajo físico de sus futbolistas, con Mogilevsky las profundizó y perfeccionó.

En 1959 fue requerido por la AFA, en plena tormenta post Suecia, cuando Guillermo Stábile aún tenía contrato. Los medios de la época, con *El Gráfico* y Dante Panzeri a la cabeza, destacaron la búsqueda de normalidad tras el 6-1 contra Checoslovaquia, y hablaron de la puesta en marcha de una esperanza. La dupla de Spinetto y José Della Torre, dos hombres de fútbol con gran prepotencia de trabajo, más el aporte de Mogilevsky, renovaron los ánimos, modernizaron los métodos y dotaron de otra identidad al seleccionado. Los resultados llegaron de forma inmediata: Argentina ganó el Sudamericano 1959 por sobre el Brasil campeón del mundo de Pelé, Vavá, Didí y Mario Zagallo, entre otros. Spinetto habló así sobre aquel equipo: "Jugaban hombres que eran muy criticados: Juan Carlos Nuin y Carmelo Simeone, por ejemplo. Como rechazaban la pelota con fuerza y hacia arriba, algunos periodistas llegaron a decir que ellos iban a voltear los aviones que sobrevolaran el estadio riverplatense mientras se disputara el campeonato. Sin embargo, eran jugadores impecables. ¡Qué vergüenza deportiva tenían! El *Cholo* Simeone especialmente, era un jugador de una voluntad extraordinaria: en los entrenamientos, cuando los demás me hacían 15 flexiones, el andaba por las 40. En ese equipo, además, tenía dos *wings* fenómenos: (Oreste Omar) Corbatta y (Raúl) Belén. Yo los hacía arrancar de atrás, obligando a nuestro medio campo a que les metiera pelotazos en profundidad. Entonces, Belén se iba para el fondo, acompañado por Corbatta en el otro lateral, mientras (Pedro) Callá y (Pedro) Manfredini esperaban en las puertas del área. Venía el centro y si no la agarraban de afuera Callá o Manfredini, la metía Corbatta de adentro. ¿Se da cuenta? Con esa simple y única maniobra ganamos el Sudamericano".

Más allá del éxito instantáneo, su paso por la Selección fue corto. En los sesenta comenzó su otra gran vocación: la docencia. Se hizo cargo de las divisiones inferiores de Vélez y descubrió grandes valores que con los años también serían discípulos. Carlos Bianchi y Diego Simeone son los más destacados de esa larga lista.

# 3.B - MANUEL GIUDICE

## EL PADRE DE LA MÍSTICA COPERA DE INDEPENDIENTE

La llegada de Manuel Giúdice a Independiente fue parte fundamental de la "nueva ola" que vivió el fútbol argentino en la década del sesenta como consecuencia del desastre de Suecia. La gravitación de los directores técnicos creció por la necesidad de una planificación más eficaz y los dirigentes comenzaron a prestarle más atención a ese puesto, hasta el punto de sobredimensionarlo y ponerlo por encima de los futbolistas. Una frase del mismo Giúdice en 1965 lo describe: "hay una nueva mentalidad, que poco a poco se va metiendo, con esfuerzo, entre quienes viven del fútbol. Y ése es trabajo nuestro, de los directores técnicos. Por eso, a medida en que el jugador está más dispuesto a escucharnos, es necesario que los técnicos sean mejores".

Fue un *centrohalf* que logró unir inteligencia y talento con entrega y sacrificio. Formó parte de dos equipos de escuelas diferentes: fue figura y símbolo del Huracán subcampeón de 1939 dirigido por Guillermo Stábile y tuvo un rol secundario en la Máquina de River de Carlos Peucelle entre 1945 y 1946. Tres años más tarde, fue uno de los protagonistas del éxodo a Colombia junto a Alfredo Di Stéfano, Adolfo Pedernera y René Pontoni, entre otros. Jugó en Deportivo Cali y allí comenzó su formación como entrenador. Según cuenta Wilson en su libro *Ángeles de caras sucias*, Giúdice ya tenía desde sus años de futbolista una reputación de pensador profundo sobre el juego y había acumulado una vasta colección de libros y artículos sobre táctica y teoría técnica. Hasta su regreso a Argentina a fines de los cincuenta, dirigió y se formó en Colombia, Perú y Uruguay.

En 1958 se coronó campeón de la Copa Suecia, y aunque no formó el equipo de Atlanta desde el principio, sí lo dotó de una confianza y motivación que fueron claves para superar a Rosario Central en el desempate por la clasificación a la final y a Racing Club en el partido definitorio.

Luego, Independiente lo buscó en 1963 y Giúdice logró imprimirle su sello en los primeros meses. De hecho, las crónicas de la época hablan de una transformación absoluta en el conjunto campeón nacional de aquel año: "Su gravitación en el cambio de fisonomía que experimentó Independiente desde que lo tomó a su cargo, a poco de iniciada la segunda rueda, fue decisiva. No tuvo nada de milagro. Se sustentó en su personalidad y en sus conocimientos. Se fortaleció en su visión para conocer a los hombres y hacerlos rendir de la mejor manera posible. Se completó con su capacidad para inyectar en un conjunto vencido y desorganizado, lo que él mismo llamó 'mística de campeón'". En la revista *El Gráfico* se presentó la primera mención al concepto de "mística", que nació con la Copa Libertadores en los sesenta y formó parte de la identidad de Independiente y de otros clubes del fútbol argentino.

Giúdice era un hombre sin estridencias. Sabía cómo explotar las mejores virtudes de sus futbolistas y también se ocupaba de buscar los defectos del adversario. Uno de los aspectos que más se le ha elogiado es su sabiduría para leer los partidos. Aquel Independiente de los sesenta ganaba muchos puntos en los segundos tiempos por las decisiones del entrenador en el descanso. Un cambio posicional, una modificación táctica, una indicación puntual eran suficientes para torcer el rumbo de un juego. No gritaba, hablaba con calma y era escuchado.

*El Gráfico* destacó que el trabajo de Giúdice tuvo "mucho de reivindicatorio" para la profesión de DT, ya que en aquel 1963 muchos entrenadores habían fracasado ante el reclamo de éxitos y la impaciencia de hinchas y dirigentes, dos flagelos que ya eran la pesadilla de los hombres de buzo. Néstor Rossi en Racing, José D'Amico en Boca Juniors y José María Minella en River Plate abandonaron sus cargos por la presión de los directivos que en esos años tenían una vocación mucho más marcada por avanzar sobre las tareas de los cuerpos técnicos. Giúdice revalorizó la presencia de un orientador del trabajo de cancha. Lo hizo desde su experiencia y su capacidad para gestionar la unidad y generar armonía.

Manuel Giúdice fue el primer técnico argentino campeón de la Copa Libertadores de América. Logró el título en 1964 y repitió en 1965. El éxito comenzó a gestarse en un amistoso frente a Santos de Brasil en febrero del 64. El equipo de Pelé llegó a Avellaneda como bicampeón del mundo y se llevó un 1-5 legendario. El cronista Juvenal destacó aquella actuación como la "futura verdad del fútbol argentino". El cuadro de Avellaneda había logrado hacer convivir la dinámica y la fuerza de la nueva era con la picardía y la técnica de siempre.

Pocos meses después se repitió la victoria, esta vez en semis del campeonato sudamericano. Era un equipo agresivo, optimista, "rebosante de fervor y robusto en fútbol", como lo describió la histórica revista deportiva. Intenso se le diría hoy. Aun cuando perdía 0-2 (al final triunfó por 3-2), no dio sensación de equipo derrotado. "Siguió en lo suyo. Ganando en el anticipo defensivo. Ganando en el anticipo de media cancha. Copando la zona de gestación. Iniciando en cualquier lugar y por cualquier jugador. Avanzando. Llegando. Y no llegando a empujones o por vía de pelotazos largos, sino buscando una sorpresa que ya, como se marca actualmente, es muy difícil de producir. Independiente llegó con su gente agrupada. Tocando. Picando al claro. Y no solamente con un hombre: el posible receptor del posible pase. Con dos, tres hombres en forma simultánea. Arrastrando marcadores y creando vacíos. Explotando esos vacíos con habilidad, con inteligencia, con auténtico sentido de profundidad".

Las virtudes del Independiente bicampeón de América 1964/65, son las mismas que se le destacan a cualquier gran equipo del siglo XXI.

Más allá de que fue uno de los directores técnicos más influyentes de la década del sesenta, él siempre se alejó de los primeros planos: "Yo no hice otra cosa que recordarles lo que sabía y ayudarles a ubicarse. Ellos hicieron lo demás, con disciplina, amor propio y capacidad. El principal objetivo de un técnico es el hombre. Esa es la primera etapa, impostergable. Conocer a cada uno de los jugadores como personas y luego procurar asociarlos a la vida en común". Era un apasionado de la táctica, pero sus innovaciones tuvieron más que ver con el manejo de grupo y las decisiones puntuales acerca de circunstancias particulares que con profundos cambios de sistema. Antes de la primera final intercontinental que perdió contra el Inter de Helenio Herrera declaró: "No voy a sacrificar ningún delantero en estas finales. Ni allá ni aquí. Nada de poner un *back* o un *half* de número 11 o de 8. Saldré a jugar con mis cinco defensores y mis cinco delanteros. Respeto mucho al Inter, pero pienso que la mejor manera de resolver los problemas que me puedan plantear es crearles problemas a ellos. Voy a defenderme y voy a atacar. Si es necesario, para contrarrestar la velocidad de contraataque de Inter jugaré con un 'batidor libre', pero que será importante en dos sentidos: defensa y ataque".

Era, en definitiva, un DT ofensivo. Resumía su idea en una frase: "hay que salir a ganar, a atacar. Solo exijo que se queden los dos zagueros centrales. El resto puede soltarse cuando vean la oportunidad, con la lógica responsabilidad del relevo y del regreso. En Independiente llegábamos al ataque con cinco y seis hombres. Fue el mejor cuadro que dirigí en mi vida". Raúl Bernao, Raúl Savoy y Luis Suárez fueron sus hombres de ataque que mejor interpretaron la idea, mientras que Roberto Ferreiro, Tomás Rolan y Rubén Marino Navarro sostuvieron al equipo desde el fondo. El propio Ferreiro fue uno de los mejores alumnos de Giúdice, ya que supo continuar su trabajo en los setenta y fue campeón de América e intercontinental en 1973.

El último gran aporte de Giúdice al fútbol argentino fue en Vélez Sarsfield, al que condujo al título en 1968. Tras un nuevo paso por el fútbol peruano, regresó a Argentina para hacerse cargo del equipo que había dirigido hasta poco tiempo antes Victorio Spinetto. Llegó a Villa Luro con una idea clara: afianzar la preparación física. Julio Russo fue el preparador principal y trabajó con varios otros profesionales que ya se encontraban en el club. Aquel Vélez se apoyó en la potencia y la disciplina, aunque también tuvo desparpajo y talento gracias a Daniel Willington, el abanderado elegido por Giúdice.

# 3.C - JUAN JOSÉ PIZZUTI

## LA REVOLUCIÓN DEL EQUIPO DE JOSÉ

El Alumni de Jorge Brown, los Profesores de Estudiantes, el Boca de la gira del 25, el Expreso de Gimnasia, la Máquina de River y el Independiente de Vicente De la Mata fueron grandes equipos que marcaron para siempre la historia del fútbol argentino. Sin embargo, todos lo hicieron dentro de los cánones de su época, fueron dignos exponentes del fútbol criollo sin romper paradigmas ni poner en discusión estructuras. El primer conjunto que fue destacado como "revolucionario" fue el Racing Club de Juan José Pizzuti que brilló en la segunda mitad de la década del sesenta. El "equipo de José". La trascendencia de este multicampeón va más allá de sus éxitos, e incluso, excede el hecho de haber sido el primer campeón mundial argentino. Su legado fue fundamental para la evolución del juego en estas tierras.

Pizzuti llegó a Racing después de una era que se llamó "fútbol espectáculo". La crisis que ocasionó el desastre de Suecia hizo replantear cada aspecto del fútbol nacional, entonces en 1960 los presidentes de River Plate y Boca Juniors, Antonio Liberti y Alberto Armando, decidieron contratar futbolistas extranjeros con la intención de revitalizar el torneo local, que contaba con un nivel muy inferior al de las décadas anteriores.

Llegaron cracks brasileños como Paulo Valentim y Edson dos Santos, españoles como Pepillo y uruguayos como José Sasía. Se contrataron entrenadores extranjeros, con el campeón mundial de 1958, Vicente Feola, a la cabeza. El brasileño trajo al país su línea de cuatro en defensa e impuso un modelo de juego utilitario que le dio resultados a Boca, pero estuvo muy lejos de ser considerado "un espectáculo". Al mismo tiempo regresó desde San Pablo Jim Lópes (bautizado Alejandro Galán por sus padres argentinos), un ex boxeador de carácter parco y antipático que dirigió a Independiente, River, Rosario Central y Vélez y cultivaba un mismo estilo aún más conservador y rígido que el de Feola, con un 4-4-2 como sistema preferido.

Fue, entonces, cuando la irrupción del Racing de Pizzuti le devolvió la autoestima al fútbol argentino. Fue mucho más que un regreso a las fuentes, fue la certeza de que las nuevas ideas, de que la tan buscada modernidad, podía convivir con el estilo de siempre.

"Racing juega como nunca jugó ningún otro equipo argentino", escribió el analista Juvenal en *El Gráfico* en noviembre de 1966. Pizzuti llevaba poco más de un año en el club y había logrado mucho más de lo que se propuso cuando arribó tras una mediocre campaña en Chacarita Juniors. "Juega para atacar, con defensores ofensivos. Juega para demostrar la falsedad de un viejo concepto que afirma que a velocidad no se puede dominar la pelota", agregó Juvenal en su análisis. El equipo de José presionaba tan alto como lo hacen los más modernos referentes de la actualidad: "cuatro sobre el arquero", exageró *El Gráfico* en un reportaje.

"En un medio donde todos defienden con ocho y van al ataque tímidamente con dos, Racing ataca con ocho o nueve y deja uno en el fondo. En un medio donde la mayoría hace 'fulbito', tocándola para atrás y para los costados, porque esa mayoría está enferma de impotencia y saturada de temor, Racing la arriesga siempre para adelante, con sentido profundo. En un medio de jugadores estáticos, Racing produce el milagro de diez hombres de campo que se olvidan de sus números y juegan de lo que le conviene al equipo, de acuerdo a las circunstancias: todos defensores cuando la pelota es del adversario y todos delanteros cuando es propia". Ocho años antes de la esplendorosa ostentación de la *Naranja Mecánica* de Rinus Michels, un conjunto argentino fue elogiado por las mismas razones que los muchachos de Johan Cruyff.

Más allá de esas virtudes lujosas, el Racing campeón de América y del mundo 1967 estaba preparado para todo. "Teníamos un equipo acostumbrado a la guerra", dijo Pizzuti, y añadió que uno de los principales atributos de su equipo era el juego aéreo: "jugábamos al ollazo. La idea la dieron las características de los defensores que subían con una fe ciega y cabeceaban todo en el área de enfrente". El pelotazo como recurso, algo que para los puristas podía ser considerado sacrílego, fue un arma letal el equipo de José. De hecho, el aporte goleador de sus defensores, con Rubén Díaz, Roberto Perfumo y Alfio Basile a la cabeza (literalmente), era muy superior al de cualquier otro conjunto de la época.

Cuando Pizzuti llegó, Racing deambulaba por los últimos puestos de la tabla de posiciones y estaba muy lejos de sus épocas de gloria. El campeonato logrado en 1958 con José Della Torre como DT era añorado no solo por el resultado, sino también por la identificación con el club de un líder como aquel, formado bajo la mirada de Francisco Olázar.

El objetivo era modesto: volver a ser competitivo, pelear en los primeros puestos. "El plantel estaba destrozado, sin armonía, con ese lógico distanciamiento que traen las derrotas. Costó algún trabajo recuperar al grupo. Mi trabajo no es nada extraordinario. Agrupar, conseguir clima, fomentar la amistad, promover espíritu de sacrificio. Esa es la primera tarea del entrenador. Luego, fue muy importante el profesor Ojeda (Rufino) para trabajar la parte física. Y finalmente, es necesario estudiar bien las aptitudes de cada futbolista, su capacidad, para ubicarlos en el lugar y en la función

en la que sean más útiles". Cada pieza encajó a la perfección y el mejor equipo de la década del sesenta se formó de manera natural, como si las fichas hubieran estado esperando al líder que las acomodara en el tablero.

"Un equipo que juega a lo que puede jugar". Eso era Racing para Pizzuti. Y en esa frase estaba y está el secreto de un buen director técnico. "A mí me gusta el fútbol paciente, de toque, de paredes, el que le gusta a la mayoría. Pero no hay tantos jugadores para llevarlo adelante. A mi juicio, eso se terminó. Ahora hay que jugar a otra cosa, hay que cambiar los métodos. Racing es un equipo que corre, que trabaja, lucha los noventa minutos y siempre va al ataque. Nosotros hicimos la revolución porque salimos a atacar en un medio donde la mayoría sale a defenderse".

Con esa idea ya consolidada, necesitaba un hombre que sea capaz de manejar los tiempos, de conducir la maquinaria. Entonces fue repatriado Humberto Maschio, quien tenía 33 años y llevaba casi diez temporadas en Italia. "Con Maschio solucionamos el problema de la creación, pero Racing es un equipo sin estrellas. Todos ponen el hombro y no se descansa en ningún salvador. Tenemos buena defensa y jugamos al ataque siempre. No hay misterio. Todo es cuestión de trabajo, de voluntad y de muchas ganas de hacer las cosas".

Con esa mentalidad ofensiva que no claudicaba nunca, fue campeón nacional, de la Copa Libertadores y de la Copa Intercontinental gracias a la legendaria victoria sobre Celtic de Escocia en Montevideo por el gol de Juan Carlos Cárdenas. Además, estuvo 39 partidos invicto, récord del fútbol argentino durante más de treinta años.

Como futbolista fue un delantero de excepción, que en dos ocasiones terminó como máximo goleador del campeonato. Surgió de Banfield, donde compartió plantel con Eliseo Mouriño, uno de los grandes pensadores del fútbol nacional a comienzos de los cincuenta, y allí conoció al preparador físico de Spinetto y Zubeldía, Mogilevsky. Luego tuvo un paso fugaz por el River de Minella, en el que formó una recordada delantera con Santiago Vernazza, Walter Gómez, Ángel Labruna y Félix Loustau y en 1952 se encontró con Racing. Allí fue parte central de otra línea ofensiva inolvidable: Oreste Corbatta, Juan José Pizzuti, Pedro Mansilla, Rubén Sosa y Raúl Belén. También tuvo dos pasos por Boca Juniors, en los que ganó un título, en 1962 y con la dirección técnica de José D'Amico. Además, jugó en la Selección durante los ciclos de Guillermo Stábile y de Victorio Spinetto. Se destacó bajo las órdenes de los principales directores técnicos de su época y sus influencias van desde el respeto por el jugador que profesaba Minella, hasta los métodos de Stábile y la rigurosa preparación física de Spinetto y Mogilevsky.

Tras su salida de Racing se hizo cargo de la Selección Argentina en 1970, después de la eliminación de la Copa del Mundo de México, un resultado aún más ignominioso que el de Suecia 1958. "Argentina va a atacar", dijo apenas tomó el equipo. Y lo intentó, pese a que solo pudo lograr un cuarto puesto en la Copa Independencia disputada en Brasil. Llegó con la idea de replicar lo hecho en Racing, pero en la AFA las condiciones para un trabajo a conciencia no estaban dadas. Intentó formar un equipo, sin darle importancia a los resultados en la primera etapa. Buscó darle rodaje a la defensa y potenciar el ataque desde un convencimiento colectivo. Lo que ya le había dado resultados una vez, en definitiva. Nada de eso ocurrió. Antes de las Eliminatorias para el Mundial 1974 se alejó del seleccionado.

"Con el pizarrón podes dar un par de indicaciones y aclarar algunas cosas, pero nunca te sirve para ganar los partidos. El plan de acuerdo a los rivales nunca debe ser demasiado rígido. Solo debe preocupar la marca del hombre determinante del adversario, pero fuera de eso el funcionamiento es siempre el mismo".

Trabajo enfocado en los futbolistas propios y convencimiento en la idea. Esa fueron las bases de la revolución de Pizzuti.

# 3.D - JUAN CARLOS LORENZO

## EL EUROPEO APRENDIZ DE HELENIO

Cuando Checoslovaquia le marcó el sexto gol a la Selección Argentina en Suecia, un pensamiento se apoderó de todos los protagonistas del fútbol nacional: los equipos europeos son la referencia y nosotros estamos muy lejos de su nivel de organización y de preparación física. Como a comienzos de siglo ocurría con Gran Bretaña, después de 1958 Europa volvió a ser el faro al cual dirigir el rumbo. Porque más allá de los húngaros y su filosofía siempre ligada al ser nacional, los entrenadores formados del otro lado del océano no habían contado con especial consideración en los primeros treinta años del profesionalismo. Fue recién en los sesenta cuando los futbolistas que venían de hacer una larga carrera en Italia o España se convirtieron en profesionales muy codiciados por los clubes argentinos.

Juan Carlos Lorenzo debutó como futbolista en Chacarita Juniors en 1940. Unos meses antes, tuvo un paso por las inferiores

de River Plate gracias a la recomendación de Renato Cesarini, uno de sus maestros: "nunca conocí a nadie tan dispuesto a compartir todo lo que sabía. Y sabía una barbaridad. Era tan sabio como generoso", afirmó en una entrevista de 1987 con la revista *El Gráfico*, y dejó en claro que las influencias de los directores técnicos son más amplias de lo que aparentan.

Era *wing* derecho, pero según sus propias palabras podía jugar en cualquier posición del ataque. En 1945 pasó a Boca Juniors, donde fue dirigido por Mario Fortunato y se relacionó de manera íntima con el estilo boquense. Emigró a Europa en medio de la huelga del 48 y allí jugó durante diez años en diversos equipos de España, Italia y Francia.

Su primera experiencia como entrenador fue en Real Mallorca, club al que llegó por recomendación de Alfredo Di Stéfano. Allí consiguió una verdadera hazaña: logró dos ascensos consecutivos hasta llegar a la primera división. En las islas baleares lo recuerdan como un técnico innovador y revolucionario. Entre sus aportes destacan que introdujo la costumbre de regar el césped antes del partido o de dejarlo más largo de acuerdo a la técnica del rival, así como también impulsó las nuevas formas de entrenar con un profesionalismo que no existía en el fútbol de ascenso español en aquellos años. Asimismo utilizó artimañas como las de hablar con los pilotos de avión que trasladaban a las delegaciones rivales para que tuvieran un aterrizaje movido y, de esa manera, llegaran nerviosos y mareados. Su trabajo llegó al conocimiento de los dirigentes de San Lorenzo, quienes lo contrataron para sacar del pozo al equipo en 1961.

Lorenzo no solo cumplió su objetivo, sino que logró un subcampeonato. Así recordó su trabajo un año después en la revista *El Gráfico*: "El equipo andaba flojo y necesitaba sumar puntos, entonces procuré fortalecer la defensa, amontonar gente en la retaguardia, evitar goles para después intentar la ofensiva. (Oscar) *Coco* Rossi cumplió bien en el medio campo y muchas veces (Carlos) Cabrera me ayudó a soldar ese trabajo. Traté de ordenar al resto buscando que (Raúl) Páez agilizara sus cruces en ayuda del zaguero central. No quería un frontón, sino que insistí en dar flexibilidad a la retaguardia, procurando gestar una maniobra atacante en el mismo momento del quite, sin demoras, con pelotas que ganaran campo y ahorraran aire. Di soltura a (Guillermo) Reynoso, libertad a sus desplazamientos, instándolo a que llegara arriba, donde solo tenía dos hombres en neta posición ofensiva: (José Francisco) Sanfilippo, goleador indiscutible pese a todos los peros que pudieran esgrimirse, y (Félix) Leeb, algo rudimentario, pero muy veloz. Tenía que moverme con el material disponible y tener resignación en los puestos que revelaban déficit. Hice un 4-3-3, dejando a (Héctor)

Facundo como tercer hombre ofensivo, pero más retrasado para que tuviera mejor ángulo de tiro". Esa idea de armar el equipo "de atrás para adelante" fue una de las que marcó su carrera.

Hasta 1972, Lorenzo era más reconocido por su verborragia y su capacidad para vender a sí mismo, que por el juego de sus equipos. Dirigió a la Selección Argentina las Copas del Mundo de 1962 y 1966 sin lograr la consolidación de un estilo y también tuvo pasos por River, el fútbol italiano y Atlético Madrid. En el Mundial de Inglaterra dejó una buena imagen pese a la eliminación en cuartos de final contra el anfitrión. Aquel conjunto tenía al mejor marcador de punta izquierdo del mundo: Silvio Marzolini, quien nunca dudó en resaltar la importancia del DT en su evolución: "El ser mejor del mundo se lo debo un poco al *Toto*. Antes del Mundial en una gira por Italia le preguntaron por mí. Y él respondió: 'Es mejor que (Giacinto) Fachetti y (Karl-Heinz) Schnellinger'". En 1981, Marzolini fue el entrenador del Boca campeón con Diego Maradona como estrella absoluta y Miguel Brindisi en la primera guitarra. Un equipo brillante que no se alejó del estilo boquense.

Lorenzo regresó a Boedo en 1972 y llevó al club a un bicampeonato inolvidable. El plantel era la base del lujoso equipo de *Los Matadores* que dirigió Tim, pero el nuevo DT le dio una identidad totalmente diferente. "Fue un equipo modelado por Lorenzo. La estrategia era marcar y jugar con hombres justos para cada función. El *Toto* lo manejó con mucha categoría. Fue un gran campeón, nadie le regaló nada", afirmó Victorio Cocco acerca de un conjunto que fue apodado como *La computadora*. Tenía una preparación física sin precedentes gracias al trabajo de Jorge Castelli, su socio durante toda la década del setenta, y una obediencia táctica que nunca se había visto en el medio local.

En su biografía, escrita por el periodista Alfredo Luis Di Salvo, Lorenzo recordó: "Decían que mi sistema no era de un fútbol brillante. Pero, ¿qué había que hacer para jugar un fútbol brillante? Cuando se cumplió la vigésima octava fecha llevábamos diez puntos de ventaja. Le hicimos 4-0 a River en el Monumental; otros cuatro a Rosario Central; 3-0 a Boca en la Bombonera; 4-0 a Gimnasia. ¿Me quieren decir de qué fútbol brillante hablaban? ¡Déjense de joder! San Lorenzo fue un verdadero ciclón. Arrasaba todo y practicaba un fútbol moderno y muy efectivo para aquella época".

Lorenzo era un técnico rígido y apasionado, un amante de la táctica y, sobre todo, un estudioso. Obsesivo, conocedor al milímetro de cada virtud de sus futbolistas y de sus rivales, exigente al extremo y motivador nato. A comienzos de los sesenta les repartía un papel con instrucciones a sus dirigidos, muchos de los cuales jamás habían trabajado con un DT tan pendiente de cada detalle. Al mismo tiempo tenía la lucidez para darles libertad a aquellos ju-

gadores que así lo requerían. Victorio Cocco, la usina de juego del San Lorenzo de 1972, afirmó: "dejaba libertad a los que tenían que jugar y hacer goles. A mí nunca me indicó que debía correr detrás de un rival. Dejaba jugar a los que desnivelaban".

En 1974 regresó a España, donde dirigió a Atlético Madrid y fue subcampeón de la Copa de Europa después de estar a diez minutos de coronarse contra el Bayern Múnich de Franz Beckenbauer y Gerd Müller. En 1975 hizo una extraordinaria campaña con Unión de Santa Fe, que terminó cuarto en el Metropolitano con la segunda valla menos vencida, y en 1976 fue contratado por Boca, el club que lo convirtió en leyenda tras la conquista de las dos primeras Copas Libertadores y la primera Copa Intercontinental para la institución.

"Lo que pretendo de Boca es un cuadro que juegue en abanico, dividido en tres arcos que siempre mantengan la misma distancia entre sí. Esto es funcionamiento en bloque. Cada línea respalda a la que sigue y a la vez es protegida por la de adelante. Cuando hay espacios libres entre los distintos abanicos, un equipo es vulnerable. Y Boca no puede dar ninguna ventaja. Debe salir a matar pero sin regalarse, sin exponerse al suicidio", dijo en su presentación. Pocas veces un técnico cumplió sus objetivos tan rápido y de forma tan absoluta.

El Boca de Lorenzo se apoyó en su estructura defensiva y en su gran velocidad para el contraataque. Hugo Gatti, a quien pidió especialmente desde Unión, era el arquero; Vicente Pernía, Francisco Sá, Roberto Mouzo y Alberto Tarantini formaban una línea de cuatro defensiva impenetrable y Rubén Suñé y Jorge Ribolzi se desempeñaban como mediocampistas de equilibrio. "Todos me acusan de que voy a especular siempre, que niego el ataque, que mando destruir a mis jugadores, pero el fútbol es así. Si no ganás, al día siguiente te echan", se defendió de las críticas mientras dotaba a su Boca de una mentalidad ganadora de hierro.

Si hubo un hombre que influyó en la formación de Juan Carlos Lorenzo, ese fue Helenio Herrera. Nacido en Argentina pero formado como futbolista en Marruecos y Francia, fue uno de los entrenadores más importantes de la historia del fútbol europeo. Ganó dos títulos continentales con Inter y fue campeón de España con Barcelona y Atlético Madrid. Fue dirigido por Robert Accard en Stade Français y allí convivió con un rudimentario *catenaccio*, el reconocido sistema táctico que sumó un hombre más en posición defensiva.

En 1960 arribó al club de Milán con la convicción de acabar con los fundamentalistas del cerrojo liderados por Nereo Rocco e implementar algo parecido al estilo criollo que mamó en los primeros años de su niñez. Sin embargo, lo que hizo fue perfeccionar el *ca-*

*tenaccio*, darle mayor dinamismo y potencia, dotarlo de un trabajo muy férreo de los cuatro defensores para que prevalezcan en el mano a mano contra los atacantes rivales y lograr que el líbero siempre esté cerca de la pelota, dispuesto a relevar a sus compañeros. Durante dos años, Inter fue imbatible.

Helenio fue uno de los primeros técnicos mediáticos. Le encantaba hablar de sí mismo, cada vez que tenía la oportunidad se autodenominaba como "el mejor" y nunca le escapó al protagonismo. "Mi Inter del 64/65 fue el mejor equipo que vi en mi vida. Tenía una solvencia, una personalidad y una cohesión excepcionales. Era un instrumento de relojería perfecto. Y cuando defendía, se armaba una fortaleza inexpugnable. Mis jugadores estaban instruidos al detalle. No podían equivocarse".

No fue una sorpresa que las virtudes de aquel campeón de Europa fueran las mismas de los grandes equipos de Lorenzo, quien destacó a Herrera no solo como el hombre que más lo marcó en lo futbolístico, sino también en el manejo de las relaciones públicas: "Él me enseñó cómo es necesario para un DT ser su propio agente de publicidad", afirmó *Toto* en entrevista con *El Gráfico* y agregó: "todos los días tenía una idea nueva. Una vez fuimos a jugar a Sevilla, y antes de salir, realizó una declaración llena de soberbia: 'ya les ganamos'. Los andaluces se indignaron, hasta vinieron al hotel para insultarnos. Con esa actitud, la gente cargó de presiones a sus jugadores, que se vinieron con todo al ataque, y nosotros los goleamos de contra. El final fue 4-0. Helenio me miró fijo y me preguntó: '¿no les dije que ya habíamos ganado?'". Sin la influencia de Herrera, el trabajo de Lorenzo en Argentina hubiera sido muy diferente: "cuando llegué de Europa tenía una concepción diferente. Mi objetivo era imponer a la técnica tradicional argentina el fútbol físico que me había inculcado Helenio Herrera. Tenía que sacar una ventaja en ese aspecto, y una de las cosas que decidí fue el entrenamiento en doble turno. Toda una innovación. ¡Ese fue uno de los secretos de mis equipos!".

# 3.E - MIGUEL JUÁREZ / ANGEL ZOF / JUAN CARLOS MONTES

## LA BOHEMIA DE LA ESCUELA ROSARINA

La escuela rosarina tuvo a comienzos de la década del setenta su segundo momento de gloria, después de la épica de Gabino Sosa y Harry Hayes. Newell's Old Boys y Rosario Central se consagraron campeones por primera vez en el fútbol nacional, aunque su aporte no se quedó en el simple éxito deportivo, porque el resto de los clubes de Buenos Aires y la Selección nacional se alimentaron de ese juego atildado y lujoso. La forma de comprender el fútbol expresada por los maestros rosarinos fue fundamental en la reconstrucción definitiva del seleccionado a la vista del mundo.

Para explicar la trascendencia de Miguel Antonio *Gitano* Juárez en el crecimiento del árbol genealógico futbolero argentino, son indispensables las palabras de César Luis Menotti. "Desde que me convertí en futbolista profesional, quien me ha guiado fue Juárez. Con sus observaciones, con sus críticas, con sus comentarios, me fue puliendo a medida que se concretaba nuestra amistad. Además, viendo se aprende, al mismo tiempo en el que se analiza. Él me enseñó que en el fútbol, los defectos pueden quedar anulados porque la inteligencia del jugador, del jugador inteligente, permite que se vayan modificando", expresó el joven futbolista Menotti en una entrevista con la revista *El Gráfico* en septiembre de 1962. Juárez fue, ni más ni menos, que el maestro del primer DT campeón del mundo argentino.

"El fútbol es un juego, una diversión que hace que ganes guita con los que de pibe hacías en el campito o en el potrero". El *Gitano* nunca fue campeón de primera división. Casi como si hubiera buscado que su colaboración estuviera por debajo de los resultados, como un aporte subterráneo, imperceptible, pero a la vez imprescindible. Aunque se destacó como jugador en Rosario Central, su mejor trabajo como director técnico fue en Newell's, donde dirigió entre 1970 y 1972 y formó el plantel que luego ganaría el título de 1974 con Juan Carlos Montes en la dirección técnica. Su asistente en ese tiempo fue el propio Menotti. Para él, el trabajo del entrenador no tenía misterios, era tan simple como poner a los mejores jugadores y darle el mínimo orden necesario para que sus libertades hicieran el resto.

Era un bohemio, un hombre de pueblo, que siempre le huyó a los primeros planos. Se plantaba delante de sus jugadores con más apariencia de amigo que de cabecilla y justamente era eso lo que lo convertía en líder. "Prefiero que sean famosos los muchachos y no yo", afirmaba. Lo mejor que hizo el *Gitano* en Newell's fue dotar al equipo de una gran potencia ofensiva, con un ataque formado por el brasileño Marcos Pereira Martins, Héctor Jesús Martínez, Alfredo Obberti, Mario Zanabria y Heraldo Bezerra. Más atrás se destacaban Juan Carlos Montes y José Berta. Fue uno de los mejores conjuntos de esos años, pero no pudo conseguir ningún título y perdió una semifinal legendaria con Rosario Central el 19 de diciembre de 1971, que marcó el final de su ciclo en el Parque Independencia.

La mejor forma de terminar con los mitos más falaces relacionados con esta escuela es entender las palabras de Juárez, que sirven para desterrar la idea de que "el fútbol no se trabaja" y de que "no importa el resultado". "El fulbito, el toque lateral intranscendente, el lujo, la comodidad, son graves riesgos. Problemas que tienen que ver con la mente. Para mi manera de entender el juego no hay nada que me irrite más que ver a un equipo parado en el campo de forma displicente. Exijo que todos, todos, corran y se sacrifiquen en la misma medida, los mejores y los otros", explicó en una entrevista con la revista *El Gráfico* mientras era el entrenador de Huracán, al que dirigió tras la salida de Menotti rumbo a la Selección. Sus equipos buscaban presionar a la salida, asfixiar al rival y, por supuesto, utilizaban el achique como recurso en defensa. Para él, el fútbol era simple y bello. Toque y gambeta. Opinaba que René Houseman era más hábil que Pelé y que no era necesario gritar para transmitir una idea.

El Ángel Tulio Zof futbolista se fue de Central por primera vez en 1955, un año antes de que llegara Juárez. Fueron dos jugadores de características opuestas. Mientras que el *Gitano* era un mediocampista elegante y virtuoso, Zof era un recio defensor cuya mejor virtud era la firmeza. Sin embargo, como entrenador buscó siempre el toque, el juego estético, asociado, el arco rival, y fue un digno exponente de la escuela rosarina, aunque también tuvo la fundamental influencia de Adolfo Pedernera, quien lo dirigió en Huracán.

Al igual que Juárez, comenzó su carrera como DT en Newell´s, de la mano de Adolfo Celli, con quien formó dupla durante buena parte del campeonato 1965, el segundo en primera tras el ascenso de 1964. "Hicimos buenas campañas y aprendí mucho del *Alemán* (Adolfo Celli)", recordó acerca de su paso por el rival de toda la vida.

En 1970 regresó a Central y su presencia fue importante en la formación del primer equipo rosarino campeón nacional, un año después y con Ángel Labruna como entrenador. Para Zof, el Central subcampeón del Nacional 1970 fue el mejor equipo que dirigió: "en nuestra cancha los pisábamos a todos". Una de las claves fue

el cambio posicional de Aldo Pedro Poy, quien pasó a jugar más retrasado y desde allí se hizo líder del equipo.

Dirigió a Central en ocho ciclos diferentes a lo largo de 36 años. Ganó dos títulos nacionales (1980 y 1986/87) y uno internacional (Copa Conmebol 1995). Pocos directores técnicos de la segunda mitad del siglo XX tuvieron una identificación similar a la que tuvo Don Ángel con su club. Para él, el trabajo del director técnico era, sobre todo, elegir bien a los jugadores: "si yo no elijo bien, si solo pienso en defender para tratar de zafar, nunca voy a tener posibilidades de salir campeón ni de estar peleando. Un técnico es bueno cuando cuenta con buenos jugadores. Con individualidades mediocres, un entrenador corre el serio riesgo de que la gente también lo considere un mediocre. Algunos sostienen que el fútbol es un estado de ánimo. Y es cierto. Pero con eso solo no alcanza para destacarse. Los entrenadores somos el complemento del equipo. Los que tenemos que mirar un poco más, analizar por encima de un triunfo o una derrota, aunque de ahí a ganar y perder partidos hay una diferencia muy grande".

El respeto reverencial por el talento del futbolista no le impidió a Zof trabajar todos los días para intentar mejorar, con la búsqueda de la victoria como objetivo principal, aunque no único. "El resultado importó siempre, en todas las épocas. El tema es que antes una derrota no desataba una tragedia como ocurre ahora. Se perdía y punto. No había esta locura por ganar y ganar. Esto no significa que piense que todo pasado fue mejor. Yo no soy un prisionero de los recuerdos. Pero no hay que taparse los ojos. Hoy parece que ser cada vez más profesional es ser cada vez más resultadista. Porque el hincha quiere ganar y no le importa cómo: si es de cualquier manera está bien igual. Hace unos años también importaba ganar, pero además jugar bien", afirmó en una entrevista de 1997 con la revista *El Gráfico* y agregó: "eso de técnicos modernos, técnicos antiguos, técnicos que trabajan, técnicos que no hacen nada, es un invento del periodismo. ¿Dónde se vio?, ¿Qué es eso? Todos, en definitiva, trabajamos a nuestra manera. La función de un técnico es ésa: armar, armonizar. Y esta virtud no la tiene cualquiera. Yo siempre busqué a los equipos. Porque hay que buscarlos para encontrarlos. Eso es así. Aunque a veces, más de lo que uno se imagina, los grandes equipos aparecen solitos, casi sin querer. Y sorprenden porque son máquinas de jugar. Como aquella Selección de Brasil en México 1970".

Juan Carlos Montes fue el director técnico que hizo debutar en primera división a Diego Armando Maradona el 20 de octubre de 1976. Ese solo hecho, ese minuto, esas palabras: "vaya Diego, juegue como usted sabe. Y si puede, tire *un caño*", son motivo suficiente para ganarse un lugar de privilegio en la historia. Se necesita un grado superior de lucidez para comprender que un niño de 15 años ya está listo para jugar contra hombres que lo doblan en edad, incluso si ese niño fuera Maradona. Montes era un hombre arriesgado, con las ideas claras y un gusto por el fútbol muy desarrollado. En definitiva, fue la escuela rosarina la que hizo posible el salto al fútbol profesional del mejor futbolista de todos los tiempos.

En abril de 1974 dirigió al combinado rosarino que venció a la Selección Argentina mundialista gracias a una legendaria actuación de Tomás Felipe Carlovich, otro talento nacido en Rosario que tiene su propio libro. Antes del partido, el en ese momento DT de Newell´s les dijo a los futbolistas: "Bueno muchachos, hoy tenemos una gran ocasión de mostrar al país lo que es el fútbol rosarino. Lo único que les vamos a pedir es que se entreguen al máximo y jueguen el fútbol que más les gusta. Dejen fluir el potrero y no se preocupen tanto por la marca. Acá la obligación la tienen los otros, que son los mejores del país, así que no nos enloquezcamos y juguemos como más nos gusta".

Montes, dueño de uno de los mejores apodos del fútbol argentino (*Canción*), debutó en Atlanta de la mano de Osvaldo Zubeldía y luego fue el número cinco del Newell's de Juárez. Esa mixtura de influencias explica en buena parte cuáles eran sus ideales. Fue quien mejor interpretó las ideas del *Gitano* y el encargado de llevarlas a cabo en la cancha. Elegante, talentoso e inteligente para manejar los tiempos, su conversión en DT fue una cuestión de tiempo. Lo hizo en 1972, y en 1974 condujo a Newell´s a su primer título, justo en un partido frente a Rosario Central y gracias a un recordado gol de Mario Zanabria.

## 3.F - TIM

### EL FÚTBOL QUE MATABA

El brasileño Elba Padua de Lima dirigió menos de dos años en el fútbol argentino, tiempo suficiente para dejar una huella profunda en la evolución de una manera de sentir el juego. Fue un gran delantero de Fluminense y la selección de Brasil de las décadas del 30 y 40, con participación en el plantel dirigido por el reconocido Adhemar Pimenta en la Copa del Mundo de Francia 1938.

En 1967, San Lorenzo decidió repetir la fórmula utilizada en 1961 con Juan Carlos Lorenzo y fue a buscar a un entrenador del exterior, con nula experiencia en el medio local. Estaba necesitado, ya que no ganaba un título desde 1959, con José Bareiro como técnico. Además, el magnífico campeón de 1946 había quedado muy atrás en el tiempo. Diego García, símbolo sanlorencista del campeonato de 1936 y sucesor natural de José Fossa (aún hoy el futbolista con más logros en la historia del club de Boedo), y Pedro Omar dirigieron aquel equipo del 46, recordado sobre todo por el histórico Trío de Oro formado por Rinaldo Martino, René Pontoni y Armando Farro. La dupla técnica, en silencio tal como se acostumbraba, logró que los tres fenómenos se potenciaran y además formó una columna vertebral muy sólida y confiable con Mierko Blazina en el arco, Oscar Basso en la defensa y el vasco Ángel Zubieta en el mediocampo. Ese conjunto demostró su jerarquía en una exitosa gira europea, que sirvió para exhibir el extraordinario momento del fútbol argentino en los cuarenta.

Más de veinte años después de aquella gesta, Tim llegó a Buenos Aires como un verdadero desconocido. Su carta de presentación fue: "el fútbol argentino siempre me gustó, es de lo mejor del continente. Ahora debe entrar en lo moderno sin perder el toque de pelota de América del Sur. Yo soy un técnico exigente, tengo mis ideas y tengo vergüenza profesional. Pienso transformar el equipo, que tiene buen material. Trabajable. No me importa ni el 4-2-4 ni el 4-3-3, solo sé que si tengo un equipo poderoso, soy todo ataque. Si tengo gente poco fuerte arriba, soy todo defensa. Pero me gusta más lo primero. No quiero quitarle a ningún jugador lo que tiene de bonito, quiero transmitirle mi experiencia mundial".

El San Lorenzo de *Los Matadores* fue una máquina de atacar. "Su fútbol abierto, dinámico y a la vez demoledor le dio a San Lorenzo un título y el apodo de 'Matadores' ampliamente merecido, porque mataba", escribió el analista Juvenal. Salió campeón invicto y fue el conjunto más goleador y el menos goleado del Metropolitano 1968. Estaba apoyado en su potencia ofensiva, con la base de los Carasucias, aquella joven delantera integrada por Narciso Doval, Fernando Areán, Victorio Casa, Héctor Veira y Roberto Telch que deslumbró en 1964 al mando de Barreiro y no pudo coronar su campaña con un título.

Tim logró impulsar esos talentos y rodearlos con un equipo sólido, confiable y seguro de sí mismo. Para eso tuvo que impartir disciplina. Una de sus primeras medidas fue imponer la concentración, para solidificar el grupo y también para evitar las salidas nocturnas a las que algunas de sus figuras estaban acostumbradas. El único que tenía permiso para dormir en su casa era Alberto Rendo, quien ya estaba casado y presumía de una conducta ejemplar. "La causa de la irregularidad de San Lorenzo era física, al plantel le costaba recuperarse después de un partido intenso. Sobre todo a los solteros. Entonces, la solución era juntarnos 72 horas antes del partido. Para conversar con cada jugador sobre su función, para explicarle de nuevo si no entiende. El fútbol se compone de pequeños detalles y esos aspectos pueden ser revisados por el técnico en la concentración".

Aunque por lo general se emparenta la idea de Tim con una concepción antigua del juego, en la que el talento de los futbolistas es lo único que importa y la influencia del entrenador es casi nula, sí logró imprimirle una identidad a su equipo. Es cierto que no era un fundamentalista de las tácticas, pero tenía la lucidez para mover fichas en los momentos clave de un partido. Sabía leer el juego como pocos. "No quiero gente parada ni con posición fija, hay que provocar espacios para que sean ocupados por otro compañero. Si todos cambian posiciones, si llega cualquiera, si todos pueden ser delanteros, si todos pueden ser defensores, entonces ahí tendremos un equipo". Para lograr eso es necesario trabajar, entrenar. Y *los Matadores* trabajaban, mitos al margen.

"El técnico debe decidir cómo utiliza a los jugadores que tiene, cómo los complementa. La base es el jugador, el técnico solo tiene que casarlos para que formen el equipo. Este juego es simple, y cuanto más simple se hace, mejor. Yo digo siempre que la pelota no piensa, acepta el raciocinio de los que la mandan. Entonces, damos el planteo, la forma de ubicarse, la forma de moverse y lo otro lo hacen ellos".

En San Lorenzo sobraban futbolistas de clase, solo necesitaban mejorar esos pequeños detalles. Rafael Albrecht era el líder de la defensa, Telch manejaba los tiempos en el medio, Rendo dirigía al equipo en la corta y en la larga, y arriba Rodolfo Fischer, Carlos Veglio y Veira aportaban la fantasía y el gol.

Tim quedó en la memoria popular por ser el autor de la frase "el fútbol es como una manta corta, si te tapás la cabeza te destapás los pies". Al parecer, en San Lorenzo se las arregló para encontrar una manta más larga.

## 3.G - OSVALDO ZUBELDÍA

### LABORATORIO, SUDOR Y SENTIDO COMÚN

En 1961, Estudiantes de La Plata se salvó del descenso en la última fecha gracias a un triunfo agónico contra Lanús; en 1962 finalizó entre los dos últimos pero evitó la pérdida de la categoría gracias a la implementación de los promedios ocurrida cinco años antes; en 1963 terminó noveno entre catorce equipos y en 1964 14° de 16.

Lejos habían quedado las épocas del fútbol lujoso de Los Profesores y de la inolvidable delantera de los cuarenta formada por Julio Gagliardo, Juan José Negri, Ricardo Infante, Francisco Arbios y Manuel Pelegrina, con Alberto Zozaya como director técnico. El club platense caminaba por la cornisa en 1965, cuando Miguel Ignomiriello, hombre fuerte de la institución, recomendó la contratación de Osvaldo Zubeldía, quien en poco tiempo convirtió a un plantel que penaba para mantenerse en primera en un campeón del mundo. Logró la hazaña de conducir al título a uno de los "chicos" por primera vez en la era profesional. Y dotó de una nueva personalidad a una institución y, con ella, a buena parte de una ciudad. Cambió la historia no solo de Estudiantes, sino de todo el fútbol argentino.

En agosto de 1965, *El Gráfico* publicó un reportaje en el que describió al equipo en formación como "un laboratorio con sudor y sentido común". El concepto de "laboratorio" acompañó a Zubeldía incluso desde antes de su llegada a La Plata y modeló su identidad como entrenador. En dicho artículo, se deja en claro que durante aquellos primeros meses la principal tarea del DT era convencer a los futbolistas de que su método era la mejor forma de llegar al éxito.

Las palabras del defensor Raúl Madero, uno de los experimentados, dieron cuenta del cumplimiento de ese objetivo: "a Estudiantes hay que saber esperarlo porque es un equipo con un futuro tremendo. Si este año salimos séptimos, yo me conformo, lo importante es mantener el equipo. A mí no me deslumbra el que sabe, sino el que trabaja. Y Zubeldía hace las dos cosas". El delantero Marcos Conigliaro supo reafirmarlo: "en otros clubes nunca se entrenan jugadas clave como los tiros libre, los córners. Aquí tenemos cinco acciones diferentes para un tiro libre. Y también practicamos el dominio de pelota".

El tricampeón de América nació en aquel 1965, cuando se sentaron las bases del sistema de trabajo que Estudiantes utilizaría los años posteriores. Los lunes, el descanso de siempre; los martes, bolsas de arena sobre los hombros y gimnasia recreativa, con una hora de supervisión del DT y otra con el preparador físico Jorge Kistenmacher; los miércoles, trabajo fuerte de resistencia en el bosque; los jueves, ejercicios con pelota y en pareja; los viernes, solo velocidad, piques y repeticiones y los sábados concentración desde las siete de la tarde. Todo bajo una disciplina colectiva en la que cada integrante era responsable de mantener el orden y de hacer cumplir las reglas. "El equipo encontró un técnico humilde, con una banda de muchachos que aceptamos las reglas de trabajo y sacrificio", explicó el arquero Alberto Poletti.

La figura de Ignomiriello, entrenador de las inferiores y formador de la célebre *Tercera que mata* (el equipo de juveniles que sirvió como semillero del plantel campeón) fue vital para afianzar ese nuevo modo de trabajar. Él ya tenía la ambición de impulsar entrenamientos a doble turno porque "nadie puede aprender nada en dos horas de trabajo; se requiere mucho más". Además, promovió la mejora de vestuarios e instalaciones y fue un estudioso de la preparación física. Prócer de Estudiantes, también es muy respetado en Rosario Central, donde lideró un proceso de desarrollo institucional clave para los éxitos de los setenta. Ni siquiera haber dejado libre a Menotti en 1967 porque "no quería trabajar, era un vago" o haberle quitado la posibilidad de afirmarse en primera división a Tomás Carlovich, le hicieron perder el cariño de los simpatizantes rosarinos.

Los grandes técnicos de la historia han trabajado todas las facetas del juego y lo han hecho con un objetivo: ganar. Lo que sí cambian son los enfoques, los métodos, las formas y las ideas. Para Zubeldía, lo más importante en el fútbol profesional siempre fueron los resultados, aunque jamás despreció las maneras de llegar al éxito: "es claro que si un equipo gana y ofrece buen espectáculo, mejor. Pero lo más importante es ganar y para hacer hay que estar preparado. El lirismo es muy lindo, yo también lo fui cuando me venía de Junín a Buenos Aires para ver a la Máquina. Pero necesita sustentarse en triunfos. Si usted juega bien y pierde, el lirismo se terminó en la tercera derrota. Aquí nos hacen creer que el fútbol a la brasileña es fumar en el vestuario hasta por las orejas hasta dos minutos antes de jugar, no tomar en serio el entrenamiento, trasnochar, vivir de farra en farra y hacer dentro de la cancha lo que cada uno quiere. Es mentira. El equipo de Brasil que ganó el Mundial 70 estaba preparado y planificado mejor que ninguno".

Antifútbol. Ese es el otro mote que atormentó a Zubeldía durante toda su carrera. "Me acusan de ser un técnico defensivo, destructivo, enemigo de la creación, de fabricar jugadores robots, y resulta que en el campo vivo trabajando jugadas de ataque para aprovechar todas las oportunidades de marcar", explicó en una entrevista con *El Gráfico* en uno de sus tantos intentos por saldar la discusión.

El mito de los alfileres y del juego desleal de sus equipos también está cimentado en ciertas actitudes individuales que jamás fueron impulsadas desde el banco de suplentes. "Nunca jugué sucio, si interpretamos jugar sucio por el hecho de golpear o lastimar contrarios. Como jugador no lastimé nunca a nadie, y como técnico no mandé nunca a pegar patadas. Mientras el partido era parejo jugué lealmente. Cuando veía que llevaba las de perder contra rivales que me superaban físicamente, trataba de enredar el juego, de quebrar el ritmo, demorarlo, eran artimañas en defensa propia. Porque siempre respeté al rival, pero está claro que siempre hubo bobos, de esos que engranan con facilidad y si podía hacerlos engranar no pedía oportunidad. Y lo mismo les digo a mis jugadores. ¿O a qué estamos jugando? El fútbol ha sido, es y será un juego de vivos".

Osvaldo Ardizzone, una de las plumas más respetadas de la década del sesenta, ensayó un elogio del Estudiantes muticampeón que buena parte del fútbol argentino pudo tomar como propio: "A mí no me gusta el fútbol de Estudiantes. ¿Cómo hacemos para aceptar que con la destrucción, con la suciedad, con los recursos ilegales, este modesto y humilde plantel sin figuras, sin jugadores de calidad, que no puede jugar al fútbol, que aburre, que droga a los espectadores, cumpla esta campaña que lleva? ¿Cuánto dura ya? Tres años y dentro de esta campaña a un metropolitano, dos de América y una del mundo... es lo mismo que ocurre con Piazzolla. ¿Si es tango o no es tango? ¿Si es nuestro o no es nuestro? Yo me entrego. ¿Sabe por qué? Porque ese fútbol que no tiene Estudiantes sirve para ganar. ¿Quién empezó con la jugada del córner? Al menos, ¿quién la transformó en fundamento? ¿Quién inauguró la comedia de los tiros libres con el que amaga, el que salta, el que pasa, el que va a la barrera, el que toca y el encapuchado que tira? ¿Quién le dio tanta importancia a todo eso que para nosotros era nada más que inocentes y triviales accesorios del fútbol; como el córner, el tiro libre, la comba de Madero, el *offside*, los centros con pierna cambiada, que tanta difusión y tantos imitadores ha encontrado ya en todo el medio argentino? ¿Cuántos resultados consiguió Estudiantes con estos recursos? Y si esto es ventaja, es porque los demás son otarios. Y si eso gana, es porque los demás son ingenuos. Todo es trabajo, trabajo y trabajo".

"Cuando llegué al fútbol estaba todo inventado. Lo único que hice fue sistematizar las experiencias recogidas, trabajar muchísimo y vivir para el fútbol. Siete días por semana, exigir trabajo y dar el ejemplo todos los días del año, para aplicar esas experiencias en beneficio de mis jugadores", explicó Zubeldía en declaraciones extraídas del libro *A la gloria no se llega por un camino de rosas*, de Nicolás Morente. "La única manera que hay para formar un buen equipo es trabajar durante la semana. Por lo general se imita al que gana, y si lo hace un equipo de vagos, quiere decir que no hace falta sacrificio. Y es al revés. Quiero que ganen los que juegan bien y además se sacrifican".

En declaraciones a la revista *Primera plana* expresó en enero de 1964: "Creo en el pizarrón. El pizarrón no sirve para enseñar, sino para clarificar. El director técnico que no quiere el pizarrón es porque le tiene miedo al alumno. El fútbol está perdiendo la belleza de antes, pero se va ganando en otras cosas. Los jugadores creen más en el trabajo. Es disciplinado cuando sabe que el técnico es capaz y no permite el manoseo de los dirigentes".

Tan venerado como estigmatizado, el juninense se transformó en una bandera no solo de Estudiantes, sino de una forma de sentir el fútbol. Sus ideas fueron interpretadas y mal interpretadas durante los últimos cincuenta años, tanto por quienes decidieron continuar su legado, como por aquellos que se empeñaron en fomentar una rivalidad basada en doctrinas que poco tienen que ver con el juego del fútbol.

Fue un futbolista inteligente y vivo. No era un habilidoso ni tampoco demasiado rápido, pero sabía interpretar lo que precisaba el juego y su presencia fue fundamental en el Vélez de Spinetto, su principal influencia: "él me metió en la cabeza la seriedad profesional, la importancia de cuidarse para rendir cada día más". En aquel grupo se hablaba de táctica y la mayoría escuchaba al mediocampista izquierdo, el más apasionado y estudioso en la materia. Más tarde jugó dos años en Boca Juniors, bajo las órdenes de Mario Fortunato, y en 1958 fue contratado por Atlanta, donde dirigía Spinetto y trabajaba como preparador físico Adolfo Mogilevsky, el otro apellido crucial en su formación: "él fue el hombre que inició la revolución. Me convenció de algo capital: trabajando se llega. Tenía un plantel con jugadores de vuelta, gastados en su mayoría: como yo, Alberto De Zorzi, Pepe Sánchez, y logró un milagro: ganar la Copa Suecia y salir cuarto en el campeonato". El profesor cambió de raíz el trabajo para mejorar el rendimiento: "'Desde mañana, todo el mundo a las nueve de la mañana. El que llega tarde, paga multa'. Nos hacía dar 20 vueltas alrededor de la cancha y nos mataba corriendo. Impuso la gimnasia recreativa y la autocrítica. Reunía a los jugadores después de los partidos para repasar errores y virtudes".

Su debut como entrenador fue en Atlanta, con Mogilevsky a su lado. El retiro como futbolista había sido en Banfield, donde incluso siguió trotando canchas cuando ya había empezado su carrera como técnico. En el sur conoció a un joven Oscar López, a quien le vio futuro y una década más tarde incorporó a su cuerpo técnico junto a Oscar Cavallero. Luego, ambos formaron una de las duplas más recordadas de la historia. López-Cavallero trabajaron juntos como una unidad casi treinta años y, como otros discípulos de Don Osvaldo, convivieron con el despectivo mote de defensivos. "Por eso nos cuesta dirigir. No regalamos nada, pero cuando tenemos

la pelota la jugamos. En Español salimos campeones en la B y al año siguiente, terceros en la A. Jugando defensivamente, eso no se puede conseguir de ninguna manera", afirmó Cavallero alguna vez. Aquel equipo de Español de mediados de los ochenta hizo del equilibrio y la solidez su gran virtud.

En Villa Crespo y con solo 34 años de edad, Zubeldía inauguró su laboratorio con varios experimentos: entrenamientos a doble turno, pretemporadas extenuantes en Córdoba, concentraciones, el *"wing* ventilador"* (Alberto González dejó su función natural para colaborar con los mediocampistas en el retroceso y la recuperación), la inclusión de dos zagueros centrales, el trabajo en pelotas paradas, la mecanización de marcas y jugadas y el *offside* como herramienta defensiva.

"En Atlanta comencé a trabajar con pelota parada y tomaba para aquellas jugadas a Carlos Griguol, Luis Artime y Gonzalito. Me decían que estaba loco, pero yo había visto en Europa que esto era común. En cambio, la jugada de *offside* nació por una explicación de un colaborador. La ponían en práctica los checoslovacos y decidí mirar varios videos para analizarla. Cuando la asimilé, se las conté a los jugadores. Les pregunté si se animaban a practicar y la mayoría dijo: 'si la hacen los checoslovacos, nosotros también podemos'. La primera vez que la pusimos en práctica fue de noche y en cancha de Atlanta. La habíamos trabajado mucho. Debían salir primero los marcadores de punta, ya que si lo hacían los centrales y alguno quedaba pegado, era gol seguro. Funcionó", afirmó en la revista *El Gráfico*.

Aquel equipo fue bautizado como el Atlanta de los claveles, ya que los jugadores arrojaban flores a las tribunas como una forma de responder a la reprobación de buena parte de la prensa por su juego. Fueron críticas que acompañaron a Zubeldía desde sus primeros días como DT. Incluso, hubo periodistas que les pedían a los futbolistas que "no le hicieran caso al técnico", quien se defendía así: "Mis órdenes no están dadas para que el equipo haga un juego rígido. Por el contrario, les exijo el mayor dinamismo que puedan poner en trabajo individual y colectivo. Mis planes se adaptan a las características de los jugadores que tengo, no al revés".

Trabajaba las 24 horas del día. Los futbolistas al principio se extrañaban al verlo con una libreta en la que anotaba cada mínimo detalle, desde marcas en los tiros de esquina del rival hasta regímenes alimentarios. Con el tiempo, comprendían que allí tenía casi todas las respuestas: "Los jugadores creen en Zubeldía, lo digo sin jactancia. Creen porque saben que no los engaña. Que si yo les doy un libreto les conviene, porque les simplifica la vida. Solo exijo lo que brindo. Trabajo. Y atención que no me limito a pinchar un papel en la pared, dibujar el plano de la cancha y hacer crucecitas y flechitas con un marcador... en la cancha practicamos hasta que nos caemos de cansancio".

A fines de 1965, antes de los títulos con Estudiantes y la inmortalidad, recibió el llamado de la Selección Argentina, que aún buscaba entrar en una nueva era. José María Minella había logrado la clasificación para la Copa del Mundo de Inglaterra 1966, pero se buscaba un perfil diferente y Zubeldía encajaba perfecto. Meses antes de la contratación había afirmado: "Si me nombraran director del seleccionado nacional, echaría a patadas a los dirigentes. Argentina tiene que trabajar para el mundial de 1966. Nombrar un cuerpo de técnicos capaces. ¿Por qué tiene que haber dirigentes en una comisión de selección? Es absurdo". Su intención fue hacer lo que sí consiguió César Menotti casi diez años después: profesionalizar al seleccionado, aunque su experiencia duró solo unos meses. Solicitó cuestiones tan básicas como inexistentes: un cuerpo técnico a su disposición, un médico, instalaciones para trabajar todos los días, contar con los futbolistas durante toda la semana y un calendario de partidos internacionales de preparación. Sus días en la dirección técnica del combinado nacional llamaron la atención de la revista *Primera plana*, que destacó sus rutinas como una verdadera rareza. Entre ellas se destacaron la realización de pequeñas obras de teatro entre los integrantes de plantel y la participación obligatoria en clases de inglés. La idea de Zubeldía, su ayudante Antonio Faldutti y el preparador físico Juan Carlos Cutrera, era trabajar sin perder la capacidad de diversión.

Otro de sus socios fue Argentino Geronazzo, junto a quien escribió un libro en la década del sesenta, *Táctica y estrategia del fútbol*, en el que analizan con profundidad de catedráticos los diferentes sistemas de juego y al mismo tiempo reivindican tanto a la gambeta como a la pelota parada como recursos "imprescindibles". Allí, explican que "la función del conductor de equipo no es la del hincha del tablón, sino la de hallar las soluciones a los problemas técnicos planteados por los rivales. A nadie se le puede obligar a jugar contra sus propios intereses".

Geronazzo compartió plantel con Zubeldía en Vélez y retroalimentaron su obsesión en interminables conversaciones futboleras. Fue el segundo técnico en sacar campeón a un cuadro "chico", en el Metropolitano 1969 cuando condujo a Chacarita Juniors al título tras vencer a River en la final. "La primera vez que los vi me dije... 'ningún equipo puede jugar bien si tiene más de 30% de boludos'. Bajé el porcentaje y fuimos campeones", es su frase y su idea más difundida. Con una personalidad más extravagante que su compañero, impuso sus mismas metodologías, con el contraataque como arma principal.

El Estudiantes campeón de las Copa Libertadores 1968, 1970 y 1971 y de la Intercontinental 1968 fue la obra cumbre de Zubeldía. Madero y el pétreo Ramón Alberto Aguirre Suárez eran los centrales, con Oscar Malbernat y José Medina como laterales más ocupados en defender y en trabajar con el *offside* que en aportar soluciones en ataque. Por delante, los mediocampistas Carlos Bilardo, Carlos Pachamé y Néstor Togneri hacían un trabajo de desgaste y presión, y en la delantera Marcos Conigliaro, Felipe Ribaudo y Juan Ramón Verón no perdonaban.

Fue lo mejor que podía hacer con el material que tenía, porque Zubeldía, como otros técnicos de su tiempo, también ponía al jugador por encima de cualquier preconcepto propio. "Si tuviera a tres como Verón jugaría muy distinto. Y si tuviera a Perfumo o a Marzolini me tomaría libertades que no me puedo tomar en Estudiantes. Por ejemplo, a Verón no lo mando a correr contrarios. Le pido que tape la salida limpia de la defensa, que siga a su marcador hasta la mitad de la cancha, pero prefiero que no se desgaste porque lo necesito para crear y llegar al gol. Teniendo a Verón no necesito preocuparme tanto por el contrario, sino que prefiero crearle la preocupación al contrario de marcar a Verón". Lejos de cualquier dogma, Zubeldía era un pragmático con el mismo respeto y admiración por el buen fútbol que otros pero diferentes herramientas para buscar la victoria.

## 3.H - ADOLFO PEDERNERA

### LAS IDEAS DE LA MÁQUINA, AL SERVICIO DE LA MODERNIDAD

Adolfo Pedernera fue el más encumbrado discípulo de Carlos Peucelle, el cerebro de la Máquina, el maestro de la época más prolífica de las inferiores de River Plate, el padre del fútbol colombiano, el campeón respetuoso y coherente con la historia de Boca Juniors y el entrenador hermético y pragmático. Todo eso fue Adolfo Pedernera. Un hombre con creencias firmes y valores claros, pero también con la lucidez necesaria para adecuarse a los contextos. Un futbolista que marcó la década del cuarenta por talento e inteligencia y un director técnico versátil. La personificación de un concepto: en el fútbol, las ideas y los principios son indispensables, siempre y cuando no se conviertan en un obstáculo en la búsqueda del éxito.

"El trabajo de DT no tiene al hombre perfecto ni al mago. Es trabajo y nada más. Mucho trabajo. Dos años por lo menos con la misma gente. En primer lugar es necesario, importantísimo, conocer al jugador. Uno por uno. Jugador por jugador. Como futbolista y como individuo. Convivencia permanente. Conocer sus problemas, conocer al hombre. Lograr que el hombre llegue a conocer al jugador que hay en él. El DT tiene toda la autoridad para ordenar y adjudicar funciones, para indicar cómo debe jugar. Pero el jugador tiene la obligación de discutir esa orden con el DT". Ese último pensamiento sirve para justificar su autodenominación de "rebelde", sobre todo frente a la dirigencia y la prensa.

Pedernera fue uno de los líderes de la huelga de 1948, cuando defendió a sus compañeros del menosprecio de la clase dirigente debido a la condición social de la mayoría de ellos. También se enfrentó en más de una vez al periodismo, que lo hostigó por su introversión y falta de comunicación. "Mucha gente del fútbol siempre subestimó al jugador por su origen social, por su escaso nivel cultural, en muchos casos por su analfabetismo, que en los cuarenta era más común... yo me rebelé ante ese menoscabo", afirmó en una entrevista con Osvaldo Ardizzone publicada por el diario *Tiempo Argentino* en 1983.

Fue director técnico de primera división durante poco más de veinte años, en los cuales hay muy pocos registros de sus pensamientos en diarios y revistas. Es que se reservaba sus palabras para los jugadores. Con ellos sí hablaba. "El DT trabaja para los futbolistas, para el club que le paga. Yo no quiero hablar de nada afuera del ámbito del club. No creo en la posicional, ni en el 4-2-4, ni en el cerrojo, ni en nada... solo creo en el fútbol. No impugno la teorización, pero si está sola sí. La impugno y la niego. Hablar y escribir es muy fácil. Los esquemas en el papel se dibujan muy fácil. En mi profesión hay muchos aventureros que hablan, pero no enseñan nada. También están los que escriben y no dicen nada", afirmó en una entrevista con *El Gráfico* pocos meses después del Mundial 1962, en el que dirigió a la Selección Colombia tras lograr la clasificación por primera vez en su historia.

Llegó a Boca en 1963, después de los ambiciosos proyectos de Vicente Feola y José D'Amico, enmarcados en el "fútbol espectáculo" de Alberto José Armando. Aunque quien se sentaba en el banco de suplentes era Aristóbulo Deambrossi, uno de sus compadres en el River de los treinta y cuarenta, el verdadero jefe del cuerpo técnico era el propio Pedernera, quien también se ocupó de los equipos juveniles y fundó La Candela. Él fue quien formó el plantel campeón de 1964, que como una paradoja, dio la vuelta olímpica

una fecha antes del final del torneo en el patio de su casa, el estadio Monumental.

Aquel fue un conjunto utilitario, lejano a los gustos personales del DT. Una "fábrica de resultados que no gusta pero es eficaz", según las crónicas de la época. Se apoyó en los atributos históricos de Boca: personalidad, temperamento, fuerza y seriedad. "Los mejores métodos para averiguar si una actividad es eficaz o no son los resultados. Y en Boca los conseguimos", afirmó en los últimos días de su ciclo. Recibió solo 15 goles en contra en 30 partidos y desde esa solidez defensiva edificó su éxito. El arquero Antonio Roma; los defensores Orlando, Carmelo Simeone, José María Silvero (discípulo y luego entrenador campeón en 1970) y Marzolini; los mediocampistas Antonio Rattín, Alberto Mario González y el delantero Paulo Valentim fueron los pilares. Quien más partidos jugó en esos años fue Gonzalito, "la síntesis de todo lo que tiene de sano y de noble el fútbol: laboriosidad, transpiración, habilidad, vigor, vitalidad, ganas, vergüenza, ingenio, tenacidad, aliento, fervor, entereza y lealtad", según palabras de Juvenal. Un resumen de las virtudes de aquel equipo que repitió el título en 1965, aunque ya con mejores recursos ofensivos y con *Pipo* Rossi en el banco debido un accidente automovilístico de Pedernera.

Carlos Peucelle fue su maestro, el responsable de su amor incondicional por la pelota: "si no se quiere la pelota, no se puede ser jugador. Lo que más extrañé cuando me retiré fue la pelota. La sigo amando todavía. Y le digo a los chicos que la traten bien porque ella se da cuenta, es como si tuviera sentimientos". Más allá de la edulcorada analogía, su respeto por el manejo y la técnica marcó su carrera como jugador y director técnico. "En River, jugar al pie era una religión para nosotros. Y era un delito, una falta de respeto, no entregarla justa. Porque significaba dejar pagando al compañero y a la vez deschavar la falta de precisión en la pegada. Era pasar por tronco", afirmó en su libro *El fútbol que viví… y que yo siento*. Ese juego es el que es reconocido como el de "la técnica", el del "potrero". En definitiva, el de la Máquina de Peucelle y Minella. "Carlos lo sabía todo, como futbolista era polifuncional en una época en la que no existía esa palabra. Y como maestro, me transmitió una conducta, una manera de ser. Códigos".

Trabajó en las divisiones inferiores de River entre los setenta y los noventa, y allí descubrió a varios de los cracks de los últimos tiempos, entre los que se destaca Marcelo Gallardo. "Mi meta en la dirección de juveniles siempre fue que se juegue bien al fútbol. Es necesario formar hombres-jugadores, no jugadores-hombres. Hay que educar desde abajo, crear una buena salud espiritual, obligarlos a que estudien".

Como la mayoría de los entrenadores formados en el River de los cuarenta y los cincuenta, pensaba que solo el futbolista es capaz de cambiar el destino de un partido: "los problemas de adentro los puede resolver el jugador y nadie más que él. El hombre de afuera debe marcarle defectos, ayudar a corregirlos, buscar la complementación entre los elementos, hacerlos sentir parte del mismo equipo. Pero una vez que empezó el partido, todo queda en manos del jugador. Él debe tener la inteligencia para resolver los problemas que le plantea el juego, usando los recursos que mejor domina".

Su aporte al fútbol nacional fue tan grande que su nombre no quedó manchado por el fracaso más grande de la historia de la Selección: la eliminación de la Copa del Mundo 1970. Después del Mundial 1966 y hasta el inicio de la clasificación para México 1970 en julio de 1969, se sentaron en el banco argentino: Jim Lópes, Carmelo Faraone, Cesarini, Minella, Humberto Maschio y Pedernera, quien se hizo cargo del equipo justo antes del primer partido contra Bolivia en La Paz.

Intentó cambiar el ánimo grupal, recuperar el fútbol de *wines* con la presencia de Raúl Bernao y "volver a las fuentes", pero no tuvo tiempo de hacer nada y se hundió sin poder ni siquiera llegar a tocar el timón. La percepción general fue que era el hombre indicado para el trabajo, pero que lo habían llamado demasiado tarde.

Pedernera vivió de forma brutal el cambio entre la improvisación y la bohemia de sus días de futbolista con la mecanización buscada por todo el medio local durante sus tiempos de técnico. Hacer equilibrio entre ambos extremos fue una tarea titánica para los símbolos del fútbol de su época. "El jugador pierde la personalidad cuando se acostumbra al mal general: durar, permanecer. No quiere exponerse. Termina por esconderse en una función pequeña, en la función que le mandan. Y cada vez se va limitando más. Hay una necesidad de ganar, una obligación por los intereses económicos que también atenta contra el buen juego. Se le ha intentado quitar a los jóvenes la picardía y el atrevimiento que siempre fue parte de la idiosincrasia argentina. Todo porque algunos creen que para ganar hay que dejar de gambetear y tener velocidad. La única velocidad que desequilibra es la de la sorpresa. La cancha siempre midió lo mismo, solo hay que saber aprovechar esos espacios".

Pedernera logró transitar ese cambio de época sin perder sus principios y con la inteligencia para comprender el nuevo mundo. Nunca dejó de renegar de la falta de romanticismo ni de trabajar para inculcar el amor por la pelota, pero supo armar un campeón con armas diferentes y sin tener que bajar las banderas.

# 3.I - ÁNGEL LABRUNA / PIPO ROSSI

## LOS HEREDEROS DE LA MÁQUINA

Ángel Amadeo Labruna se retiró del fútbol el último día de 1959. La década del sesenta irrumpió con su modernidad y su nuevo paradigma después del desastre de Suecia y ya no había lugar para los hombres como él, formados en una época en la que el fútbol argentino era la referencia mundial por su talento puro, cristalino. Su carrera como entrenador fue una reivindicación de aquel fútbol, el de la técnica por sobre cualquier plan, pizarrón o ciencia.

"Lo más importante son las condiciones técnicas, el talento, la picardía, todo eso que lo hace llamar un jugador de fútbol. Mi idea es jugar el fútbol de toda la vida, que no cambió, pero al ritmo de hoy", afirmó en declaraciones a la revista *El Gráfico* en la década del setenta. Y agregó: "si además de todo eso tiene garra, entonces se aproxima al ideal. Esa palabra es la que más me gusta aplicar al fútbol: garra. ¡Fíjese si Ermindo Onega hubiera tenido un poco más de garra! Un fenómeno, un fuera de serie. Quiero jugadores que nunca se resignen a perder. Si usted consigue un equipo con once tipos así, empiece a pensar en campeonatos". Definir el ser nacional futbolero en pocos términos es una tarea tan compleja como inútil, pero si algo se acerca es esa conjunción de talento, picardía y garra. Labruna lo interpretó como pocos a lo largo de su dilatada carrera como director técnico.

Fue un futbolista de excepción, que se destacó durante veinte años en River Plate, el único club de su vida. Integró todas las versiones de La Máquina, ganó trece títulos nacionales, y es el máximo goleador de la historia del fútbol argentino, si se cuentan torneos de primera división, copas nacionales e internacionales. "Yo siempre me basé en los cuatro técnicos que tuve como jugador: Renato Cesarini, Guillermo Stábile, Carlos Peucelle y José María Minella. Aprendí de ellos cuatro y de los grandes jugadores que me tocaron como compañeros, verdaderos monstruos". Sus influencias explican su forma de entender el juego.

Tuvo grandes éxitos en todos los clubes en los que trabajó. El primero fue Platense, al que condujo hasta las semifinales del Metropolitano 1967, en las que perdió en un partido increíble contra el Estudiantes de La Plata de Osvaldo Zubeldía. Hasta los ocho minutos del segundo tiempo, el equipo de Labruna ganaba 3-1 y su rival jugaba con diez por la lesión de Enry Barale. "Ahora livianito, mañana baños turcos, nos relajamos, y el sábado somos campeones", les había dicho el entrenador a sus jugadores en el descanso. Pero a los 20 minutos los hombres de Zubeldía ya habían dado

vuelta el marcador. El cuarto gol llegó después de que Bilardo provocara la expulsión del arquero Juan Hurt, que le pegó una patada insólita después de controlar un centro sin problemas. Nunca se supo con claridad qué fue lo que le dijo el mediocampista de Estudiantes al guardavalla de Platense, pero aquel hecho marcó el nacimiento de un equipo legendario y el final de un Platense que tenía en la potencia ofensiva su mejor arma.

La principal virtud de Labruna fue su ojo clínico para elegir los jugadores. No tuvo recursos complejos ni métodos científicos, pero sí una intuición infalible para formar sociedades y darle vuelo a las individualidades. Potenciarlas. Eso hizo en aquel Platense, cuya delantera formada por Fernando Lavezzi, Gualberto Muggione, Carlos Bulla, Néstor Subiat y Luis Medina alcanzó el mejor nivel al que podía aspirar.

En 1971 logró su primer título como DT en Rosario Central tras vencer a Newell's en la histórica semifinal de la palomita de Aldo Pedro Poy. Allí hizo lo de siempre: mantuvo la estructura formada por Ángel Tulio Zof y realizó algunos retoques puntuales, entre los que se encuentran la inclusión del joven Carlos Aimar, un mediocampista central batallador y fuerte que se complementó a la perfección con el experimentado Ángel Landucci. Más adelante, Poy, Carlos Colman, Ramón Bóveda y Roberto Gramajo tenían total libertad para jugar.

Tres años después volvió a protagonizar una hazaña cuando llevó a Talleres de Córdoba al cuarto puesto del torneo Nacional, la mejor actuación hasta ese momento para un club indirectamente afiliado a la AFA. Lo hizo tras cambiar de posición a varios elementos: Pablo Comelles pasó de ser mediocampista a marcador de punta por derecha, para aprovechar su buen manejo en la salida; Victorio Ocaño cambió de punta en la defensa, de derecha a izquierda, y Miguel Patire dejó el centro del ataque y jugó como *wing* derecho, por habilidad y velocidad. Esos pequeños detalles hicieron la diferencia. "Al principio teníamos reuniones con el plantel, se charlaba mucho. Yo prefiero siempre hablar que el pizarrón, algo que uso, pero solo para cuestiones puntuales. Lo mejor es la charla. Les pedía que se tomaran cada partido como una final, que no se pararan en la cancha. Nunca até a mis futbolistas, siempre les di libertad. La idea es simple: jugar cuando la tienen, abrir la cancha y, si la pierden, no retroceder, luchar para recuperarla". La gran campaña de Talleres fue su última prueba para regresar al único club que realmente le importaba: River Plate.

"Si agarro River es para ser campeón", dijo en enero de 1975, y hoy parece una frase de casete. En aquella época, el club más ganador del fútbol argentino llevaba 17 años sin ser campeón y acumulaba frustraciones del mismo modo que en los cuarenta y cincuenta acumulaba alegrías. Después de dos ciclos fallidos en 1963 y en 1968 -perdió la final ante Vélez Sarsfield con el célebre arbitraje de Guillermo Nimo y su penal no cobrado por la mano de Luis Gallo-, Labruna fue el encargado de cortar la sequía en 1975. De su mano, River no solo ganó los dos campeonatos de la temporada, sino también llegó a una final de Copa Libertadores y logró cuatro títulos nacionales más. Armó un conjunto sólido en todas sus líneas sin necesidad de cambios estructurales ni fórmulas mágicas.

Desde Cruzeiro de Brasil repatrió a Perfumo, quien junto a Daniel Passarella formó una dupla defensiva aguerrida y también valiente para ir al ataque. Potenció a Ubaldo Fillol y a Norberto Alonso, y fortaleció la sociedad Reinaldo Merlo-Juan José López. Corazón y pases cortos. En ataque, Pedro González, Oscar Más y Carlos Morete encarnaron todas las virtudes de una delantera potente y lujosa. En los años posteriores se sumaron al plantel futbolistas como Ramón Díaz, Alberto Tarantini, Leopoldo Luque, Emilo Commisso, Roberto Saporiti y Néstor Gorosito, uno de los que se preocupó por trasladar su idea clara y sin vueltas al fútbol del siglo XXI. "El fútbol es más simple de lo que parece. Si jugás mejor que el otro y ganás, no vas a tener mayores problemas", expresó Gorosito en pleno auge de los entrenadores "cientificistas".

"Labruna no trabaja", se decía a finales de los setenta y a principios de los ochenta, época en la que nacieron las absurdas distinciones entre los técnicos "trabajadores" y los "vagos". Uno de los íconos del primer grupo, Juan Carlos Lorenzo, lo rebatió con contundencia: "Claro que Labruna trabajaba mucho. Su virtud era que sabía manejar los tiempos de la semana". Y el propio agraviado le dio la razón: "me tuve que ir adecuando en el tema de la preparación física, en lo demás, siempre hice lo mismo: dos veces por semana fútbol formal, las otras veces picadito. Los jugadores fuera de sus puestos para que cada uno cambie sus perfiles, que muevan las piernas. ¿Preparar jugadas de tiros libres? ¡Claro que las practicamos! Pero, yo me pregunto, ¿tanto beneficio le puede tributar la ventaja de un tiro libre en el caso que consiga el gol? Uno cada tanto, ¿o no es así? Por eso prefiero trabajar fútbol como fundamento y no recursos accesorios; la pelota no tiene secretos para mí".

Quizás, su fama de cabulero jugó a favor del mito de la vagancia. Supersticioso como todo amante de los juegos de azar, Labruna mantuvo decenas de ritos y costumbres a lo largo de su vida en el fútbol. Desde posturas corporales, hasta lugares de concentración. Las dos más famosas son el "gol sin arquero", promovido por su maestro Cesarini en medio de una sequía goleadora; y la corbata que inmortalizó en su look de entrenador de River.

El primer trabajo de Labruna detrás de la línea de cal fue en 1961, cuando se unió al cuerpo técnico de River para cumplir la función de "espía" de los equipos rivales. Néstor *Pipo* Rossi era el entrenador. El fenomenal *centrohalf* de la Máquina entendía el fútbol igual que su compinche. "Debe ser el técnico más extraño del mundo. Toda su sensibilidad está en el trato de pelota. Es el intuitivo que nunca debe haber leído un texto didáctico sobre fútbol y que se ríe de 'los dibujitos'. Solo siente placer contemplando cuando un jugador trata bien a la pelota", lo describió el periodista de *El Gráfico* Osvaldo Ardizzone. Mucho más pensante y cerebral que Labruna como futbolista, ambos se destacaron como entrenadores por su habilidad innata para comprender el juego, por su instinto natural.

"El fútbol no puede cambiar nunca. Hay uno solo. Cambian las tácticas, pero el fútbol no cambia. Pueden cambiar los jugadores, y los jugadores pueden cambiar las tácticas. Yo no creo en la fuerza, creo en el jugador como base fundamental. Hay una corriente equivocada, que está mirando a Europa y promueve la fuerza, pero allí triunfan (Alfredo) Di Stéfano, (Omar) Sívori, (Humberto) Maschio, Luisito Suárez, que no tienen nada que ver con la fuerza. Hay un error de concepto. Lo que necesita un jugador para ser completo es temperamento. Con hombres temperamentales le juego a cualquier táctica", afirmó Rossi en una entrevista con *El Gráfico* durante sus primeros días como DT. Y, lejos del lirismo que desde hace muchos años se le atribuye a los técnicos de esta escuela, agregó: "siempre fueron importantes los resultados y siempre hubo diferentes estilos. Yo jugué en un cuadro ganador. Y sin embargo recuerdo, una tarde de 1946 contra Lanús en el Monumental. Jugamos muy bien, los tuvimos todo el partido en el área de ellos. En una de esas se fue Romay (Juan), nos hizo el gol y después nos querían matar a todos. Yo me declaro partidario del fútbol de pelota bien tratada, de toque, de circulación, de llegada clara, sin tirar zapatazos, sin llevarse a la gente por delante. Pero acepto que no se puede jugar con diez Pipo Rossi, porque sería un desastre. Y tampoco con diez Aguirre Suárez (Ramón Alberto) porque sería un desastre peor. Debe existir una mezcla, un equilibrio".

Rossi dirigió a "su" River en dos ciclos, sin títulos: en 1961 y en 1974. Su única conquista como entrenador fue, vaya paradoja, en Boca Juniors. En 1965, el DT era otro símbolo del club de Núñez, Adolfo Pedernera, quien sufrió un accidente debido a lo cual Rossi tomó el mando del plantel. Aquel equipo tenía mucha mayor vocación ofensiva que otros de la institución de la Ribera. Jugaba al ritmo de Ángel Clemente Rojas, un fenómeno por habilidad y picardía y tenía más adelante a un goleador implacable como Alfredo Rojas, el *Tanque*. "Uno de los problemas del fútbol moderno es la poca preocupación por el espectáculo", se quejaba mientras le daba vuelo a un campeón que siempre intentó dar espectáculo.

# 3.J - ALFREDO DI STÉFANO

## UN TÉCNICO (CASI) A LA ALTURA DEL JUGADOR

El único director técnico que fue campeón con River Plate y Boca Juniors es también uno de los tres mejores futbolistas argentinos de todos los tiempos, según la opinión unánime nacional e internacional. Alfredo Di Stéfano fue uno de los pocos fenómenos que logró conjugar una extraordinaria carrera de jugador con una muy digna carrera de entrenador. Aún lejos de equiparar los pergaminos logrados con pantalones cortos, sí dejó una huella en los dos clubes más grandes del país por su trabajo detrás de la línea de cal, profundizada en los resultados logrados en épocas muy singulares, tanto para uno, como para otro. Condujo al Boca de 1969, uno de los campeones más lujosos del club y al Boca de Diego Maradona.

"El fútbol siempre fue igual. No fue ni mejor, ni peor, siempre se jugó bien o mal. En eso no hay cambios. En el fútbol, el jugador pone la técnica y el entrenador el orden. Se puede hablar de tácticas, pero la base de todas es la misma. Nada más cuentan los jugadores y los entrenadores nos limitamos a coordinar. Todo pasa por ellos, y por ahí, entonces, las tácticas no valen tanto. Con jugadores de categoría y personalidad, nunca importarán los contrarios. Ellos jugarán como quieran, pondrán un autobús en el arco si quieren, pero siempre se podrá meter un gol por la ventanilla", afirmó en declaraciones a la revista *El Gráfico* en 1988 el hombre que vivió la mayor parte de su vida bajo las luces del primer mundo futbolístico europeo, pero que siempre pensó el fútbol como sus maestros de River: Carlos Peucelle, Renato Cesarini y José María Minella; y como sus compañeros Adolfo Pedernera y Ángel Labruna.

Solía repetir, tal como lo recoge Dante Panzeri en su libro *Dinámica de lo impensado*, que "un director técnico que sepa de fútbol puede colaborar a lo sumo en un diez por ciento para conseguir un triunfo" y no veía diferencias entre el rol de un entrenador de la década del cincuenta con uno de cuarenta años después: "lo que cambió fue la cantidad de periodistas, que obligan a hablar de los partidos, a sobreanalizar, a buscar excusas. En realidad, después de un partido hay pocas cosas para decir: se jugó mal o se jugó bien".

Debutó como futbolista de la mano de Peucelle. Según el libro *Di Stéfano*, de Ian Hawkey, al maestro de las inferiores de River le impresionó no solo la versatilidad, el ritmo y los tiros de Di Stéfano, sino también su aptitud para interpretar su posición en el terreno de juego con una flexibilidad semejante a la que él mismo había mostrado cuando jugaba en River y que Pedernera también había exhibido en La Máquina.

Jugaba como centrodelantero, pero ya comenzaba a demostrar sus cualidades de *todocampista*, ese rol inventado por y para él, que lo convirtió en el mejor del mundo. Además, entendía el juego a la perfección, con una naturalidad que luego sería su mayor virtud de su carrera como director técnico. En su libro *Mi visión del fútbol*, Enrique Macaya Márquez, contemporáneo de Di Stéfano, lo define como un "jugador multiespacio. Dominador de la técnica para jugar, logró hacerse dominador también de la táctica. Sus desplazamientos dentro del campo mostraban un dominio total del terreno y la pelota. A oposición de otros grandes del fútbol mundial, se caracterizó por subordinar lo bello a lo práctico. Había que aguzar los sentidos para ver debajo de las apariencias estéticas las otras bellezas, casi invisibles, del dominio de la geografía".

Fue contratado por Real Madrid en 1953, previo paso por el fútbol colombiano tras la huelga de 1948, y allí se destacó como un futbolista de época. Lideró al club español a la conquista de las primeras cinco Copas de Europa y también ganó ocho Ligas nacionales, una de ellas con la conducción técnica de su compatriota Luis Carniglia, un ex Boca que debutó como jugador de la mano de Mario Fortunato y se formó como DT en Francia, bien cerca de Helenio Herrera. En el plantel multicampeón del Madrid también estaba Rogelio Domínguez, ex arquero del Racing de Guillermo Stábile, que luego en los setenta hizo grandes campañas al mando de San Lorenzo, Boca (dos subcampeonatos) y Atlético Tucumán (un histórico tercer puesto en el Nacional 1979).

Di Stéfano trasladó su forma de jugar al rol de entrenador. Sus equipos no fueron espectaculares pero sí inteligentes. Desde el banco de suplentes también trató de valorar otras bellezas, relacionadas con el aprovechamiento de las oportunidades y la capacidad colectiva para comprender los momentos. Cuando llegó a Boca, después de casi dos décadas en el fútbol español y ya convertido en una leyenda, afirmó: "el fútbol que quiero es el de ganar todos los partidos. Y no es ironía. El fútbol es defender y atacar. Abrir el juego, evitar las montoneras. De sistemas no se puede hablar. Según los jugadores que tenga se pueden cambiar durante el juego diez o doce sistemas. Eso va de acuerdo a la capacidad de los que juegan. El DT no puede cortarle la inspiración al jugador. A lo sumo se le puede inculcar algunas cosas para que no repita errores del partido anterior (...) El fútbol es riesgo. El que no quiere arriesgar, no puede vivir de esto".

Formó uno de los conjuntos más vistosos de la historia de Boca, incluso superior al de Pedernera y *Pipo* Rossi. Ganó el Nacional 1969 y dio la vuelta olímpica aplaudido por los hinchas de River en el Monumental. Ramón Héctor Ponce, Norberto Madurga, Ángel Clemente Rojas, Nicolás Novello, Orlando Medina, Raúl Savoy e Ig-

nacio Peña eran la inspiración, y Roberto Rogel, Julio Meléndez y Rubén Suñé la fuerza de un campeón muy recordado, que para Di Stéfano representó "la mayor alegría" de su vida deportiva.

De carácter agrio, nunca se destacó por su simpatía. Ni para los hinchas, ni para sus propios jugadores. Etiquetado como "técnico de látigo", lo primero que pedía a sus dirigidos era seriedad para trabajar. "Nunca tuve problemas con los jugadores porque no los dejé crearlos, siempre tuve el control en mis manos. Yo no quiero futbolistas soñadores y románticos que no respetan al técnico, prefiero que sean prácticos, porque esto es una competencia muy recia, muy rigurosa. Por eso me cuesta ser simpático, soy siempre candidato al premio limón. Soy brusco y a veces prepotente, pero si me rascás debajo de la piel te das cuenta de que me sobra afecto".

En River demostró esa rigurosidad al sacar del equipo titular a Norberto Alonso, el ídolo de aquellos tiempos. Había regresado al club de su adolescencia después de más de treinta años y tras ganar un título de Liga con Valencia en España. Era 1981 y el fútbol argentino estaba en poder de Maradona y de Boca. Di Stéfano armó un equipo sólido, más defensivo que los de Labruna a finales de los setenta y con varios cambios significativos, como el de Américo Gallego por Reinaldo Merlo y Enzo Bulleri por Juan José López. Antes de la final del Nacional contra Ferro Carril Oeste, decidió dejar afuera a Alonso porque no lo vio en óptimas condiciones físicas. El número diez no lo aceptó: "No me fue de frente. Yo tuve que ir a pedirle explicaciones para saber por qué me había borrado. Argumentó razones de orden físico. Realmente no lo entiendo, porque una semana antes me había rogado que me concentrara. Es un personaje muy extraño. Habla y nadie le entiende. Yo pensé que lo iba a bancar hasta que no se metiera conmigo. Pero se metió y que se la banque". River fue campeón y la hinchada, un ente al que *Di Stéfano* nunca le dio demasiada trascendencia, se interesó más en el ídolo borrado que en el título. "Nosotros organizamos un esquema, un funcionamiento, para conseguir resultados. Y los conseguimos. Listo. La bohemia dentro del campo se terminó hace tiempo. Quiero técnica en velocidad, con dinámica, con ida y vuelta".

Di Stéfano, el rey del fútbol europeo en el siglo XX, formó uno de los campeones de Boca más vistosos y uno de los campeones de River más defensivos. Así de amplia fue su mirada de un juego que conoció mejor que nadie.

# CAPÍTULO CUATRO

## (1974-1990) DOS TÍTULOS DEL MUNDO Y UNA ENEMISTAD ETERNA

La revolución llevada a cabo por César Luis Menotti en la Selección Argentina se extendió al fútbol argentino entero. El hecho de tener un representativo nacional organizado con objetivos claros y un trabajo planificado, potenció a los clubes, que se nutrieron de ese orden y también marcaron la pauta en el fútbol internacional, con futbolistas de primera clase y técnicos de diferentes orígenes y con diversos ideales.

En una era que osciló entre la más terrorífica dictadura militar y la recuperación de la democracia, el seleccionado cosechó dos títulos del mundo y recuperó la autoestima perdida en las décadas anteriores. Solo dos entrenadores dirigieron al combinado nacional en estos 16 años: Menotti y Carlos Salvador Bilardo, los únicos campeones del mundo nacidos en estas tierras.

Sus miradas opuestas, sobre todo desde lo discursivo, marcaron la historia del fútbol argentino y pusieron de manifiesto una dualidad perenne que jamás había estado tan expuesta. Un antagonismo que se masificó de forma natural en un ambiente acostumbrado a profundizar los contrapuntos.

En 1976, Menotti y Bilardo cenaron juntos en el hogar de Roberto Marcos Saporiti, amigo del referente de Estudiantes de La Plata y discípulo de Menotti. Compartieron una velada de siete horas, en la que se debatió con altura sobre marcas personales, pelota parada, funciones individuales, y hasta de la aparición de un prodigio llamado Diego Armando Maradona. La rivalidad no nació directamente de los protagonistas, sino que fue impulsada desde la prensa. Periodistas partidarios de uno y otro dieron las paladas

necesarias para excavar la fisura entre dos miradas que se presentan como opuestas, pero que en realidad tienen varios puntos en común, tal como se intenta explicar en este libro. Jorge Valdano, personaje clave en la trayectoria de ambos, declaró: "esta historia tiene todos los vicios que la orgía mediática necesita: exageración, conflicto, anécdota, dos personajes vencedores, individualización del éxito y el fracaso".

Fue la era de oro del fútbol argentino. Por los éxitos internacionales y por la aparición del jugador que mejor comprendió el ser nacional futbolero: Diego Maradona. Además, en estos años también irrumpieron otros entrenadores con capacidades notables que lograron terciar en el protagonismo de los dos más grandes símbolos de la dirección técnica argentina.

La derrota en la final de Italia 1990 marcó el final de esta etapa no solo por el hecho deportivo, sino también porque los noventa trajeron consigo una nueva manera de dirigir.

# 4.A - CÉSAR MENOTTI

## ENTRE LA ESCUELA ROSARINA Y LA MÁQUINA, EL PRIMER CAMPEÓN MUNDIAL ARGENTINO

Hay demasiados mitos, sentencias engañosas y verdades a medias en los 130 años de historia del fútbol argentino. Fábulas cuyo anclaje con la realidad es nulo, o por lo menos discutible, y aún así han construido el sentido común, e incluso, se han convertido en dogmas. La más brutal y nociva es la que separa a los directores técnicos en dos grupos tan frívolos como absurdos: líricos y resultadistas.

En este libro se ha intentado indagar sobre las ideas de los entrenadores más importantes del medio local para explicarlas mejor, y de esa forma borrar la tan caprichosa separación que tiene en César Luis Menotti y Carlos Salvador Bilardo a sus dos nombres más célebres. Ambos fueron al mismo tiempo víctimas y promotores de esta particular grieta. Los únicos dos campeones del mundo argentinos son también los dos exponentes más fieles de la identidad futbolera nacional, con todas sus particularidades. Quien lo logró primero, en Argentina 1978, es protagonista de un lugar común que, lejos de ser un mero cuento de hadas, es una realidad absoluta: Menotti cambió para siempre la percepción social de la

Selección Argentina. Revolucionó la organización del seleccionado, lo jerarquizó, lo elevó a la categoría de representativo máximo del deporte argentino.

Después de un corto y accidentado ciclo del discípulo de Adolfo Pedernera Omar Sívori entre 1972 y 1973, un triunvirato formado por Vladislao Cap, Víctor Rodríguez y José Varacka dirigió a Argentina en la Copa del Mundo de Alemania Federal 1974. Ninguno de estos tres entrenadores dejó una huella ni en el fútbol nacional, ni mucho menos, en la Selección. La cabeza del cuerpo técnico fue Cap, un hombre formado en la vieja escuela, bajo los designios de figuras como José Della Torre y José D'Amico. Venía de ser campeón del Metropolitano 1971 al mando de Independiente, pero en el Mundial 74 su seleccionado lejos estuvo de competir en serio frente a la Holanda de Rinus Michels, Polonia y Brasil y quedó eliminado en la segunda fase, que por el formato del certamen eran en realidad las semifinales.

Entonces David Bracuto, presidente de la AFA y ex presidente de Huracán, decidió ir a buscar al hombre que un año antes había armado en su club un equipo lujoso y campeón. Bracuto, médico de la UOM (Unión Obrera Metalúrgica), llegó a liderar la AFA durante el tercer mandato del general Juan Domingo Perón, después de varios años de intervenciones por parte de los gobiernos de facto de Juan Carlos Onganía, Roberto Levingston y Alejandro Lanusse.

La AFA, por intermedio del interventor Baldomero Gigán, ya había intentado contratar a Menotti en 1973, cuando Sívori aún era el técnico, pero el rosarino se negó. En septiembre de 1974 ya no había más obstáculos y comenzó la refundación. "A nosotros nos falta convicción, *desangustiarnos*. En lugar de perder tiempo con jugadas de laboratorio, prefiero trabajar sobre la idea futbolística. Terminaré con un vicio: el futbolista argentino cuando corre no piensa, y cuando piensa, no corre; hay que lograr precisión, velocidad y movilidad. Elegiré jugadores hábiles, con inteligencia y buen gusto, como único argumento en la búsqueda del gol. Y con sentido de solidaridad respecto a sus compañeros y noción clara de la responsabilidad del aspecto humano. La idea es jerarquizar la selección. Tengo algunos nombres, pero no se los cuento ni a mi vieja. Hay que acabar con el manoseo. Y también hay que mirar al interior, las figuras pueden estar en cualquier parte", declaró el día de su presentación.

En los cuatro años siguientes logró generar una estructura sólida, compitió contra equipos europeos en largas giras y examinó futbolistas de todo el país. En esto contó con la inestimable ayuda de uno de los maestros ocultos del fútbol argentino, Rodolfo Kralj. Nacido en la actual Croacia, jugó algunos partidos como delantero en Ferro Carril Oeste en la década del treinta y luego se dedicó a la docencia y a la dirección técnica. Fue maestro de Menotti en la escuela de técnicos y pieza fundamental en el proyecto que terminó en el título del mundo. "Con él aprendí muchas cosas. Era mi profesor, sabía todo, y no solo sobre el fútbol", recordó Menotti tiempo después.

En diálogo con *El Gráfico*, Kralj describió aquel ambicioso ciclo: "Hicimos un plan de 70 puntos que se cumplió casi íntegramente. Buscamos integrar lo congénito de nuestros jugadores con el esfuerzo serio. Y elegimos jugadores que tuvieran aptitudes técnicas en alto grado y velocidad mental, con la finalidad de manejarnos con ideas básicamente ofensivas. Algunos se reían cuando empezamos a llamar jugadores: Gallego no era titular en Newell's, Passarella no jugaba en River, Tarantini era un chico que recién debutaba en Boca... Pero esos chicos tenían un entusiasmo lírico, no pensaban en lucirse ni en ser vendidos al exterior".

De los once titulares que perdieron 4-0 ante Holanda en 1974, solo René Houseman jugó la final de 1978. Y solo él, Ubaldo Fillol y Mario Kempes repitieron en el plantel. Con un 4-3-3 bien criollo y un trabajo colectivo sólido producto de decenas de ensayos y más de un mes de concentración, Argentina dejó de ser el campeón sin corona, aunque el terror de la dictadura militar haya empañado para siempre aquella gesta. Al respecto, el DT campeón del mundo explicó en una entrevista para el *Corriere della Sera* en 2008: "Fui usado, claro. Que el poder que se aprovecha del deporte es algo tan viejo como la humanidad. ¿Qué siento hoy? No lo volvería a hacer. Aunque es fácil hablar ahora".

La puesta en duda de la importancia del resultado en el fútbol profesional ha sido uno de los mitos en la carrera de Menotti, que en más de una ocasión dejó en claro su posición al respecto: "Yo no conozco a nadie que juegue para no ganar. A nadie. Pero a veces escucho la ridiculez de 'lo único que me importa es ganar'. Resulta que algunos ganaron 300 partidos y otros 10. ¿Y? A mí no me mide eso. Yo quiero un equipo que juegue, porque el público, si bien no es feliz cuando no se gana, es más feliz cuando se siente representado con el equipo". O sea, se juega para ganar pero no solo para ganar. Y para ganar, es necesario trabajar.

Otra de las críticas triviales que se le ha hecho a la figura de Menotti es su supuesto poco apego al trabajo: "Nunca fui de decir 'vayan y jueguen'. En los entrenamientos, yo me paro al lado del jugador y lo corrijo. Pero hay una confusión de los entrenadores denominados trabajadores. ¿Qué significa trabajar para un técnico? ¿Estar dos horas en la práctica con un silbato? No, para mí los jugadores trabajan mejor o peor, no más o menos. El exceso de repeticiones, como pasa en la música, hace que los futbolistas se confundan y no entiendan. Me sorprenden esos técnicos que llenan cuadernos de notas durante los partidos. Pagaría millones por leerlos. ¿Qué anotarán? La hora del dentista de la hija, qué programa de televisión debe ver durante la semana... ¿Qué sé yo? No lo entiendo, la verdad".

Alumno ejemplar de la escuela rosarina, debutó en Rosario Central en 1960, bajo la dirección técnica de Enrique Lupiz, un ex entrenador de esgrima. Allí compartió equipo con Juan Manuel Juárez, uno de sus principales referentes: "Tuve una gran suerte, la de tener al lado a tipos como el *Gitano*. Me llevaba 10 años, nos gustaban las mismas cosas y nos hicimos muy amigos. Me cuidaba como si fuera su hermano menor".

Era un mediocampista elegante, espigado, con buen remate de larga distancia, gran técnica y poco interés por la marca y el sacrificio. Osvaldo Ardizzone en *El Gráfico* ensayó una descripción de su juego que bien podría trasladarse a su manera de dirigir: "Menotti tiene un problema 'artístico' en su vida... Es el crítico agudo de todo lo que siente y ve burdo, inarmónico, torpe. Experimenta una repulsa natural hacia 'el mal gusto', que va desde una corbata a un par de zapatos. Ese es el gran 'trauma' que se refleja en su fútbol (...) Ese 'buen gusto', lo hace intransigente, lo transforma en 'sectario'. Sin darse cuenta desprecia la carrera, no le gusta la jugada fuerte, elude la fricción, el forcejeo. Así como se viste, así como elige la línea de su automóvil, así como selecciona sus corbatas o el moblaje de su casa, actúa en fútbol. Menotti, sin proponérselo, no juega para todo el mundo. En su intimidad está la pequeña vanidad de jugar para un núcleo 'que sabe'".

Su otro gran maestro fue Adolfo Pedernera: "Nadie sabía tanto como él. Una vez le pregunté sobre el fútbol de antes, y me dijo que los que jugaban antes pueden jugar ahora, pero los que juegan ahora no sé si podrían jugar antes. Por lo tanto, los buenos jugadores juegan siempre, la dinámica y la velocidad se definen en la inteligencia".

A comienzos de los setenta, el fútbol argentino estaba hegemonizado por una idea que fue consecuencia del desastre de Suecia y se hizo carne: hay que correr mucho y defender más. Aquello que tiempo antes había sido "la nuestra", se transformó en una idea vetusta, despreciada por la mayoría de los equipos. En ese contexto, el Huracán de 1973 fue contracultural. "A mí me agarró la peor época del fútbol argentino, cuando se pusieron de moda los equipos que luchaban. Un fútbol de mierda, era bravo sobreponerse", declaró Menotti varios años después del título en el Metropolitano.

Con Bilardo aún lejos de los primeros planos, la "disputa" conceptual era con Juan Carlos Lorenzo, que además en aquel año era el entrenador de San Lorenzo. En una producción de *El Gráfico*, ambos técnicos se sometieron a las mismas preguntas. Una de ellas era qué porcentajes le otorgaban a los rubros habilidad, fuerza, talento, marca, ataque y temperamento en un futbolista. La respuesta de Lorenzo fue: "Todo es importante. Porque cuando vamos ganando se juega al toque y cuando tenemos que ganar se usa la fuerza. No hablemos de líneas de juego, hablemos de que -para San Lorenzo- tiene un éxito bárbaro el sistema de juego en bloque". La de Menotti: "Al talento le doy el 100 por ciento de importancia. Porque a partir de un jugador talentoso -descontando que sea un tipo normal- puedo lograr todo lo otro".

Aquel Huracán tardó dos años en formarse. En 1971 Menotti llegó a Parque Patricios con la mínima experiencia de un corto tiempo como ayudante de campo de Juárez en Newell's y con el equipo en el último puesto. "El camino recorrido me da una enorme alegría y me crea una enorme responsabilidad. La alegría es haber logrado con un grupo de jugadores que se hagan realidad mis convicciones futbolísticas, no en forma impuesta sino compartidas por todos ellos. En este plantel vive la amistad. El marcador de punta no cierra por obligación, sino para cuidar la espalda de un amigo. Ya en el 72 me convencí de que tenía un buen equipo en mis manos. Un equipo capaz de ganar jugando bien, que es lo que siempre me importó como política de largo alcance", afirmó días antes de lograr el título.

Según las crónicas, el esquema y la idea eran clásicos pero llevados al extremo de la belleza. Héctor Roganti era el arquero, la línea de cuatro se basaba en la experiencia de Alfio Basile y Nelson Chabay como zagueros, y la regularidad de Jorge Carrascosa y Héctor Buglione, dos laterales con casi nula participación ofensiva. En el centro del campo, Francisco Russo marcaba el equilibrio y la contención para que todos los demás crearan, jugaran y llegaran al gol. Carlos Babington, Miguel Ángel Brindisi, Omar Larrosa, René Houseman y Roque Avallay. Inteligencia, talento, habilidad y potencia.

De aquel plantel, los entrenadores más reputados fueron Basile y Brindisi, quien destacó a Menotti y a Cesarini como sus maestros: "lo mejor de César es la convicción que le ponía a la idea futbolística y la sencillez para transmitirla. Y Renato era un adelantado. Me enseñó muchos secretos para el puesto: la frenada, el cambio de frente para aparecer vacío". Brindisi fue campeón en 1994 con un Independiente respetuoso de su estilo, que tenía en Daniel Garnero, Gustavo López y Albeiro Usuriaga a sus símbolos.

Después del fracaso de la Copa del Mundo de España 1982, en la que jugó con la base del campeón más Diego Maradona y Ramón Díaz, César Menotti se retiró del seleccionado y comenzó un derrotero que lo llevó por Barcelona, Atlético Madrid, la selección de México, Sampdoria, Boca, River, Independiente, Peñarol y hasta un regreso a Central. En los grandes de Argentina logró formar buenos equipos, sobre todo en Boca, donde se recuerda con admiración el juego de la temporada 1986/87, con Hugo Gatti, Jorge Comas y Milton Melgar como símbolos. También fue destacado su paso por Independiente en 1996, que tuvo como singularidad el único duelo mano a mano con un equipo de Bilardo. Fue victoria del cuadro de Avellaneda sobre Boca en la Bombonera gracias al gol de Francisco Guerrero.

De una manera u otra, influyó en todos los técnicos de los últimos cuarenta años del fútbol argentino, aunque hay tres que crecieron bajo su ala y se formaron a su imagen y semejanza: Roberto Marcos Saporiti, Valdano y Ángel Cappa.

Cappa fue su ayudante de campo y también su escriba, su espada mediática y quien más cerca estuvo emularlo con el impresionante Huracán de 2009. "Si un entrenador necesita diez virtudes para serlo, Menotti tiene veinte. Pero, sin duda, lo que más resaltaría de él es su capacidad de observación. En un instante es capaz de destacar cuáles son las virtudes y los defectos de un equipo o de un jugador. A eso le acompaña su forma de transmitir las ideas. La facilidad que tiene para conseguirlo. Al final, te acaba seduciendo. Da igual lo que te pida", explicó en una entrevista con *The Coaches' Voice*.

Por su parte, Valdano fue el juglar que transmitió las ideas de Menotti por Europa. Formado en la escuela de Newell's, donde fue dirigido por Jorge Griffa y Juan Carlos Montes, conoció a su referente en la Selección, cuando ya llevaba varios años en el fútbol español. "César le puso un marco conceptual a lo que para mí era un sentimiento. Algo tan desordenado como un sentimiento me lo tradujo para toda mi vida, además de ser un generador de ideas inagotables", expresó en una entrevista con *El Gráfico* y agregó en el libro *La pasión según Valdano*, de Ariel Scher: "para Menotti, el fútbol es parte de una cultura popular que nos hace sentir orgullosos. Se trata de un juego que nos representa. Es más importante la lealtad a un conjunto de ideas que el resultado mismo". Autor de uno de los goles que le dio el título del mundo a Argentina en 1986, su cercanía conceptual a Menotti no le impidió ser una pieza clave para Bilardo en México: "los resultados no cambiaron las impresiones que tenía de Menotti y de Bilardo. Todos saben a qué escuela adhiero. Es un problema de sensibilidad y no tiene que ofender a nadie".

En tanto, Saporiti fue convocado en 1975 para trabajar en la selección debido a su experiencia internacional, ya que había jugado en Uruguay, Chile, Brasil, México, Portugal y Bélgica. Se sumó al cuerpo técnico en el que ya estaba Cayetano Rodríguez y aportó métodos europeos para los entrenamientos, aprendidos del Ajax de Rinus Michels. Enseguida se convirtió en el principal consultor de Menotti, en su mano derecha. Había sido dirigido por Pedernera y tenía su misma visión del juego y de la vida. Saporiti dirigió dos grandes equipos de la historia del fútbol argentino: el Talleres subcampeón de 1977 y el Argentinos Juniors campeón de 1984. En el conjunto cordobés hizo una campaña inolvidable y quedó a un paso del título tras el recordado empate 2-2 con un Independiente que jugó con tres jugadores menos, pero con un Ricardo Enrique Bochini de otro mundo. Los mundialistas Luis Galván, Daniel Valencia, Omar Reinaldi y Humberto Bravo, eran las figuras de un cuadro que elevó al fútbol del interior a los primeros planos nacionales.

Saporiti también formó el Argentinos campeón de América 1985, al que llevó al título argentino en 1984 y que luego dirigió José Yudica en la Libertadores. "El equipo salía de memoria: Enrique Vidallé, Carmelo Villalba, José Luis Pavoni, Jorge Olguín, Adrián Domenech. En el mediocampo Emilio Comisso, Sergio Batista, Hernán Videla, y arriba José Antonio Castro, Pedro Pasculli y Carlos Ereros. El equipo campeón de la Libertadores fue el mismo con la inclusión de Borghi. La base era esa y aparecían Juan José López, Carlos Morete y Miguel Ángel Lemme. En el Metro del 84 jugamos 19 partidos con el mismo equipo. A Borghi lo usaba como el jugador 17 de la concentración y después lo mandábamos en remis para que juegue en la tercera", recordó Saporiti. Borghi fue el más joven integrante de la delegación campeona del mundo con Bilardo en 1986, pero siempre se sintió más cerca de Menotti y Saporiti. Tanto que llevó esas convicciones hasta el paroxismo en su carrera como entrenador: "no le puedo pedir el mismo esfuerzo al 10 que al 5". Marcó una época en el banco de Colo Colo y fue campeón con Argentinos en 2010.

En la filosofía de Menotti, la tarea del director técnico es necesaria aunque tiene limitaciones: "Es clave en el mejoramiento y la corrección de los futbolistas; después, todos los entrenadores trabajan más o menos parecido. Esto es como una tropa comando: si vos no les enseñás a tirar con pistola y con fusil, la estrategia te la metés en el culo. Si vos tenés un soldado que tira pistola con las dos manos, sabe con el fusil, maneja aviones y tanques, entonces ahí podés empezar a hablar de estrategia. Hay verdades absolutas en el fútbol y hay mentiras recontra evidentes, como decía Manuel Vázquez Montalbán. Por ejemplo: en el fútbol, la pelota no se lleva, se pasa. Ese un punto de partida. Un tipo lleva la pelota 20 metros y se la da a otro que tiene al lado, ¿para qué carajo? Ahí nace la calidad del entrenador, en el mejoramiento, desde su convicción y conocimiento, de las individualidades. Y recién después de eso trabajar sobre las ideas que tiene de juego. Lo que sí es seguro es que no hay que tomar a la tenencia de la pelota como una estrategia. ¡No se puede ser tan burro de decir eso! La tenencia de la pelota no es ninguna estrategia, es una necesidad, porque la pelota es la que no te deja perder, la que te hace ganar. Antes de perderla, hagamos 7 toques, o 10, o 20; ahora, si después de hacer 50 toques se la damos al arquero para que tire un pelotazo al medio, entonces los 50 toques fueron al pedo".

Acerca de los sistemas tácticos nunca profundizó demasiado ni se mostró muy interesado en el asunto. Sus equipos jugaban más o menos todos de la misma manera. "La táctica es programática. Por lo tanto, todo lo que sea programático en el mundo de la acción, donde aparece lo inesperado, no tiene mucho sentido. Vos elaborás una táctica para tu día, pero te aparece algo imprevisto y a la mierda la táctica".

Como casi todos los entrenadores, de todas las escuelas, la movilidad de los futbolistas es fundamental para Menotti: "Correr mucho no significa disputar, chocar, dar patadas. Todos hablan de correr cuando la pelota la tienen los contrarios, pero cuando la tenemos nosotros hay dos o tres corriendo y los demás miran. Y eso es imperdonable. No podés tener un equipo de pelotudos que corren para dar patadas y para quitar la pelota, y cuando tenemos la pelota, hay 3 que corren y todos miran. ¡No, viejo, mové el culo, corré, mostrate!", declaró en una entrevista con *El Gráfico*, en la que más tarde agregó: "Para mí, el fútbol tiene cuatro acciones: defensa, recuperación, gestación y definición. Dos de esas acciones tienen mucha dependencia individual. O sea: los goleadores y los defensores de área chica, que hay muy pocos de ambos. Después, al tocar estamos gestando, para eso se toca, no para luego tirar un pelotazo, ni para tocar por tocar. Se toca para definir".

# 4.B - CARLOS TIMOTEO GRIGOUL

## EL "OTRO" DISCÍPULO DE ZUBELDÍA

León Najnudel llegó a Ferro Carril Oeste en 1976. Con el entrenador de básquetbol a la cabeza, el club de Caballito comenzó un proceso de expansión y crecimiento institucional que se terminó de solidificar gracias al equipo de fútbol a comienzos de la década del 80. Fue un proyecto basado en el trabajo profesional de todas las áreas deportivas, con ambiciones que fueron más allá del simple éxito en la competencia oficial. En aquellos tiempos, con una democracia en pañales y con los horrores de la dictadura todavía

en las calles, Ferro se convirtió en una referencia social de la nueva época en Capital Federal.

En 1979, el presidente Santiago Leyden decidió trasladar lo hecho con el básquet al fútbol y contrató a Carlos Timoteo Griguol, un director técnico de probada capacidad de trabajo. En poco tiempo, el equipo dejó de pelear en la mitad de tabla y se transformó en animador del fútbol nacional, con dos subcampeonatos en 1981 y dos títulos entre 1982 y 1984. Gracias a sus métodos innovadores, Griguol creó un nuevo paradigma y transformó el mapa del deporte argentino.

"Combate la desidia, la indisciplina y el exceso de confianza. Es un enemigo acérrimo del facilismo y trabaja con sus hombres con la precisión de un relojero, con la minuciosidad, el cuidado y la paciencia de quien pule un diamante en bruto para transformarlo en una joya. Así fue como las modestas aspiraciones de Ferro Carril Oeste trocaron en la ilusión de alcanzar el cielo con las manos. Los partidos se juegan en la cancha, los domingos, durante 90 minutos, pero para Carlos Griguol comienzan a vivirse y prepararse hasta en el más mínimo detalle del entrenamiento". De ese modo presentó a Griguol y sus ideas para Ferro la revista *Todo fútbol* en 1981. El trabajo obsesivo de los entrenadores no era una novedad a comienzos de los ochenta, aunque sí los métodos que impuso aquel Ferro de la mano del DT y del preparador físico Luis Bonini, quien ya había trabajado con Najnudel. A las pretemporadas y los dobles turnos ya habituales, les sumaron las mediciones antropométricas y fisiológicas a sus jugadores, el desarrollo de la fuerza en los entrenamientos y hasta la utilización de los videos para analizar defectos propios y virtudes ajenas. Así, formaron un plantel tan superior desde lo físico y lo mental a sus rivales, que se convirtió en imbatible.

"Mi experiencia me ha enseñado que un equipo, para estar a la altura de las exigencias competitivas modernas debe tener gente disciplinada. Y hablo de disciplina en función de equipo. Esa es la base del trabajo técnico-táctico que llevo adelante en Ferro. Considero que hay jugadores talentosos que no resuelven más por el problema de una mentalidad bastante generalizada: la falta de disciplina, un elemento fundamental para conformar un buen equipo. Todo se soluciona con el trabajo, pero hay que trabajar con hombres inteligentes", describió en 1981 y no dejó dudas acerca de cuál fue su búsqueda a lo largo de casi cuarenta años de carrera como DT: equipos disciplinados, que no dejen nada librado al azar y que sepan responder ante cada acción del juego por mecanización y no por simple intuición.

Comenzó su carrera como futbolista en Las Palmas de Córdoba y en 1956 llegó a Atlanta, después de que Victorio Spinetto lo eligiera en una prueba de futbolistas del interior. "Pasé diez años hermosos en Atlanta porque llegué a trabajar con el profesor Adolfo Mogilevsky, un maestro, y con los dos técnicos que más me enseñaron y me encaminaron. Uno es Spinetto, que me transformó en jugador de Primera en Buenos Aires, me enseñó muchas cosas. Porque yo no sabía nada, tenía que aprender todo: ubicarme, marcar, correr bien, pegarle mejor a la pelota. Él había sido número cinco también y fue mi primer hincha. Me gritaba: 'en el medio de la cancha nadie te puede llevar por delante, ¡nadie!'. Me agrandó anímicamente, me dio herramientas tácticas para manejar el juego del mediocampo propio y para contrarrestar el del rival. El otro es alguien que llegó a ser compañero mío y luego fue DT, Osvaldo Zubeldía, el hombre que implantó la táctica en Argentina".

Con naturalidad, siguió el camino de sus dos maestros al liderar a clubes menores que lograron competir mano a mano y superar a los poderosos de siempre.

Comenzó su carrera como entrenador en 1973, cuando tomó el mando de Rosario Central tras la salida de Ángel Tulio Zof. Dos años antes había dirigido al equipo rosarino de manera interina e incluso participó del título ganado por Ángel Labruna en 1971, ya que dirigió tres partidos debido a una huelga de profesionales. Griguol tardó muy poco en convertir el vistoso equipo de Zof y Labruna en un conjunto utilitario y rendidor. Una especie de sucesor natural del Estudiantes de Zubeldía, con el que incluso compartió el apodo de "laboratorio del fútbol". Rigidez táctica, disciplina defensiva, pelota parada, achique y marca personal de ser necesario. De los campeones del 71 se fueron Jorge Carrascosa, José Agustín Mesiano, Ramón Quiroga, Alberto Fanesi y Ángel Landucci entre otros, mientras que Griguol les dio continuidad a Daniel Killer, Roberto Cabral y Eduardo Solari, quien se hizo eje del equipo junto a Carlos Aimar. Ambos formaron la dupla que mejor interpretó la idea. Eran los encargados de marcar, de correr, de sacrificarse más que el resto. Los responsables de aquel mote de "Picapiedras".

Después de un par de años de formación, en 1982 Ferro ya estaba listo para superar lo hecho por Central nueve años antes. Los futbolistas no solo comprendieron los métodos de Griguol, sino que se los apropiaron. "Hizo un trabajo sorprendente por su profundidad, detalles y sentido práctico. De un buen grupo de jugadores hizo un campeón. Supo aprovechar el hambre de gloria de sus hombres, los estimuló siempre, los apoyó y les exigió al cien por ciento porque sabía que los triunfos eran posibles. Sus trabajos tácticos nos enriquecieron personalmente", afirmó Carlos Barisio, el arquero récord del fútbol argentino con 1075 minutos sin recibir goles, una racha que se cimentó en el trabajo de una defensa inexpugnable: Barisio, Mario Gómez, Héctor Cúper -el DT que en los noventa trasladó su filosofía al fútbol europeo y alcanzó dos finales de la *UEFA Champions League* con Valencia y una de la Recopa con Mallorca-, Juan Domingo Rocchia y Oscar Garré. Más adelante jugaban Carlos Arregui, el capitán Gerónimo Saccardi, el número diez Adolfino Cañete; Claudio Crocco, Alberto Márcico y el goleador Miguel Ángel Juárez.

El trabajo de ida y vuelta de los laterales Gómez y Garré fue fundamental para generar superioridad numérica en toda la cancha, algo que buscan todos los técnicos de la actualidad. Era un equipo integrado por piezas intercambiables, jugadores capaces de cumplir varias funciones, siempre en un sentido colectivo. "Los jugadores son la base. Y para alcanzar los más altos niveles ya no sirve solo con el talento individual. Creemos en la gambeta, en el toque, en la marca, en el cabezazo, en el pique, la pausa, en todo lo que implica el fútbol, pero todos unidos detrás del objetivo mayor: el equipo".

El Ferro campeón invicto del Nacional 1982, como también el que ganó el de 1984, era una máquina pensada para ganar sin ninguna otra ambición estética. "Ganamos porque teníamos un sistema de juego diferente al resto. El grupo era muy poderoso, respetuoso y con mucho corazón. Para nosotros era algo normal correr y jugar los 90 minutos, y para los otros equipos era un sacrificio jugar contra Ferro. Vélez, Boca y River, venían a Caballito y se les complicaba enormemente. El resto de los planteles te marcaba algún sector lateral, que subían y bajaban, había que meter para el medio al jugador o a la pelota. Si vos reforzabas la orilla, yo te jugaba por el medio, y viceversa", afirmó en un diálogo con el portal *ferroweb. com*. La mecanización no era solo para seguir un plan rígido, sino también para comprender los diversos momentos del juego, para interpretar qué cambiar y cómo hacerlo. El Ferro de Griguol era un conjunto camaleónico.

Aunque con sus éxitos logró terciar en la eterna discusión Bilardo-Menotti de la última parte del siglo XX, no pudo evitar convivir con la etiqueta de "técnico defensivo" que los medios hegemónicos le colocaron. "Yo no busco equipos ofensivos ni defensivos. Sí quizás equipos modernos, que se adapten a todo. Que se amolden al contrario y que no perdonen. Los que critican a los equipos que se meten atrás nunca tienen en cuenta los jugadores con que esos planteles cuentan. Hay situaciones en las que es mejor ser ordenado. Y para eso hay que conocer el juego, lo que no significa retroceder, todo lo contrario. Si conozco de táctica, tengo mejores posibilidades que el que no conoce. Lo que siempre exijo es que mis jugadores no pierdan el orden y que no peguen patadas". Ese último consejo representa otro aspecto fundamental de su carrera: el de docente. Aunque trabajó muy poco en divisiones inferiores, varias generaciones de futbolistas argentinos lo consideran un maestro. Sobre todo aquellos que dirigió en sus últimas etapas, en Ferro y en Gimnasia de La Plata en los 90.

Llegó al club platense en 1994 a sus 60 años y tiempo después de un fallido paso por River Plate en 1987. Su metodología ya no era revolucionaria pero sí logró formar desde una actitud paternal un equipo que quedó a las puertas de la gloria en 1995 y en 1996. "Por la forma de conducir y de enseñar es un maestro. La forma de ser y de explicar las cosas con ejemplos lo jerarquizaban por encima de la media. Nos pedía un título terciario, algo. Los equipos de Griguol eran muy inteligentes. Muy pocos equipos jugaron como el Gimnasia del 96", afirmó Guillermo Barros Schelotto, uno de sus alumnos.

En la década del 90 dirigió más como docente que como DT. Se preocupaba tanto por el sistema táctico a utilizar como por la vida personal de sus futbolistas. Su discípulo y ayudante de campo Carlos Aimar lo describió así: "Timoteo, un maestro en todos los aspectos. La prensa no ha sido justa con él. Estaba adelantado. En los entrenamientos, si te tirabas, te cobraba en contra; el arquero tenía tres segundos para sacar, su intención era mejorar el juego, incentivar el *Fair Play*. Y además te apretaba con la casa y el auto, porque lo primero que hace el jugador es comprarse el coche más largo, y eso ya lo predisponía de otra manera. Él decía: primero, ayudar a los padres a comprar la casa, después comprar la casa propia y de último el auto. Organizaba charlas e iba preguntando qué hacía cada uno con la plata". Aimar tuvo una digna carrera como técnico principal, con pasos por Boca, San Lorenzo y el fútbol español.

Sebastián Romero, uno de los juveniles promovidos en Gimnasia, también destacó sus enseñanzas: "Carlos es una persona que se preocupa por nuestra educación y por lo que hacemos después de los entrenamientos. Si vivimos en familia, si estamos en pareja, cómo nos va económicamente. Y si se entera que estás mal, les habla a los dirigentes para que nos ayuden... Él es un maestro de la vida".

En sus últimos años se convirtió en un personaje entrañable del fútbol argentino, como si fuera el último representante de una época. Boina, insultos y golpes en el pecho y en el rostro de sus dirigidos "viralizados" desde antes de la creación del concepto. "Ocurre que cuando el jugador se está vistiendo antes de un partido, tiene como una angustia y golpeándolo un poco le sacas esa angustia y se suelta más rápido", despejó dudas al respecto en una entrevista con *La Nación* en 1998.

Griguol pasó del recio líder de las pretemporadas fulminantes y las marcaciones personales, al maestro divertido de los consejos y los chistes. En el medio de ese camino, armó varios equipos y tra-

zó un camino que entrenadores de prestigio como Aimar y Héctor Cúper han sabido continuar.

# 4.C - JOSÉ OMAR PASTORIZA

## LOS ASADOS DE UN CAMPEÓN DEL MUNDO

Hay entrenadores que logran conducir grupos desde su conocimiento, otros desde su capacidad de trabajo, otros desde su cercanía con los jugadores, otros desde el ejercicio de la autoridad y otros desde su liderazgo innato. José Omar Pastoriza perteneció a estos últimos. Era un caudillo natural, desde sus épocas de futbolista hasta sus últimos años como director técnico. Su ascendencia era total y su personalidad avasallante.

No le daba demasiadas vueltas al análisis del juego, no ofrecía discursos sesudos ni planeaba los partidos al detalle. Conocía a los hombres y conocía el fútbol. En una era de laboratorios y arrebatos cientificistas, él privilegió al jugador por sobre todo. "El fútbol es mucho más sencillo de lo que quieren hacer creer" es un concepto que muchos han repetido pero pocos han demostrado tan bien como él. "Ojo cuando en la tele te ponen la boludez esa de los muñequitos en el pizarrón, porque el jugador es el que debe tener la inventiva de eludir al que se para adelante. Cuando se habla de 4-3-3 o 3-5-2 creo que lo único que acarrea es confusión", declaró en una entrevista de 2002 con *El Gráfico* y expuso su pensamiento con la misma claridad con la que plantó a sus equipos.

En 1976, Independiente perdió su hegemonía en la Copa Libertadores. Con Miguel Ignomiriello en el banco de suplentes, cayó ante River Plate en un desempate jugado en el estadio de Vélez Sarsfield y no pudo jugar su quinta final continental consecutiva tras haber ganado las cuatro anteriores. Fue el fin de una era. Para comenzar la nueva etapa llegó una gloria del club, que había terminado su carrera en Francia y con 34 años de edad se probó el buzo de DT.

Pastoriza solo jugó la primera de aquellas cuatro copas, con un símbolo de Racing como Pedro Dellacha como DT, pero su liderazgo fue clave en la formación de aquel plantel multicampeón, cuya principal virtud fue el espíritu familiar que se formó en buena medida gracias al carácter del caudillo. "Lo primero que debe hacer un técnico es formar el conjunto, o sea, elegir bien. Después, generar la idea de que el conjunto es primordial para todos y tratar de ser lo más equitativo y justo posible. Mi mejor virtud siempre fue esa y también ser tolerante en algunas cosas", declaró ya en sus últimos años.

Su primera pretemporada como entrenador quedó en la historia de independiente como el hecho que sentó las bases del campeón argentino de 1977 y 1978. Fue en la colonia del sindicato de Luz y Fuerza ubicada en González Catán. Con su jerga lunfarda y directa, Pastoriza explicó durante aquellos días: "Al principio es el peor laburo. Hay que darle pico a todo el mundo, buscarlos en el mano a mano y en conjunto. Yo siempre pienso en que va a andar todo bien porque hay buenos jugadores y sobre todo buena gente. Una vez que limpiemos los líos del bocho va a ser todo más fácil. Por eso nos vinimos hasta acá, para juntarnos, chamuyar, aclarar las cosas", explicó con su jerga lunfarda y directa en medio de su primera pretemporada como entrenador. Ese era su objetivo máximo: generar confianza, armar un grupo capaz de soportar cualquier problema, conseguir que todos tiren para el mismo lado. En definitiva, ser la cabeza de un conjunto homogéneo, sin divisiones y con metas comunes y claras.

En cuanto a las ideas futbolísticas, no tenía misterios. "Siempre hay que ir al frente. No se puede jugar de otra manera. Organizar el fondo y después ir adelante con todo lo que se pueda. Esa es una forma de levantarle el espíritu al plantel también. No hay nada que inventar. Marcar en el medio, achicar espacios con los de atrás y salir a buscar el gol". Su poco aprecio a verbalizar su filosofía de juego provocó que parte de la cátedra lo incluyera en el grupo de técnicos "vagos", un espacio imaginario en el que convivió con otros campeones contemporáneos, pasados y futuros. Su predilección por organizar asados para todo el plantel y allegados aportó un elemento de color a esa etiqueta, a pesar de que la costumbre se inició mucho antes del comienzo de su carrera como DT, en el Independiente de los sesenta.

"Siempre me preguntan por los asados. Yo sé que hay periodistas que son bastante pelotudos, entonces tengo que aguantar esas cosas. Alguno que te tiene bronca se cree que salimos campeones por los asados y por eso los repetimos... A ver, para que lo entiendan de una vez: el asado es una teoría, un concepto, una excusa para juntarse y armar los grupos humanos", afirmó en diálogo con la revista *El Gráfico* y dio una de las claves del éxito de su trabajo: la camaradería entre cuerpo técnico y dirigidos. En cuanto a la distinción entre "trabajadores" y "vagos", dijo lo que muchos dijeron antes y después que él: "el que no trabaja, no logra nada. Eso lo inventaron los periodistas que estaban acomodados con unos técnicos y les tenían bronca a otros".

En el siglo XXI, en los días de la profesionalización total del puesto de entrenador, el ex entrenador de hockey Ariel Holan supo rescatar la identificación de Pastoriza con Independiente y, sumada a herramientas tecnológicas y a un trabajo serio a conciencia, la utilizó como combustible para ganar la Copa Sudamericana y devolverle la autoestima al club tras el descenso de 2013.

El primer título de Pastoriza fue la Copa Interamericana 1976, aunque se recuerda mucho más su segundo éxito en el torneo Nacional 1977. Tras ser subcampeón del Metropolitano de ese año, se quedó con el segundo certamen de la temporada tras ganarle a Talleres de Córdoba una de las finales más espectaculares de todos los tiempos. Con tres jugadores menos, el cuadro de Avellaneda logró el empate necesario -existía la regla del gol de visitante- para dar la vuelta olímpica gracias a un gol postrero de Ricardo Bochini, el jugador emblema de Pastoriza.

Tras el 1-1 en la Doble visera, la revancha se disputó en el estadio del Barrio jardín. A los 29 del primer tiempo, Norberto Outes puso en ventaja a Independiente. Lo raro empezó después. En el segundo tiempo, Rubén Pagnanini detuvo un remate con el pecho dentro del área, pero el árbitro Roberto Barreiro cobró penal para Talleres y Ricardo Cherini marcó el empate. Pocos minutos más tarde, Ángel Bocanelli anotó el segundo gol para el local con un evidente manotazo y provocó la bronca generalizada de los jugadores de Independiente.

Enzo Trossero, Omar Larrosa y Rubén Galván fueron los más vehementes en sus protestas. "Le está robando la plata a mis hijos, écheme, écheme", le gritó Galván al juez, quien expulsó a los tres. Después de las tarjetas rojas Pastoriza se ocupó de calmar a sus dirigidos, quienes estaban fuera de sí y con más ganas de abandonar el partido que de ir a buscar el empate. Y lo consiguió con una frase que bien podría haber sido pronunciada por Obdulio Varela en la final de 1950 entre Brasil y Uruguay, en el legendario Maracanazo: "No se vayan, jueguen, jueguen, sean hombres, se puede ganar".

Con ocho futbolistas, Independiente salió a poner el pecho. Mariano Biondi y Daniel Bertoni ingresaron y edificaron con Bochini un gol inolvidable. Así lo contó Claudio Gómez en el libro *El partido rojo*: "La primera pared es con Bertoni (...) Dos jugadores de Talleres quedan fuera de carrera. Sigue el Bocha por el medio. Bertoni lo acompaña a la izquierda, Biondi unos metros a la derecha. El Beto Outes, que había dejado la defensa, se suma al trío. Bochini amaga un pase a Biondi, pero sigue con la pelota, otro jugador de Talleres queda en el camino, ya está cerca de la medialuna, entonces sí, se la pasa a Biondi (...) engancha para adentro, el arquero sigue de largo y choca, la pelota a Biondi se le va larga y le cae a Bochini (...) Entonces lo hace: se acomoda y con la zurda la acaricia

(...) La pelota entra cerca del travesaño y queda mansita allá en el fondo de la red. La obra maestra del Maestro está consumada".

Años después, Pastoriza recordó aquella hazaña: "Fue una cosa alevosa, descarada. Ya antes del partido sospechábamos algo, pero cuando nos hicieron un gol con la mano y nos expulsaron a tres jugadores fue un descontrol. Todos los jugadores, salvo Outes, se querían ir. Me la jugué y metí dos cambios ofensivos, aunque podría haber elegido dos defensores para evitar el papelón, y mandé a Biondi y Bertoni a la cancha. Talleres tenía muy buen equipo, pero les faltaba experiencia, si no, ese partido no terminaba después del 2-1. Al final, el Bocha metió un gol, después de una doble pared con Bertoni y con Biondi, y el 2-2 nos dio el título". Las razones de las fundadas sospechas de Pastoriza y todo Independiente se sostenían en la íntima relación de Benjamín Menéndez con la junta militar en plena dictadura. El comandante en jefe del tercer cuerpo de ejército, uno de los más grandes y activos del país durante la represión, era hincha de Talleres y sostenía la candidatura para presidente de la AFA de Amadeo Nuccetelli, el titular del club cordobés. Quizás sin saberlo ni quererlo, Bochini perturbó los planes que las macabras Fuerzas Armadas tenían para el fútbol argentino a solo seis meses del Mundial 1978.

La misma base que se coronó en Córdoba repitió el título en el Nacional 1978. Según su opinión, fue uno de los dos mejores equipos que dirigió, junto al de la Libertadores 1984: "Los dos tenían ganas, fuerza, voluntad, inteligencia, el manejo. Tenían todo esos equipos". Roberto Rigante y Héctor Baley fueron los arqueros; Pagnanini, Hugo Villaverde, Trossero y Osvaldo Pérez formaron una línea de cuatro fuerte e inteligente para achicar espacios; Omar Larrosa y Carlos Fren trabajaban para que Bochini hiciera arte, y por delante César Britez, Outes, Alejandro Barberón, Bertoni y Antonio Alzamendi desbordaban y definían. El 4-3-3 de siempre.

En 1979 dejó el club y tuvo un paso por Racing Club, donde también se había destacado como jugador. Ese salto de vereda no le impidió mantenerse como un ídolo absoluto de Independiente y regresar en 1983, para formar al último campeón de América e Intercontinental de la institución. Reemplazó en el cargo a Nito Veiga, el descubridor de Ricardo Bochini que tuvo un par de oportunidades en la primera división, pero no pudo ser campeón. Antes de él, el DT fue Miguel Ángel López, quien recién logró conseguir un trofeo en 1994, con la Supercopa sudamericana.

Con las recetas de siempre, Pastoriza potenció el gran cuadro que habían comenzado a formar López y Veiga, y en 1983 formó un equipo que hizo un culto del toque y la posesión apoyado en un Bochini más maduro, y en un mediocampo lujoso con Ricardo Giusti, Claudio Marangoni y Jorge Burruchaga. En la zaga se mantenían firmes Trossero y Villaverde, y Néstor Clausen y Carlos Enrique eran los marcadores de punta. Adelante, Barberón y Jorge Percudani mataban. Aquel campeón salió a atacar en todas las canchas y frente a todos los rivales. Ante Racing el día que lo mandó al descenso y se coronó campeón y también contra Liverpool en Japón. Sin temores y con convicción, como también intentó jugar con Gremio, Fluminense, Boca Juniors y Atlético Madrid en los años posteriores y con suerte dispar.

Enzo Trossero, uno de los pilares de sus más recordados planteles, lo recordó en una charla con *El Gráfico* como "un tipo muy inteligente, bastante parecido al *Gitano* Juárez y al Flaco Menotti. No eran de los que más trabajaban tácticamente, porque tampoco en esa época se usaba tanto, pero sabían elegir jugadores y ponerlos dentro de la cancha. Además sabía negociar para evitar los problemas internos". Tiempo después de levantar la Copa Intercontinental como capitán, Trossero trabajó con Carlos Bilardo, un técnico de pensamiento opuesto al de Pastoriza. Para el exdefensor, lo más importante para un entrenador es "conocer al jugador, el estilo, de táctica y estrategia. Hay que saber de fútbol y de grupos, las dos cosas son muy importantes. Porque el paladar negro es verso. Hay que ganar y punto. Lo mejor es jugar bien y ganar, ¿estamos de acuerdo? Pero después es muy difícil que de un equipo que salió segundo o tercer digan '¡qué bien jugaba!'. Puede haber uno o dos casos en la historia, y punto, quedan los campeones".

Como futbolista, Pastoriza fue un mediocampista central de temperamento y buen juego, dos virtudes que pocas veces vienen juntas. Se crio en los potreros de Rosario y eso estimuló su inteligencia, panorama y capacidad de toque. A los 24 años de edad llamó la atención de Néstor *Pipo* Rossi, quizás el número cinco más importante de la historia del fútbol argentino: "Me gustó su estampa, su forma de plantarse en la cancha y manejar el equipo. Lo vi patrón". El ídolo de River y DT campeón con Boca fue uno de sus maestros: "Siempre me gustó su personalidad, su manera de ser: un tipo noble, franco, al que le gustaban las cosas justas. *Pipo* era un gritón, nos cagaba a pedos, pero sano, muy sano. Y sabía corregir cosas en el jugador". Manuel Giúdice y Dellacha también influyeron en su carrera.

Además de su liderazgo dentro de la cancha, también fue un referente gremial, quizás el más fácilmente reconocible de este país. Lideró la huelga de 1971, con el objetivo de defender el convenio colectivo de trabajo conseguido tras el conflicto sindical de 1949. Lo consiguió, pero con consecuencias: "Después en las canchas me silbaban bastante. Era la posición de uno frente a la dirigencia por el Convenio Colectivo de Trabajo, porque antes era una basura eso. Se hizo un justo arreglo y el ministro de Trabajo, que era de River, me entregó un día en el vestuario del Monumental el Convenio Colectivo y el pasaporte. Muy clarito: me estaban diciendo que me tenía que ir. Yo me hice delegado por las injusticias. En mi época te debían once meses y no tenías derecho a ningún pataleo. Por otro lado, en mi casa eran todos perucas, al que no era peronista lo mataban". En 2002 ensayó una singular teoría sobre la trascendencia social de aquella huelga: "Gracias al fútbol volvió la democracia en 1973. Nosotros le hicimos la huelga del 71 a un gobierno militar, el de (Alejandro) Lanusse. Hasta ese momento nadie podía hacer nada en la sociedad y esa huelga terminó siendo el puntapié inicial, a partir de ahí empezaron otros también a patalear. El fútbol fue el envión".

# 4.D - CARLOS SALVADOR BILARDO

## MUCHO MÁS QUE ALFILERES Y BIDONES

En 1984, la Selección Argentina que dirigía Carlos Salvador Bilardo atravesaba una de sus acostumbradas malas rachas. Había quedado afuera de la Copa América del año anterior en primera ronda y había perdido por primera vez en la historia frente a Colombia. Entonces, se embarcó en una gira por Europa con la necesidad de encontrar resultados y funcionamiento de cara a las Eliminatorias para la Copa del Mundo de México. En el primer partido, contra Suiza, Luis Alberto Islas fue el arquero y la defensa estuvo formada por Oscar Ruggeri, Oscar Garré y Jorge Luis Brown. Sí, tres centrales, una verdadera rareza para el fútbol del momento.

Desesperado por las circunstancias, Bilardo decidió poner en práctica algo que ya había entrenado en Estudiantes de La Plata, en incluso, en varias prácticas del seleccionado: un esquema táctico con tres defensores, cinco mediocampistas y dos delanteros. Ese sistema que se masificó entre fines del siglo pasado y este siglo XXI tuvo su bautismo internacional en una lejana cancha de Berna.

"Estábamos en el aeropuerto y se acercó José María Muñoz, relator de Radio Rivadavia y me dijo 'quedate tranquilo, que ganamos estos tres partidos y se calma todo'. Cuando jugamos contra Suiza les di la formación a los periodistas que cubrían la gira y me dijeron que estaba equivocado porque había nombrado tres centrales. Les dije que no estaba confundido, que se quedaran tranquilos que estaba muy bien y que íbamos a cambiar el esquema.

El mundo desconocía ese sistema. Yo decía que la táctica estaba atrasada veinte años y muchos se enojaron, pero con el tiempo me dieron la razón. Yo inventé el 3-5-2, la última novedad del siglo", explicó tiempo después el segundo técnico campeón del mundo con Argentina, que ganó los tres partidos de la gira, incluido uno contra la Alemania Federal de Franz Beckenbauer, y sentó las bases del máximo éxito nacional de todos los tiempos.

En su libro *La pirámide invertida*, Jonathan Wilson describe la evolución de las tácticas como un proceso que invirtió aquel 2-3-5 del 1900 y lo transformó en un postmoderno 5-3-2. En esa idea, el aporte de Bilardo fue fundamental, porque afianzó lo que ya había esbozado Helenio Herrera en la década del sesenta con la implementación del líbero en el *catenaccio* y lo dotó de elementos modernos, como la función mixta de los "laterales-volantes" y la movilidad del resto de los futbolistas. Si fue o no la última novedad del siglo es una discusión estéril, pero sí está claro que marcó un quiebre en el fútbol argentino y dejó una marca en su identidad. El fútbol de laboratorio, de organización táctica y rigurosidad estratégica que, con diferentes intensidades y sus singularidades de época siempre ha existido, encontró en Bilardo a su símbolo máximo, no solo por lo demostrado en sus equipos, sino también por su capacidad dialéctica y su carisma mediático. Él, al igual que César Menotti en la "otra vereda", supo jugar para la prensa y se convirtieron en voceros extremistas de dos filosofías que en el campo de juego no siempre se ven con tanta claridad como en las páginas de los diarios o en las radios.

"Una vez dije que, para mí, lo más importante es el resultado. Lo sigo diciendo, pero cuántos problemas me trajo. Mis expresiones se deformaron y en la prensa escribieron que yo quería ganar de cualquier manera. No es así. Quiero ganar, con todo. Para ganar hay que ser el mejor. Lo importante es competir, pero más importante es ganar. Quiero ganar, siempre ganar. Pero, atención, no conozco ningún equipo que, jugando mal, haya ganado campeonatos. Pudo haber ganado algún partido, nomás", afirmó Bilardo en su autobiografía *Doctor y campeón* y trató de dejar en evidencia a quienes durante décadas se ocuparon de minimizar y simplificar su discurso, al igual que lo hicieron con muchos de sus colegas.

Como Menotti o cualquier otro entrenador del planeta, el campeón del mundo en 1986 trabajó con el objetivo de conseguir resultados. Esa es la primera meta del director técnico. Solo cambian las maneras, las prioridades y los métodos. "El fútbol es lo más simple que hay, es fácil ganar. Los jugadores solo tienen que pasarle la pelota a los que visten su mismo color de camiseta y patear al arco del arquero que no se cambió en el mismo vestuario, ni comió, ni desayunó con ellos. El tema es la organización, yo soy un apasionado de eso. Del orden y la disciplina. Con eso no se ganan los partidos, se lo consigue con buenos jugadores y mucho entrenamiento, pero todo ayuda y, en un medio competitivo como el del fútbol, incurrir en desorganización, desorden o indisciplina es darle ventaja al rival y eso no es lo que quiero de mi equipo", continuó en el mismo libro.

Carlos Bilardo es el discípulo más fiel de Osvaldo Zubeldía. Llegó a Estudiantes de La Plata en 1965, por expreso pedido del recién llegado DT. Venía de jugar como delantero en San Lorenzo de Almagro y en Deportivo Español, clubes en los que fue dirigido por su ídolo de la infancia, René Pontoni, y por José Barreiro y Guillermo Stábile, entre otros. Lo que vio Zubeldía en él siempre fue un misterio para Bilardo, que jamás intentó develar: "Nunca supe por qué me pidió. Me cambió la posición, pasé a jugar como mediocampista por derecha, algo que ya había hecho con Pontoni".

Se convirtió en pieza clave del tricampeón de América, por su inteligencia, su capacidad para comprender el juego, su sacrificio y su ascendencia hacia sus compañeros. "Con Osvaldo nos entendimos de inmediato, posiblemente porque teníamos en común el afán de la perfección que él pretendía aplicar al fútbol. A un nuevo fútbol. Él estudiaba variantes antes inimaginables, las ponía en práctica, las corregía y volvía a ensayar. Era un adelantado".

Bilardo fue el futbolista que mejor interpretó a Zubeldía y él lo puso bajo su ala, le enseñó el oficio de forma artesanal, con todos los detalles, sin egoísmo. "Es el mejor técnico de la historia. Hubo un fútbol antes de Zubeldía y otro después", repitió en más de una oportunidad el ocho del Estudiantes multicampeón.

Comenzó su carrera de técnico en 1971, después de un período como ayudante de Zubeldía. Estudiantes estaba en la cornisa del descenso pero logró salvarse tras una impresionante racha en las últimas doce fechas, de las cuales ganó nueve. En sus primeros años, el Bilardo DT pensaba igual que en sus últimos tiempos, tal como afirmó en una entrevista de 1973 con *El Gráfico*: "Para mí el que gana juega bien. A mí me paga Estudiantes para ver ganar a su equipo y para la gente en La Plata eso es el espectáculo. Yo formo parte de un medio que es exitista. Pero no lo hice así. Ya estaba cuando nací. Y no lo puedo cambiar. Los que lo pueden hacer son los que tienen la manija del país y de la difusión. Yo no puedo hacer otra cosa que adecuarme al momento que vivimos. Acá en La Plata yo me cruzo con la gente y me dicen: 'Ustedes sí que jugaban bien... Salían campeones del mundo'. Conclusión: para la gente, jugar bien y ganar es lo mismo". En la década del setenta fue subcampeón del Nacional 1975 con Estudiantes y subcampeón de América con Deportivo Cali en 1978. Además tuvo un breve paso

por San Lorenzo y otro por la Selección Colombia. Su primer gran equipo fue, por supuesto, Estudiantes en 1982.

En el Metropolitano de aquel año llevó a la práctica en el cuadro platense el sistema de líbero y *stoppers* que luego patentaría en la Copa del Mundo de México. Según su propia mirada, ese esquema le otorgó mayor seguridad para desplegar el juego ofensivo que caracterizó a aquel Estudiantes, muy lejano a los preconceptos que se tienen hoy de los equipos de Bilardo.

El líbero fue José Luis Brown, el mismo del Mundial, y los *stoppers* Miguel Ángel Gette y Luis Malvarez, aunque también alternó Ángel Landucci. Julián Camino y Abel Herrera jugaron como marcadores de punta, con la instrucción de ir al ataque con consistencia, ya que los delanteros Guillermo Trama y Hugo Gottardi abrían espacios con diagonales y movimientos constantes. Miguel Ángel Russo en el centro del campo era quien imponía el ritmo y lideraba lo que hoy se llama "transiciones", y Alejandro Sabella, Marcelo Trobbiani y José Daniel Ponce, vaya paradoja, daban espectáculo. El cuerpo técnico de Bilardo y su ayudante y continuador Eduardo Luján Manera -campeón en 1983-, logró crear las condiciones defensivas necesarias para, sin resignar equilibrio, juntar a tres talentosos poco apegados al sacrificio, pero capaces de manejar los partidos desde la posesión y el juego asociado y delicado.

"Para lograr que cada engranaje se amoldara al funcionamiento del equipo, se tuvo que trabajar mucho, con enorme disciplina y voluntad de mejorar. Si Ponce tenía que quedarse en los entrenamientos una hora a tirar centros, lo hacía. Si Camino tenía que subir y bajar cien veces, lo mismo. Es el único modo en que un esquema da resultado. El trabajo, el orden y la disciplina son los mejores aliados que puede encontrar un jugador habilidoso para hacer pesar sus condiciones técnicas", explicó en su autobiografía el padre del campeón del Nacional 1982, título que le permitió llegar al seleccionado solo diez días después del triunfo en la última fecha contra Talleres de Córdoba.

"A la gloria no se llega por un camino de rosas" fue la frase que marcó la carrera de Zubeldía. Su modus vivendi. Con esa metáfora resaltó la importancia del trabajo y el sacrificio para lograr los objetivos. Lo que no nunca supo es que aquella figura poética serviría para describir a la perfección los primeros cuatro años de su mejor alumno en la selección. Entre el debut en un amistoso frente a Chile en mayo de 1983 y la final del estadio Azteca contra Alemania Federal, Argentina casi nunca contó con verdadero apoyo popular y sufrió problemas de todo tipo. Desde la decisión de quitarle la capitanía a Daniel Passarella para dársela a un díscolo Diego Maradona, hasta el novedoso esquema táctico.

Bilardo vivió de cuestionamiento en cuestionamiento. El sendero rumbo a México no tuvo ni buenos resultados, ni buen juego, y solo una corajeada de Passarella y un gol in extremis de Ricardo Gareca hicieron posible la clasificación a la Copa del Mundo. "Teníamos todo en contra, todo en contra, hasta la política nacional. Ni mis amigos entendían lo que hacíamos. Lo que nos pasó fue difícil, fue muy difícil. Los pibes de ahora no saben lo que era. Hacían notas preguntándose ¿qué falla, la conducción o los jugadores? Y desde la Argentina opinaban jugadores, ex jugadores, técnicos... todos pesos pesados. Había que bancársela".

La mejor forma de buscar un funcionamiento que encontró Bilardo fue trabajar con el plantel completo desde un mes antes del viaje a México. La extensa concentración sirvió para consolidar conceptos futbolísticos y para resolver problemas internos, tal como lo explicó el capitán Maradona en su libro *Yo soy el Diego de la gente*: "Nos dijimos de todo, de todo... Vivíamos de reunión en reunión. Ahí definimos que éramos nosotros contra el mundo, así que más vale que tiráramos todos para el mismo lado. Y tiramos, cómo tiramos... A mí las concentraciones siempre me ataron, siempre me ahogaron, pero aquella vez fue distinto: porque nos sinceramos, porque nos dijimos las cosas en la cara. A partir de eso, todo creció".

La historia de Argentina en México 1986 es bien conocida. El equipo encontró su mejor nivel justo en ese mes, Maradona jugó como nadie lo había hecho antes ni lo haría después, y cada pieza encajó en el plan general de Bilardo como si hubiera estado hecha para eso. "Este equipo fue lo que quería antes de viajar a México. Ordenado, inteligente para jugar, ofensivo pero sin regalarle nada a los contrarios. Yo no sé si ese es el estilo argentino, pero debo creer que sí, que es ese, porque los periodistas de todo el mundo están hablando del fútbol argentino de siempre con algunos retoques modernos. Lo más importante de esta selección es que fue protagonista en todos los partidos que jugó; hizo el gasto, ganando o empatando. Eso no lo puede negar nadie", explicó el DT en una entrevista con *El Gráfico* horas después de la consagración.

Fue su obra cumbre. Tras aquella campaña volvió a jugar la final del mundo en 1990, con un conjunto mucho menos sólido y más sacrificado, al que no le sobraba nada. O mejor dicho, le faltaba mucho. En los noventa dirigió a Sevilla de España, Boca Juniors, la Selección de Guatemala y la de Libia, antes de retirarse en su Estudiantes en 2004.

Antes del personaje caricaturesco que lo acompañó durante las últimas dos décadas en los medios de prensa, Bilardo fue un entrenador aplicado, trabajador, obsesivo, estudioso e inteligente. Introdujo el análisis de video en la preparación de los partidos y lo

hizo convivir con el pizarrón que heredó de Zubeldía: "Al jugador se lo aborda así: pizarrón, video, pizarrón. Al principio no entiende, pero cuando ve la repetición ya comprende todo".

Alejado de cualquier capricho, pragmático y serio, supo formar a una generación de directores técnicos que lo reivindican como maestro. Técnicos con ideas y métodos tan dispares como los de Miguel Russo, Alejandro Sabella y Diego Simeone. Hijo del laboratorio, también supo brindar conceptos más parecidos a los de Adolfo Pedernera que a los de un científico del deporte: "Siempre tuve muy claro que lo primero es el jugador y que sin grandes futbolistas no podés armar un gran equipo. Todo lo demás es verso", afirmó en su autobiografía y agregó: "Aparte de creer en los jugadores dotados, con talento e inspiración, quiero que esos tipos no solo aporten capacidad individual y calidad técnica, sino que transpiren y corran como el que menos sabe. ¿De qué sirve tener un grupo de excelentes futbolistas sin ganas de correr? De nada. Esos buenos futbolistas deben dar el ejemplo, superarse, convertirse en profesionales que puedan meter la pelota por el agujero de una aguja, que le peguen con los dos pies. Toda mi vida pregoné que un jugador debe saber dominar todas las posiciones, que no debe estar atado solamente a una".

Se han escrito miles de páginas y se han hablado demasiadas horas sobre las anécdotas singulares que deja la carrera profesional de Bilardo, por eso no se ahondará demasiado en ese asunto en este libro. Sin embargo, sí hay un hecho que sirve para graficar su lógica, su modo de afrontar el fútbol y la vida. A comienzos de 1990, pocos meses antes del Mundial de Italia, el seleccionado nacional atravesaba un (otro) mal momento. Llevaba ocho partidos sin marcar un gol y, según la prensa, estaba a seis minutos de romper un récord histórico de ineficacia ofensiva. Jorge Valdano recordó así la charla previa al duelo ante Escocia: "Aquello de no marcar goles durante tantos partidos era una indignidad para la selección campeona del mundo. A los jugadores esa circunstancia no nos gustaba para nada. Pero en el inicio de la charla técnica previa al choque con Escocia, Bilardo tuvo la virtud de desactivar la tensión de una manera insólita: 'No se les ocurra meter un gol antes de los seis minutos porque nos quedamos sin récord. Y nosotros tenemos que estar en todas las conversaciones, las buenas y las malas. Después de los seis minutos hagan lo que quieran'. Ruggeri, uno de sus más esforzados alumnos, lo acompañó en la ironía con un comentario aún más disparatado: 'Cuando pasen los seis minutos usted avísenos, Carlos. Ahí nosotros tiramos la pelota afuera, festejamos un ratito y después seguimos jugando'". Argentina perdió 1-0 y rompió el supuesto récord algunos meses antes de jugar la final del mundo contra Alemania Federal.

Asesino de *wines* y cultor del anti-fútbol o líder de la evolución del juego y genio sin igual de la táctica y la estrategia. No hay medias tintas cuando se habla de Bilardo, una rama robusta del árbol genealógico del fútbol nacional. "Nada se obtiene de la desidia, no hay fruto sin esfuerzo, sin constancia, sin estudio. Casi diez mil videos dan buena fe de esto. Muchas de esas cintas las grabé yo, de la televisión o con una filmadora. Otras, muchas, me las traían azafatas de Aerolíneas Argentinas cuando volvían de Alemania, Francia, Italia o España. Yo iba a buscarlas a Ezeiza. Me decían que estaba loco, pero hoy no hay club que no tenga un grupo de personas que se encargan de conseguir las imágenes para preparar los partidos (...) Persistentemente se afirmó que a mí no me gustaban los jugadores habilidosos, que prefería destruir al rival que desarrollar a partir del potencial propio. Soy un ferviente defensor de la habilidad. Toda mi vida quise armar mi equipo con once jugadores muy habilidosos. Pero para ganar. Estoy convencido de que no se trata de juntar a los mejores 11, sino de conformar el mejor grupo de 11. En el fútbol, una persona es apenas uno de los engranajes de una maquinaria mucho más importante llamada equipo. Con una cabeza, el técnico, que debe preocuparse por cuidar todos los detalles para alcanzar un único objetivo: ganar. Siempre sostuve que lo más importante es el resultado y muchos no entendieron, o no quisieron entender. Me pusieron el sello de que yo sugería 'ganar de cualquier manera'. No es así, nunca lo fue. Yo quiero ganar siempre dentro del reglamento. Eso sí, debo aclarar que el fútbol profesional es ganar y ganar, pero el fútbol infantil es jugar y jugar. Sin presiones que machaquen la técnica y la destreza de cada chico, que debe disfrutar y desarrollarse con libertad".

## 4.E - JOSÉ YUDICA

### LA ESCUELA ROSARINA, PARA TODA AMÉRICA

En la novena fecha del torneo Metropolitano 1978, Quilmes Athletic Club cayó 2-1 frente al Club Atlético Estudiantes. El equipo dirigido por la dupla Oscar López-Oscar Cavallero deambulaba por la mitad de la tabla y el estilo de juego no convencía ni a los hinchas ni a los propios futbolistas. El libro *Azul y blanco de mi corazón* rescató un testimonio de Omar *Indio* Gómez, la estrella de aquel plantel, que sirve para comprender las razones de dicha sensación:

"En la charla técnica anterior a ese partido contra Estudiantes el cuerpo técnico me pidió que corriera a los defensores contrarios cuando pasaban al ataque. Les dije que sí, sabiendo que no lo iba a hacer. El equipo, hasta ahí, era muy defensivo. El ánimo del grupo estaba mal porque no confiábamos en lo que ellos decían. Creíamos que teníamos que atacar y no defender tanto".

Después de aquella derrota, la dupla dejó su cargo y abrió las puertas para el retorno de José Yudica, quien había dejado el club tres meses antes, tras una gran campaña en la que logró dejar de mirar las posiciones del descenso. El desenlace de la historia es conocido: aquel conjunto desconfiado de sí mismo, timorato y temeroso, hizo posible la hazaña de coronarse campeón de un certamen de 42 fechas, algo que jamás un "chico" había conseguido. La importancia del entrenador rosarino en ese logro es tan grande como poco reconocida.

Yudica y Américo Gallego son los únicos técnicos que lograron títulos con tres clubes diferentes en el ámbito local. Esa versatilidad y capacidad de lectura para armar planteles fueron las virtudes más aplaudidas de la carrera de Yudica. Formado en la escuela rosarina, para él la tarea de un entrenador debe ser silenciosa, más de acompañamiento que desde un liderazgo totalitario: "Lo fundamental es el trato del técnico con el plantel. La autoridad no la da el látigo sino el convencimiento. Uno se puede equivocar en un planteo o al hacer un cambio y todo eso el jugador lo va a perdonar. En cambio no le va a perdonar si le mienten. Para mí lo más importante es tener seriedad y respetar al jugador", declaró en una entrevista con *El Gráfico* en abril de 1985.

Siempre lejos de las luces y de los primeros planos, tuvo mucho menos exposición que colegas con pergaminos muy inferiores. En su concepción, los únicos protagonistas del fútbol son los futbolistas: "La única gran verdad son los jugadores. Sin ellos no hay fútbol. Son la clave absoluta de todo esto. Uno puede acompañar, sugerir, corregir, ver alguna cosa, pero ellos deciden todo. Por eso me molesta mucho cuando oigo a técnicos que dice 'ganamos un partido sensacional o ganamos cinco partidos al hilo'. Es un disparate. Lo único que falta es que después digan 'mirá el partido que perdieron estos'. De algo estoy convencido: los jugadores son los que salvan al técnico, nunca al revés".

Fue un puntero izquierdo diferente. Con la habilidad y el talento imprescindibles para destacarse en dicha función, pero también con gran inteligencia y buena lectura del juego. Tanto fue así que terminó su carrera lejos de la raya, como armador. Hizo su debut en primera división a los 17 años de la mano de José Ramos, uno de los mediocampistas de la Máquina, socio de Néstor Rossi y Norberto Yácono. Allí comienzan sus nítidas influencias, que se complementan con otros entrenadores de su carrera como René Pontoni, Adolfo Celli y Vicente Feola, y con colegas contemporáneos como César Menotti y Omar Pastoriza.

Más allá de su clara preferencia y de sus ideas, también supo valorar la capacidad de Osvaldo Zubeldía, quien lo dirigió en Vélez Sarsfield: "Fueron él y Argentino Geronazzo los que jerarquizaron la profesión. La forma de ser, la honestidad y la dedicación de Zubeldía son mucho más importantes que la discusión sobre cómo se paraba su equipo. Yo me quedo con la forma de jugar de Menotti o Pastoriza, pero también debo reconocer el mérito de Carlos Griguol".

Aquel Quilmes campeón comenzó a gestarse con una frase. "Acuérdense que nos va a transmitir radio Rivadavia", le dijo Yudica apenas arribó a un plantel que penaba por debajo de la mitad de tabla. En la última fecha, el partido central de la transmisión radial más escuchada fue el que Quilmes le ganó a Rosario Central con el legendario zurdazo de Jorge Gáspari. Fue un equipo simple, sin estridencias pero con una confianza de hierro. Con un 4-2-2-2 clásico para la época, la línea defensiva casi nunca cambió: Bernabé Palacios; Guillermo Zárate, Horacio Milozzi, Alberto Fanesi y Jorge Medina. En el eje, Horacio Bianchini y Jorge Gáspari trabajaban para que más adelante Horacio Salinas manejara los tiempos y Gómez brillara con su talento. En la delantera se destacaban Miguel Ángel Filardo y el goleador del torneo junto a Diego Maradona, Luis Andreuchi.

Yudica no tenía un plantel de los que hoy se llaman "largos" y tampoco lo necesitó. Utilizó quince futbolistas y con ellos ganó un campeonato de 42 fechas. Uno de los secretos fue el impresionante trabajo físico realizado durante el receso de la Copa del Mundo. Muchos consideraron aquella planificación una extravagancia para un hombre de la "vieja escuela", sin embargo el DT rosarino era consciente del valor del estado atlético y entrenó mientras todos sus competidores descansaban. En aquellas frías mañanas se forjó la personalidad de un grupo que soportó la presión de Boca y se consagró campeón ante la incredulidad y la admiración del país entero.

Yudica no se quedó ni un día más después del éxito. "Cuando se logra algo hay que irse, para no entrar en el desgaste", fue una de sus máximas, que cumplió casi de forma religiosa a lo largo de su carrera. Volvió a Newell's sin éxito en 1979 y logró el histórico ascenso con San Lorenzo en 1982, cuando la enorme presión de jugar en la B se transformó en una especie de fenómeno popular, que además de llenar todos los estadios, marcó una gran diferencia en la cancha y logró el ascenso con la suficiencia esperada para un grande.

En 1985 llegó a Argentinos Juniors para lograr los títulos más importantes de su carrera. "Mi trabajo en Argentinos es muy sencillo: se trata de no desarmar lo que hicieron Ángel Labruna y Roberto Saporiti", explicó poco después de hacerse cargo del conjunto que había sido campeón del Metropolitano 1984. "Cuando un equipo gana, el técnico siempre tiene un poquito que ver y, en este caso, un poquito menos que en otros. Es muy difícil que a alguien le vaya mal en Argentinos porque hay un plantel de buenos jugadores que, además, son buenas personas. Lo más difícil de conseguir en un plantel es el equilibrio y este grupo lo tiene", afirmó meses antes de conseguir el bicampeonato con el Nacional 1985 y la Copa Libertadores de ese año.

Yudica hizo en La Paternal lo que mejor sabía hacer: gestionar talentos y no desarreglar lo que está arreglado. Heredó un equipo con identidad y realizó algunos cambios puntuales, entre los que se destacó la inclusión de Claudio Borghi, el prodigio que le dio el salto de calidad internacional necesario. "Yo me la jugué por él porque la hinchada no lo quería, pero en esas cosas está el valor del técnico. Cuando vi que estaba para primera, lo puse para dejarlo. A un jugador no se lo puede quemar, que un partido sí y dos no. Hay que darle la titularidad y se acabó. Él es Gardel". Con José Luis Pavoni y Jorge Olguín como pilares de la defensa, Sergio Batista como líder de la gestación, Borghi suelto para el desequilibrio y Carlos Ereros en la delantera, Argentinos fue campeón de América tras superar al América de Cali de Julio César Falcioni y Ricardo Gareca en la final. Luego, disputó contra Juventus la Copa Intercontinental más recordada de la historia. No solo por lo cerca que estuvo un "club de barrio" de ganarle a la Juventus de Michel Platini y Michael Laudrup, sino también por la espectacularidad de aquel empate 2-2 en Tokio que recién se resolvió a favor de los italianos en la definición por penales.

"Lo que más me gratifica fue que se haya jugado al estilo argentino, sin traicionar nuestra forma de sentir el fútbol. Un ejemplo claro de esto es que el tiempo de marcación que hicimos sobre Platini, nada de hombre a hombre, siempre en zona. Y ni que hablar las cosas que hicimos cuando tuvimos la pelota", recordó tiempo después del DT, elogiado por el mundo entero por el hecho de haber mantenido el estilo más allá del poderío del adversario.

A pesar de esas alabanzas unánimes, su salida de Argentinos fue tumultuosa y estuvo marcada por conflictos con Borghi y Batista: "Con el plantel del 85 tuve varios problemas. Eran difíciles. Algunos no tenían experiencia. Yo siempre mantuve una sola forma de pensar. Yo quería un equipo ofensivo. Nunca me animé a poner a alguien para defender un resultado. Ellos eran los que quisieron cambiar en muchos partidos, y a mí nunca me gustó".

A fines de la década del 80, a José Yudica le quedaba una cuenta pendiente: triunfar como técnico en Newell's, su hogar. Si en Argentinos su tarea fue continuar el buen trabajo de sus predecesores, en el club rosarino además fue el encargado de plantar las bases para que otro mejorara su trabajo. Llegó tras la salida de Jorge Solari, otro hijo pródigo del Parque Independencia, que entendía el juego y el trabajo del DT de forma muy similar aunque con una mayor valoración del aspecto táctico producto de su paso por Estudiantes de La Plata en 1970. Además, Solari conoció en River a Renato Cesarini, quien en la etapa final de su carrera era un tacticista a toda regla.

Yudica fue campeón del torneo 1987/88 y formó el plantel que potenció Marcelo Bielsa a comienzos de los 90. Aquel equipo tuvo una característica inédita en la historia del profesionalismo: todos sus integrantes eran surgidos de la cantera del club, que desde 1973 estaba a cargo de Jorge Bernardo Griffa, otro emblema de la escuela rosarina y un verdadero fundamentalista del fútbol de toque y ataque cuya frase de cabecera era "soy demasiado lírico para dirigir en primera". Por eso se dedicaba a la docencia.

Por sus manos pasaron nombres como Jorge Valdano, Américo Gallego, Mauricio Pochettino, Gerardo Martino, Gabriel Batistuta y Gabriel Heinze, entre muchos otros. Griffa y Yudica fueron contemporáneos como futbolistas en la década del 50 y se reencontraron para juntos darle vida a uno de los mejores equipos de todos los tiempos.

Aquel Newell's era un lujo. Trasladó los conceptos y el estilo del fútbol rosarino de comienzos de siglo a la era contemporánea. En *El Gráfico*, Juvenal escribió: "Rosario sigue siendo la Capital del fútbol criollo. Por eso, este fútbol alegre y serio a la vez, rebosante de responsable creatividad e inteligente dinamismo, basado en el respeto por la pelota y el espectáculo, este fútbol que acaba de coronar a un estupendo campeón, es algo que a todos les viene de adentro. Juegan así porque así lo sienten. Lo sienten así porque de esa manera se los inculcó Griffa, se los repitió ayer el *Indio* Solari y se los viene machacando, desde julio de 1987, José Yudica". Aunque la fortaleza fue colectiva, Gerardo Martino era el líder de un equipo sólido, creativo y potente.

Como muchos de sus predecesores, Yudica era partidario de la frase "para jugar al fútbol se nace". Reinterpretó a un prócer como Renato Cesarini, quien dijo alguna vez "deme un atleta que yo lo convierto en jugador", y lo contradijo con un "deme un futbolista que yo lo mando al preparador físico". Para él, jugar bien era un moño o una gambeta, pero también atacar y defender en bloque, cuidar todos los detalles de la preparación física y mantener la concentración durante los noventa minutos. En definitiva, un repre-

sentante de la escuela rosarina que supo utilizar herramientas que la exceden y la completan.

# 4.F - HÉCTOR VEIRA

## CONTRAGOLPE OFENSIVO PARA QUEBRAR UN MALEFICIO

En 1966, River perdió la final de la Copa Libertadores después de estar dos goles arriba frente a Peñarol en el desempate disputado en Santiago de Chile. A su regreso, el equipo que dirigía Renato Cesarini enfrentó a Banfield en un partido en el que los hinchas del cuadro sureño arrojaron una gallina al campo de juego para burlarse de los subcampeones de América. Ese estigma persiguió al club de Núñez durante décadas.

Tras aquella ignominiosa derrota trasandina, las competencias internacionales se convirtieron en una maldición para la institución más ganadora del fútbol argentino. Un sino desgraciado que se rompió en *1986*, gracias al plantel dirigido por un entrenador formado bien lejos de esa superstición. Héctor Veira modeló un equipo atrevido, con carácter de hierro, personalidad y la "mística" necesaria para romper cualquier brujería. Aquel año, River fue campeón de la Libertadores y de la Intercontinental.

"Cuando llegué en septiembre de 1984 me decían que había que salvarse del descenso. Yo respondía que estaban locos, que River tenía cartel para títulos. 'Con orden, disciplina y humildad, este plantel puede quedar en la historia', escribí en una pizarra y así fue. El campeón del torneo 1985/86 era brillante, con Enzo Francescoli como bandera. Para las copas hubo que armar otra banda. Distinta, más fría, pero los resultados demostraron que los dos equipos fueron de jerarquía", expresó Veira tras el título en Japón frente a Steaua Bucarest de Rumania. Tiempo después agregó: "El campeón del 86 era muy fuerte en la parte anímica, bueno en lo técnico y en lo táctico, y por sobre todo, muy ganador. Lo preparamos durante tres años".

Es cierto que el equipo que ganó el campeonato local en 1986 era un verdadero lujo, con un ataque demoledor y respetuoso del estilo histórico del club. Se consagró cinco fechas antes del final, le sacó diez puntos a Independiente, tuvo en Francescoli al máximo goleador y le ganó un clásico legendario a Boca Juniors con aquel gol de Norberto Alonso con la pelota naranja. El once titular salía de memoria: Nery Pumpido era el arquero, con Jorge Borelli y Oscar Ruggeri como centrales y dos laterales con vocación ofensiva como Jorge Gordillo y Alejandro Montenegro. Américo Gallego y Héctor Enrique marcaban el equilibrio en el centro del campo y Roque Alfaro, Luis Amuchástegui, Claudio Morresi y Francescoli brillaban en la delantera. Minutos después de ganar aquel título, Veira no dudó en colocar el foco en la Libertadores, más allá de la salida de la gran figura uruguaya.

"Vendieron a Francescoli y dije: '¡Se movió el Monumental!'. Enzo era un jugador excepcional, y tuvimos que reemplazarlo con tres refuerzos: Antonio Alzamendi, Ramón Centurión y Juan Gilberto Funes. Además en esa Copa entró a tirar unos pelotazos tremendos Alonso, que aparte de su calidad fue uno de los futbolistas más valientes que conocí. Ese plantel tuvo tres cosas fundamentales: inteligencia, profesionalismo y disposición para comprender las indicaciones al minuto", afirmó el DT en declaraciones a *El Gráfico*.

En la segunda parte de 1986, River dejó de ser arrasador y dominador en todas las canchas y se convirtió en un conjunto especulador e inteligente para explotar sus oportunidades sin la necesidad de generar demasiadas. Veira patentó un recurso que llamó el "contragolpe ofensivo". Fue la marca registrada de su carrera, su sello personal. En realidad no era más que el aprovechamiento total de los espacios para atacar lo más rápido posible tras una recuperación de pelota. Lo que hoy se llama de forma pomposa "transición". La llegada de Nelson Gutiérrez le sirvió para fortalecer la defensa y generar la seguridad indispensable para que los veloces mediocampistas y delanteros concreten.

Veira fue un director técnico difícil de encasillar. Sus principales virtudes estuvieron más relacionadas con su manejo de grupo y su capacidad para motivar que con el juego en sí mismo, pero al mismo tiempo logró darles identidad a varios de sus equipos. "Lo más importante en esta profesión es el temperamento y yo lo tengo. A mí los jugadores me creen porque tengo una gran virtud: cuando me paro frente a ellos saben que está hablando un tipo sincero", explicó y dejó en claro que para él el trabajo de DT excede al pizarrón y al campo de entrenamiento.

Su leal asistente y compañero de vida Fernando Areán era quien más se ocupaba del plan estratégico. De hecho, el lugar común de la época afirmaba que la mayor parte de las funciones futbolísticas caían sobre el ayudante, un chisme que no fue privativo de esta dupla y se replicó en diversos cuerpos técnicos a lo largo de la historia. Areán, quien se destacó como una pieza clave en el paso de Néstor Rossi por el fútbol colombiano a fines de los sesenta, luego fue DT principal en varios clubes durante diez años.

Aunque la exposición mediática de los últimos tiempos exacerbó el histrionismo de Veira hasta transformarlo en una especie de personaje televisivo exagerado y de dudosa gracia, siempre se destacó por su carácter apasionado. Las anécdotas de su carrera, muchas de ellas bien alejadas del juego del fútbol, han poblado páginas de revistas y han consumido horas de televisión y radio hasta esconder sus cualidades técnicas, tácticas y estratégicas. En los ochenta, Veira fue un verdadero renovador de su profesión, de los pocos que lograron terciar en la disputa entre Carlos Bilardo y César Menotti. Lo hizo al formar un equipo vistoso y ofensivo con métodos como los entrenamientos a puertas cerradas, la repetición de movimientos para mecanizar jugadas y el estudio exhaustivo de los adversarios.

"Cuando en River jugamos con el Steaua Bucarest en Japón, por la Copa Intercontinental, estudié todos los detalles. Y así me di cuenta de que, cuando había un *foul*, miraban al arquero y se distraían. Y tuve razón, porque el Beto Alonso se apuró en una y Alzamendi metió el rebote", recordó acerca del gol más importante de la historia de River, en el que tuvo una participación clave. De todos modos, esa mirada fue puesta en duda por Américo Gallego, integrante de aquel plantel: "Es todo mentira, no sabíamos ni quiénes jugaban".

Debutó como futbolista en San Lorenzo en 1963, de la mano de un símbolo de Boedo como José Barreiro, quien venía de trabajar junto a Victorio Spinetto en la Selección Argentina cuatro años antes y también lo había hecho con José D'Amico en Racing Club. Formado como delantero en Boca y luego reclamado por Renato Cesarini para Racing en 1945, Barreiro inmortalizó la frase "los jugadores que no se ríen con la cara, no se ríen con los pies" y tuvo la audacia de darle vuelo profesional a los Carasucias, la histórica delantera juvenil que Veira compartió con Narciso Doval, Areán, Victorio Casa y Roberto Telch. Tiene un título en su carrera como técnico: el del torneo de 1959.

Veira era el típico diez de aquella época: habilidoso, pícaro, encarador, rebelde y poco apegado al trabajo. En 1968 formó parte de *los Matadores* de Tim, a quien valoró como uno de los mejores técnicos de su carrera. No obstante lo cual, su principal influencia fue Carmelo Faraone, un DT sin pasado como futbolista que se formó como ayudante de Osvaldo Zubeldía y forjó una carrera gracias a su osadía y a su personalidad. "Él me impulsó para que fuera entrenador, fue el único que siempre me bancó. Me llamó para jugar en Ferro cuando yo no quería saber más nada y me mandaba a seguir a los rivales. 'Lo ves bien el fútbol, Bambino, ¿por qué no le hablás al Profe D'Amico para hacer el curso?'. Eso mismo me había dicho tiempo antes Renato Cesarini. Para mí no fue fácil voltear la imagen (de revoltoso y poco disciplinado) que tenía, pero le respondí". Faraone era un porteño de bar y noche, con pocas pulgas y buenas ideas tácticas, aunque jamás consiguió grandes resultados. Veira fue su discípulo más exitoso.

"Quiero una defensa en la que lo principal sean los relevos, un volante tapón, dos de ida y vuelta y adelante dos *wines* y un tipo en el área que lleve el gol en el alma. Atacar y defender con cinco y todos con movilidad", declaró en una entrevista con *El Gráfico* en 1981, cuando llevaba pocos días en el cargo en Banfield. En la misma charla dijo que una de sus principales virtudes era su capacidad para adaptarse a los jugadores. Más de tres décadas después, en una nota con el diario *Clarín*, resignificó sus bondades: "Creo que transmitía bien las cosas. Tenía seguridad. Además, era un gran motivador cuando las cosas venían mal. Y en mi éxito mucho tuvo que ver el profesor Alfredo Weber. Él preparaba al equipo con mi mentalidad".

En 1982 dirigió por primera vez a San Lorenzo, que venía de ascender a primera con José Yudica en el banco de suplentes. Allí, practicó en algunos partidos la línea de tres en defensa, casi al mismo tiempo que Bilardo en Estudiantes: "En el fondo jugaban Osvaldo Biaín, Jorge Higuaín y Enrique Hrabina, y en el medio Armando Quinteros, Pedro Coudannes, Rubén Darío Insúa y Mario Husillos. Sirvió porque Quinteros tiraba el centro atrás. Era un volante ofensivo. Con decirte que en un partido contra Newell's, que ganamos 2-1, nuestro último gol vino de un desborde de él. A los delanteros Gustavo Dezotti y Sergio Almirón los agarraban Hrabina y Biaín".

En 1991 fue condenado a seis años de prisión por la violación de un menor ocurrida en 1987. Cuando llevaba once meses detenido, la Corte Suprema intervino y calificó el delito como "intento de violación", por lo que redujo la pena a tres años. El fallo le permitió salir en libertad antes de cumplir un año en la cárcel de Devoto. El todavía hoy machista, retrógrado y patriarcal ambiente del fútbol, acostumbrado a hacer la vista gorda frente a hechos de este tipo, lo recibió sin censuras, y tres años más tarde, Veira condujo a San Lorenzo al título nacional tras 21 años de sequía.

Otra vez con Oscar Ruggeri como bandera, le devolvió la autoestima al club de toda su vida, que festejó en la última fecha cuando el país entero esperaba la consagración del Gimnasia y Esgrima de La Plata de Carlos Timoteo Griguol. Aquel no era un equipo opulento, pero sí muy consciente de sus limitaciones y con una gran personalidad. "En San Lorenzo di la mejor charla de mi vida. Faltaban tres fechas, perdimos contra Vélez y nos pasó Gimnasia. Todo el mundo creyó que habíamos perdido el campeonato. Yo estaba peor que los hinchas y el plantel, pero me fui a tomar aire al otro vestuario, volví y me puse a arengar: 'Hoy festeja Gimnasia pero dentro de 15 días festejamos nosotros'. Y les di máquina. Yo estaba muerto, pero traté de levantarlos. Esa fue una charla del alma. Al partido siguiente seguimos iguales y declaré en la tele: 'Vengan todos a Rosario, porque Gimnasia tiene que jugar contra un grande, que es Independiente'. Pim, pam, pum, para motivarlos, y fueron como 40 mil hinchas a Rosario. Tardamos como dos horas en llegar del hotel al estadio, estaba repleto de hinchas de San Lorenzo. Y ahí mismo, en el micro, les dije: 'Muchachos, hay clima de campeón, hoy hay clima de campeón'. Y se dio".

# EL FÚTBOL ARGENTINO, RAMA POR RAMA

Este libro tiene dos puntos de vista. Uno panorámico y general, que observa al fútbol argentino como un todo desde el siglo XIX hasta la era contemporánea; y otro individual y particular, que contempla a cada protagonista y su genealogía personal. Para considerar la segunda perspectiva, es necesario apoyarse en un esquema propuesto al que podrán acceder con el siguiente código QR. El mismo ordena a los entrenadores[*] en orden alfabético y debajo desarrolla sus influencias.

---

[*]   *Aclaración: no todos los directores técnicos tienen el mismo nivel de desarrollo en el libro. El lector sabrá comprender la elección editorial acerca de esta cuestión.*

# BIBLIOGRAFÍA


- *La pirámide invertida*, Jonathan Wilson
- *Historia del fútbol amateur en la Argentina*, Jorge Iwanczuk
- *El origen británico del deporte argentino*, Víctor Raffo
- Archivo diario *The Standard*
- Archivo diario *El País*
- Archivo revista *El Gráfico*
- *Deporte y sociedad*, Pablo Alabarces
- *Historia del social del fútbol*, Julio Frydenberg
- *El nacimiento de una pasión*, Alejandro Fabbri
- *Historia del fútbol argentino*, varios autores
- *Anales del fútbol rosarino*, Ciprino Roldán
- *Gabino Sosa, el payador de la redonda*, Julio Rodríguez
- *Héroes de tiento*, Carlos Aira
- Archivo diario *Crítica*
- *Cómo se debe jugar al fútbol*, Mario Fortunato
- *El fútbol en el Río de la Plata*, Ernesto Escobar Bavio
- *Alumni, cuna de campeones*, Ernesto Escobar Bavio
- Archivo diario *La Nación*
- *Los nombres oídos tiempo atrás*, Jonathan Wilson
- *Nolo, el fútbol de la cabeza a los pies*, Enrique Escande
- *¡Hola Míster!*, de Alejandro Scopelli
- *Arte y ciencia del fútbol moderno*, Franz Platko
- *Fútbol todotiempo*, Carlos Peucelle

- *Fútbol, dinámica de lo impensado*, Dante Panzeri
- Archivo diario *Clarín*
- Archivo revista Estadio (Biblioteca Nacional de Chile)
- *Ángeles de caras sucias*, Jonathan Wilson
- *El Toto*, Alfredo Luis Di Salvo
- *A la gloria no se llega por un camino de rosas*, Nicolás Morente
- Revista *Primera Plana*
- *El fútbol que viví… y que yo siento*, Adolfo Pedernera
- *Di Stéfano*, Ian Hawkey
- *Mi visión del fútbol*, Enrique Macaya Márquez
- Archivo diario *Corriere della Sera*
- *La pasión según Valdano*, Ariel Scher
- *The coaches' voice*
- *Yo soy el Diego de la gente*, Diego Maradona
- *Doctor y campeón*, Carlos Bilardo
- *Hablemos de fútbol, ESPN*
- *Azul y blanco de mi corazón*, Ignacio Lombán y Juan Manuel Pollini
- *Bambino Veira, personaje de Buenos Aires*, Héctor Veira
- *El fútbol por dentro*, varios autores
- Archivo diario *El País* (España)
- *Lo suficientemente loco*, Ariel Senosiain
- *La vida por el fútbol*, Román Iucht
- *Che Pep*, Vicente Muglia
- *Él es Passarella*, Nicolás Distasio
- *El más ganador*, Gerardo Subero
- Revista *Un Caño*
- *Pachorra, historias para conocer a Sabella*, Pablo Hacker y Javier Saúl
- *El método Bauza*, Ariel Ruya
- *El Tata*, Vanesa Valenti y Lucas Vitantonio
- *Un mundo nuevo*, Guillem Balagué
- *Partido a partido*, Diego Simeone
- *Gallardo Monumental*, Diego Borinsky

# AGRADECIMIENTOS

A Mariano Hamilton, porque sin su ayuda y edición este libro no existiría

A Fabián Mauri, por su sabiduría y las horas de charla

A Mariano Mancuso, compañero indispensable de un comienzo ya lejano de esta historia

A Piqui Caravario, por las ideas

A Pablo Cheb, por la larga amistad y por haberse acordado de mí esa vez

A Christian Colonna, por su mirada futbolera

A Esteban Bekerman y Entre tiempos

A Oscar Barnade

A Carlos Yametti y el IFFFHS

A los y las trabajadores y trabajadoras del archivo de TEA

A los y las periodistas que durante más de 120 años escribieron la historia del fútbol argentino

A Diego Zorrilla, por aquella oportunidad

A mis amigos Juan, Nacho y Gastón

A Ivanna

# SOBRE EL AUTOR

Damian Didonato nació en 1984 en Hurlingham, provincia de Buenos Aires. Es periodista especializado en fútbol y desarrolló su carrera en diversos medios gráficos y radiales. Realizó coberturas de Copas del Mundo, Copas América y otros eventos futbolísticos. Hoy se desempeña como editor en el sitio web de ESPN. Fue coautor del libro "22 locos", editado por Un Caño y editorial Planeta.